O DIX-NEUVIÈME !

DU MÊME AUTEUR

A PLEUR-JOIE, Grasset *(Prix des Deux-Magots)*.
UN LONG MOIS DE SEPTEMBRE, Grasset *(Grand Prix des Lectrices de* Elle*)*.
LES RÈGLES, Gallimard.
BALLADE AMÉRICAINE, Stock.
GRABUGE ET L'INDOMPTABLE AMÉLIE, « Folio-Junior », Gallimard.
UNE FORÊT SOUMISE, Grasset.
MA CHÈRE RÉPUBLIQUE, Grasset.
LE REPOS, Grasset.
AU DIABLE, Grasset et Folio n° 3420.
LE TOUR DE L'ARBRE, Grasset et Livre de Poche.
LES ANGES D'EN BAS, Grasset *(Goncourt de la Nouvelle)*.

ELVIRE DE BRISSAC

O DIX-NEUVIÈME !

BERNARD GRASSET
PARIS

Aux Elvire

Quand je regarde ma mère dans sa quatre-vingt-dix-septième année, je regarde le temps. Qu'est-ce que le temps ?

Ou bien est-ce un temps que je regarde quand je regarde ma mère ? Inscrit entre sa date de naissance et celle de sa mort prochaine, celui qu'on gravera sur sa tombe ?

Ou encore seraient-ce les temps que je regarde quand je regarde ma mère ? Un vingtième siècle presque en entier ?

Ou tout cela est-il une invention humaine ? La fin des temps une blague ? Les siècles ne sont-ils que des points de repère pour une vieille fille, l'histoire ? Pour une vieille fille qui embrouille tout et qui a besoin de tout noter, de tout quantifier. Qui a peur de s'endormir après le déjeuner, de perdre ses lunettes, de confondre les générations. Une vieille fille sans avenir – moi.

Ai-je pris mon parti du séjour des morts ? Ce séjour des morts, où le situer ? Doit-on les délivrer et les délivrer sans cesse ? Doit-on considérer la mort comme un juste arrêt ? Ou comme un sommeil ? Qui assure le port des âmes mortes ? Peut-on les retirer de la mort ? Fourrer le nez dans leur vie ? De quel droit ?

Un prénom est à l'origine de la première incursion ; comme un lambeau de cotillon, il était las de sommeiller quand on me l'a attribué (il a servi depuis à ficeler tout un tas de pucelettes qui s'en sont très bien trouvées). Au chapitre de la phtisie, il valait bien celui de Marguerite. Un je-ne-sais-quoi l'empêchait cependant d'être donné aux petites filles de mon époque. Un parfum d'amour ? d'adultère ? Elvire, c'était une Bovary transfigurée. Son poète, Alphonse de Lamartine, était, dit l'un de ses contemporains, « le plus beau jeune homme que j'aie jamais vu, on s'arrêtait sur les chemins pour le regarder ». Je me suis donc arrêtée pour le regarder.

Né en 1790, il paraissait hors de portée, il était devenu, comme tous les poètes, un square, une fontaine, dans le seizième arrondissement de Paris, pleurant toutes les larmes du romantisme ; l'idiot de la famille.

Hélas, sont sortis de lui le suffrage universel, la Seconde République, l'abolition de l'esclavage et de la peine de mort pour des raisons politiques ; des répugnances insensées pour son siècle ; l'argent l'a rendu enragé. Il a été le mentor de tout ce qui a raté, il a écrit des milliers de platitudes, utilisé des images crachées et recrachées, mais il n'a jamais été ni épicier ni conformiste ni le boucher malgré lui des morts de juin 1848 que décrit Sartre ; ni exaucé par Dieu ; ni grand-père. Il a été l'Amant ; un joueur invétéré ; poète d'ici-bas et de tout en haut ; pauvre, riche, pauvre, sentant toujours son gentilhomme, mais je ne vais pas vous en dévoiler davantage – je compte secouer mon tapis par la fenêtre pendant encore des centaines de pages...

Ma seconde incursion est plus fortuite encore. Au départ, ma famille n'avait nulle part à ce livre. Quelque chose me répugne à parler d'elle, à la refiler comme ça, à n'importe qui. Je n'entends rien à l'industrie, mais voici qu'un Second Personnage, difficile à séquestrer (je zigzague sous ses bustes depuis mon enfance), fait part de la nécessité qu'il ressent de figurer à côté du premier, de contrer les idées de M. de Lamartine, de lui succéder à la tête du conseil général de Saône-et-Loire ; de brûler ce qu'enfant il avait adoré – *Le Lac*, *L'Isolement*, *Le Vallon*, *Le Désespoir*, *La Prière*, *L'Automne*. Ce sont les souffrances du jeune Schneider, son droit au siècle – il est de 1805.

Rien ne lui fait froid aux yeux, ni l'âge d'homme, les locomotives et la navigation à vapeur, l'avance sur la France de l'Angleterre noire de suie ; son plat préféré est le marteau-pilon. Il a pour la foule des cols en zibeline, des revenus perpétuels, une favorite. C'est le roi du Creusot – l'heure à laquelle il l'achète, en 1836, avec son frère Adolphe, est de celles qui font bondir un siècle en avant. L'ambition le pique comme une barbe, il est d'une curiosité insatiable, marié à son temps – jamais de route inutile, d'amis chez les chevaux ou chez les insectes, comme Lamartine ; il préfère les pistons aux cœurs, la rente à l'alexandrin ; il hait mourir.

C'est donc un sursaut inattendu qu'il trouve ici. Ces deux hommes font partie d'une famille de troubles historiques qui m'a obligée à abandonner beaucoup d'idées reçues, à prendre conscience des dégorgements de mon ignorance, à passer des heures et des heures à la Bibliothèque nationale, rue de Richelieu, dans une salle bourrée de leurs chromosomes ; à travers deux espèces qui ne s'aimaient pas, à disparaître.

PREMIERE PARTIE

S'emparer d'un siècle

Quand on veut s'emparer d'un siècle, la première mesure à prendre, c'est de ne pas naître avant le commencement de ce siècle. Cela, c'est la faute lourde. C'est la faute préliminaire. C'est la faute que devait commettre ce grand étourdi, ce grand enthousiaste de Lamartine. Et qu'il commit infailliblement...

CHARLES PÉGUY
Clio, dialogue de l'histoire et de l'âme païenne.

CHAPITRE PREMIER

Ce grand étourdi de Lamartine

« Tout flottait au hasard... Personne ne se défendait plus. Le combat était un égorgement... Les caves, les cuisines, les souterrains, les passages secrets, les toits même dégouttaient de sang. »

Lamartine a cinquante-sept ans quand il publie l'*Histoire des Girondins*. Le 10 août 1792, lors du massacre des Tuileries, il en avait deux. Mais son père, Pierre de Lamartine, chevalier de Prat (ou de Pratz), capitaine dans le régiment de Dauphin-Cavalerie, se trouvait aux Tuileries, au service du roi ; blessé, fait prisonnier, puis relâché grâce à une complicité, il revient à Mâcon où il est emprisonné.

Ces dix années – 1790-1800 – que Péguy reproche à Lamartine comme une étourderie, comme du temps perdu, sont le contraire du temps perdu. Est-ce une étourderie d'entendre, enfant, chuchoter de terribles secrets ? D'être confronté à deux ans, à trois ans, à un bouleversement complet de tout ? A des fuites, à des arrestations, à des meurtres ? Qu'est-ce qu'un ci-devant ? Pourquoi appartient-on à un monde qui se cache ?

Les souvenirs de la petite enfance de Lamartine sont passionnants : un père emprisonné, un oncle défroqué, des tantes religieuses à la dérive, une famille sur les nerfs ; sa mère, celle qui le tient dans ses bras et l'embrasse, l'étreint parfois si fort tant elle craint pour lui, ce petit garçon de deux ans, son fils aîné... Ça sert, cinquante ans plus tard, à imaginer que les toits même dégouttent de sang. La Révolution française a léché le bébé Lamartine.

Ni Thiers ni Michelet[1] n'ont connu ce salaire de la peur. Comme pour clore le règne de Louis-Philippe, la mode, en 1847, est aux histoires de la Révolution française, mais celle de Lamartine a des « miettes gluantes » de vérité.

Aujourd'hui encore à Mâcon, ville natale de notre héros, la cathédrale Saint-Vincent est un trou. Une mutilée. Les corneilles y nichent, le vent souffle dans ses orbites : elle n'a plus ni narine ni tympan, ni narthex ni cortex, elle expire depuis deux siècles.

Lamartine naissait au moment même où elle sautait ! Où les églises de France volaient en éclats ! Quelle déflagration ! Et en même temps, c'était la liberté : les pierres roulaient, les vocations se délitaient, on changeait de peau, de passeport, les êtres avaient une sonorité qu'on n'avait encore jamais entendue ; l'eau qui dormait ne dormait plus, elle valsait, criait, la Loire rougissait jusqu'au sang. Les toutes petites oreilles du bébé Lamartine entendaient tout ça : le sablier du temps devenu fou, l'obligation de se cacher pour prier Dieu, pour le supplier que son père sortît de prison.

Après le 9 Thermidor, c'est chose faite : la famille Lamartine part pour Milly, non loin de Mâcon, où elle possède des terres. Alphonse a quatre ans : tout de suite, c'est le coup de foudre, l'échappée belle ; parler à l'air, comme dit Casanova ; ne faire qu'un avec cette terre sur

1. Nés en 1797 et 1798.

laquelle il se roule, avec ce grand décorateur de ciel, avec ces ruisseaux dans lesquels il se regarde. Sa contrée l'enchante, les truites qu'il attrape à la main, les raisins qui éclatent dans sa gorge ; elle entre en lui par ses pieds nus, par sa chemise ouverte – il est un Rimbaud heureux.

Alors je sens en moi des voluptés si vives,
Un si complet oubli des heures fugitives

Le vagabond est né : Lamartine n'a pas encore lu Rousseau qu'il est déjà suspendu au-dessus des abîmes, inondé de tendresse pour ce Dieu qu'il ne voit pas, mais qui tonne, fait les hommes et les femmes – dans son cas à lui le dote de cinq sœurs ! –, réduit en poussière ceux qui lui résistent. Alphonse tient tout, sa mère adorée, ses pouponnes de sœurs, ses amis paysans avec lesquels il joue, les chiens de son père quand il l'accompagne à la chasse, tous les fils d'une petite enfance heureuse. Il est au nid, il en dégringole, il y remonte ; il ne sait pas qu'il est pris dans un autre lacet, celui que Sartre passe au cou de Flaubert : l'échec prénatal. La monarchie est à Coblence, c'est-à-dire nulle part, la Constitution civile du clergé a cassé l'Eglise en deux[1].

Lamartine s'est-il trompé d'époque ? Naître aristo et fauché à l'aube du XIXe siècle, n'est-ce pas venir au monde mort et nu ? N'est-ce pas la vraie faute lourde dont l'accable Péguy ? Pourquoi, jeune homme, Lamartine n'est-il pas auprès de cet astre qui de général devient

1. Votée le 12 juillet 1790 par l'Assemblée constituante, elle entraîna l'année suivante l'obligation pour le clergé de prêter un *serment civique* et coupa l'Eglise en deux camps : les jureurs ou clergé constitutionnel, seul légal et les non-jureurs ou clergé réfractaire. Sa condamnation par le pape en 1791 consacra la rupture de la Révolution et de l'Eglise catholique.

premier consul, de premier consul consul à vie, de consul à vie empereur, et qui a trente et un ans en 1800 ? « Ma famille m'interdisait de le servir », dit-il. On ne sert pas un parvenu, un barbare au pouvoir ! Sa famille croit encore au droit d'aînesse, elle est perdue dans le nuage funèbre de la mort du roi, elle interdit à son rejeton de tirer un mauvais numéro. La conscription rôde dans les campagnes, quand elle vous prend, elle vous prend pour sept ans ! Sauf pour le roi, pas question de se faire tuer ! Surtout quand on est le seul garçon de sa génération. Alphonse serait une bien trop belle proie pour la mort ! « Le héros romantique, écrit Jean-Paul Sartre, est un soldat perdu qui veut faire de sa vie une épopée de solitude en souvenir des victoires que ses ancêtres ont remportées pour de bon sur des champs de bataille ; c'est un noble en exil dans la société des bourgeois qui ont tué son roi[1]. »

Pour cela, il faut être né en 1790. Eugène Schneider, lui, naît en 1805. Quand je suis allée le chercher en Lorraine, presque à la frontière de la Sarre, j'ai été doublement surprise. Par la modestie de Honskirch, le berceau des Schneider : un bourg en colimaçon autour de son église, un petit village aux toits rouges, aux blés blonds – à en croire les Schneider, ils descendaient du ciel, comme les empereurs de Chine ! Par le bond qu'Antoine Schneider, son père, notaire à Dieuze, à quelques kilomètres de là, avait fait faire à sa famille. Me Schneider s'est enrichi – le passage de la Révolution n'y a pas été pour rien – s'est installé dans le petit château de Bidestroff, non loin de Dieuze, où naît son fils cadet. Flotte autour de sa réputation une odeur d'accapareur, d'agioteur même. Les temps sont à ça et un notaire a beau jeu. Toujours est-il que le jeune Schneider reçoit

1. *L'Idiot de la famille.*

une solide éducation : il est enfermé au collège impérial de Nancy, tandis que Moscou brûle et que le pape se morfond à Fontainebleau. Ses ancêtres n'ont connu aucune illustration, n'ont remporté aucune victoire, si ce n'est celle d'arriver jusqu'à lui et de ne lui transmettre aucun complexe. Eugène Schneider ne vient pas au monde « enterré sous de grandes actions »; pas d'échec prénatal donc, mais un bon carnet scolaire.

Pendant ce temps-là, Lamartine roule jusqu'au fond de ces années sans maître.

Oh ! que l'année est lente, et que le jour s'ennuie
Pendant ces mois d'hiver où la sonore pluie...

Il passe les frontières – Mâcon est proche de la Suisse, de l'Italie –, rêve à tout ce qu'il ne peut pas être. « Les inscriptions : Liberté, égalité, fraternité, que je lisais sur les bornes en pierre des routes, me faisaient rêver de sympathie. » Il versifie, l'inaction lui pèse, l'impécuniosité plus encore. Il a été un bon élève, lui aussi, s'est gavé de livres dans la bibliothèque de son ami Guichard de Bienassis, a découvert Sade, mais aussi Parny (« Ecoutez-moi, prudente Elvire : / Vous désolez par vos lenteurs / L'amant qui brûle, qui soupire, / Et qui mourra de vos rigueurs »). Autour de lui, on tille le chanvre, on casse les noix, on foule le raisin, on veille « Tout en un tas comme pelotes, / A petit feu de chènevottes. » La vie tourne au ralenti, tôt allumée, tôt éteinte ; Lamartine tombe en arrêt devant les images des colporteurs : « Augereau galopant sur son coursier blanc et traversant le Rhin d'un bond de son cheval, Berthier arrachant une plume de cygne de son panache flottant pour écrire les ordres de l'état-major, Kléber, avec sa taille de tambour-major. » Cela s'appelle ronger son frein.

Pour s'occuper, il brise les cœurs, des yeux amoureux le suivent partout, il ressemble à « une statue de l'adolescence enlevée un instant de l'abri des autels ». L'adjectif romantique est taillé à la mesure de son mètre quatre-vingts, de ses cheveux bouclés. « Il a toujours l'air de s'élancer », dit son ami Dargaud. Oui, mais dans quelle direction ? « On ne veut absolument pas que je me mette dans la boutique », se lamente notre héros. Il est l'unique fils de son père, l'unique neveu de ses oncles et tantes, et il n'a pas le sou ! Qu'à cela ne tienne, il s'endette, s'expatrie, s'évapore au soleil : son long corps s'y prélasse. « Je couche toutes les nuits avec un petit ange ardent comme un diable », écrit-il de Naples. S'agit-il de Graziella ? Qu'importe. Il couche avec la mer, avec l'Italie – « J'étais un je ne sais quoi, frissonnant, bouillant, palpitant d'émotion ; je ne pouvais tenir en place » –, il respire des parfums inconnus, s'adonne au jeu – « j'ai la folie des cartes » –, fait venir son ami Virieu à Naples, nage, comme il dit, dans le ciel. Ah ! les beaux jours ! « Pour tout peindre, écrit Lamartine, il faut tout sentir. » Et il ajoute : « Mes sens sont italiens. » Stendhal, de sept ans son aîné, n'est pas loin.

Toujours sans état

La gloire est le rêve d'une ombre ;
Elle a trop retranché le nombre
Des jours qu'elle devait charmer.
Tu veux que je lui sacrifie
Ce dernier souffle de ma vie !
Je veux le garder pour aimer[1].

1. L'Enthousiasme, *Méditations poétiques.*

Aimer qui? 1814: Las! Les Bourbons reviennent. Pierre de Lamartine emmène son fils à Paris pour l'enrôler au service du roi. Ils sont reçus à l'hôtel Noailles, quai Malaquais, par le prince de Poix qui leur fait l'impression d'un « soldat de salon ». Alphonse, âgé de vingt-quatre ans, endosse l'uniforme de la compagnie Noailles et s'ennuie à cent sous de l'heure. Aux Tuileries, il accompagne Louis XVIII poussé dans une chaise roulante par deux valets de pied, qui visite le Louvre en compagnie de MM. Denon et de Forbin. « C'était un regard qui pense, qui laisse deviner, qui surveille la bouche elle-même, pour qu'elle ne dise pas tout. » Il passe trois mois de garnison à Beauvais pendant lesquels il choisit – occupation bien peu militaire – une vigne pour cabinet de lecture. « Je m'enveloppais dans ce nuage de feuilles, j'en respirais l'odeur et rien ne me manquait. » « Pour eux, dit Sartre, la Restauration fut une divine surprise : la monarchie revint quand ils n'y croyaient plus ; ils retrouvaient un mandat, une mission, un avenir : ils la serviraient. »

Voire. Les pères y croyaient, les fils n'y croient plus guère. « Cette grande désertion de masse » causée par le retour de Napoléon de l'île d'Elbe renvoie Lamartine sur les routes de Suisse, puis de Savoie. A l'automne, il rentre à Milly. Toujours sans état, toujours sans argent. La grandeur militaire est passée, la page est tournée. « Je m'ennuie à ce point inimaginable que j'en suis malade », écrit notre héros. Il a trouvé à sa névrose, comme dirait Sartre, un incessant aliment : sa santé. Migraines, rhumatismes, crises de foie, il se plaindra de maux jusqu'à sa mort, et il mourra presque octogénaire. En 1815, il n'a que vingt-cinq ans. Et il ne meurt que d'ennui... Jugement de sa mère : « Je crains aussi cette vivacité de tête, d'imagination, qui le transporte dans un avenir idéal et lui ôte la paisible jouissance du présent, à lui et à tous ceux avec qui il est. »

Schneider jeune

Il a le teint blanc, des cheveux roux, la voix haut perchée ; il a l'air d'un verre d'eau de groseille. Plus tard, ses ouvriers l'appelleront « le grand rouge ». Pour l'instant, il est le chouchou de sa famille. Le petit dernier. Quand les siens sont allés s'installer à Paris en 1821, son père, notaire à la retraite, sa mère, née Catherine Durand, sa sœur Clémence et son frère aîné Adolphe, ils ont dû se résoudre à laisser à Nancy le collégien qu'il est encore. Grâce à quoi nous le connaissons un peu mieux. Sa mère lui écrit tous les jours, ou presque : elle lui recommande de « former son écriture » (elle n'aura pas gain de cause, l'écriture d'Eugène Schneider est épouvantable !), se soucie de son déjeuner, de l'épaisseur de ses semelles, tremble à l'idée du choléra qui rôde. Ce n'est pas une correspondance, c'est un gazouillis entre mère et fils – nous n'avons pas les réponses d'Eugène Schneider aux lettres de sa mère, mais ces deux-là s'adorent, c'est certain.

Certain aussi que les frères sont liés comme les doigts de la main. Trois ans de différence, mais les mêmes goûts. Ils ont, comme le dira plus tard leur mère, « le feu des affaires ». Ils ont aussi de bons protecteurs, les Seillière, les Wendel, les Poupart de Neuflize, tous gens de l'Est très actifs qui touchent aux industries de la laine, à la banque, aux transports, à la métallurgie, aux affaires de drap, possèdent des correspondants partout.

Adolphe Schneider est l'un d'eux ; il travaille à en perdre haleine. Bien qu'habitant à Paris où sa famille l'a suivi, il surgit à chaque adjudication, à chaque coin de France. Il est l'homme de main des Seillière, autrement dit de gens qui ont toujours et incontestablement raison. Il forme son frère à s'en pénétrer. « La vérité est que M. Seillière, qui a fait beaucoup pour nous, aime qu'on ne l'efface pas, et il a raison. »

Eugène Schneider est pris très jeune, lui aussi, dans l'engrenage. Si, à trente ans, ce « grand étourdi » de Lamartine ne sait toujours pas ce qu'il veut devenir – secrétaire d'ambassade, sous-préfet ? – les frères Schneider, eux, le savent : à dix-neuf ans, Adolphe est entré au service des Seillière, à vingt-deux ans, Eugène dirige les peignages de Longaux, à Reims. Ils n'ont pas d'échec prénatal à surmonter, la « boutique » est pour eux la belle aventure. « Mon cher ami, écrit Adolphe à Eugène, je n'ai que le temps de te dire que je viens de faire un coup d'Etat, c'est-à-dire de gagner 30 000 francs dans ma matinée, dont j'espère avoir la moitié. Tout à toi de cœur. Ne dis rien de cette affaire à personne. »

Ils ont les dents longues et un sérieux à toute épreuve. A dix-sept ans, Eugène vient à Paris suivre les cours de l'Ecole des arts et métiers – c'est un moyen de revoir sa famille, d'apprendre à marcher aux côtés de sa mère, de ne pas ressembler à une « perche mal cirée ». Il est de la classe 1825, son père tremble qu'il soit tiré au sort. Ouf, il tire le numéro 77, le canton ne doit fournir que vingt-trois hommes... Après les peignages de Reims, les forges de Bazeilles, près de Sedan : il n'a pas trente ans qu'il en devient directeur. L'affaire est commanditée par le « père Seillière » ; Schneider jeune est intéressé aux bénéfices, logé dans un joli château de fonction, le château de

Montvillers[1]. Il a bien débuté, à en croire Péguy : « Le dix-neuvième siècle ne commence qu'en 1815. La Révolution et l'Empire est la plus grande et la plus merveilleuse articulation d'un siècle sur l'autre que l'on ait vue dans ce monde depuis qu'il y a ce mécanisme des siècles [...] C'est un de ces mystères particuliers qui sont comme emboîtés dans le grand mystère temporel, dans le mystère du rythme et de l'écoulement et pour ainsi dire de l'événement de l'événement [...] Il y a des morceaux de temps où il y a de l'histoire, et des morceaux de temps où il n'y en a pas[2]. »

Eugène Schneider arrive à l'âge d'homme quand la fête impériale est finie[3] et que les choses sérieuses, c'est-à-dire l'avènement de la bourgeoisie, commencent. A côté de lui, Lamartine a peu d'espace. Il est déjà mort deux fois, trois fois même. Une première fois avec l'aristocratie : plus de promesses pour son milieu, une resucée ; la gloire militaire lui a été ravie par l'Empire ; à quelles causes se vouer ?

Une seconde fois quand il avait douze ans, en 1802 : il s'est enfui de la pension Puppier où il ruminait son chagrin d'être enfermé ; enfui avec les fils d'une amie de sa mère, les frères Veydel. Les trois élèves ont pris la clé des champs ; ils ne cherchaient que de l'honnêteté, ils sont ramenés par deux gendarmes devant la pension haletante ! Lamartine meurt ce jour-là pour de bon. Il ne sera

---

1. Actuellement propriété du conseil général des Ardennes.

2. *Clio, dialogue de l'histoire et de l'âme païenne.*

3. « La mort elle-même était si belle alors, si grande, si magnifique dans sa pourpre fumante ! Elle ressemblait si bien à l'espérance, elle fauchait de si verts épis, qu'elle en était comme devenue jeune, et qu'on ne croyait plus à la vieillesse [...] Il n'y avait que des cadavres ou des demi-dieux. » (A. de Musset, *La Confession d'un enfant du siècle.*)

plus jamais un enfant, il sera, comme dit Christiane Rochefort, « un ancien enfant ». Devant les demoiselles Puppier, devant l'aînée dont Lamartine écrit : « on voyait que la soupe était son affaire et l'économie sa vertu », devant la cadette dont il ne dit rien, devant ces gendarmes, ce mois de décembre sinistre de la campagne lyonnaise – la pension est située à la Croix-Rousse –, il réalise une chose : les enfants sont des objets, donc il ne sera jamais plus un enfant.

Dix-huit ans plus tard, en 1820, toujours en décembre, Lamartine meurt une troisième fois. Cette fois-ci, son corps craque : il a des points de fièvre partout, il délire, brûle comme si son lit prenait feu. Il lui faut sa mère pour mourir, elle accourt à Paris avec l'une de ses sœurs, elle le veille, elle le tire d'un côté, avec ses jouets d'enfant ; il s'en va de l'autre, avec le souvenir des femmes qu'il a aimées et perdues, Graziella en 1816, Julie Charles en 1817. La vie lui est odieuse, amours mortes, carrière inexistante, manque d'argent, malchance au jeu – qui voudrait d'une telle demeure ? Le froid décore de givre les fenêtres de sa chambre ; Lamartine se confesse, prend des résolutions dont il ne démordra pas ; il a traversé la mort comme sur une passerelle de flammes.

CHAPITRE II

Toutes choses que nous fûmes

Vallon, vigne, lac, Lamartine s'est approprié ces mots comme s'il les avait inventés, sortis de leur gangue de terre, de feuilles, de leur élément solide ou liquide, par le seul fait de poser sur eux son œil « d'un tel bleu ». (Baudelaire.)

Le pas lamartinien est ample. « J'admirai, j'adorai cette parenté universelle des êtres, cette fraternité de la vie entre tout ce qui respire, entre tout ce qui sent, entre tout ce qui aime ici-bas dans la mesure de son intelligence et de sa destinée[1]. » C'est de l'existentialisme heureux : au lieu de voir surgir des mouches, des cafards, des nuages comme des cachets de plomb, la nausée d'un morceau de camembert crayeux, tout ce dont le XXe siècle sera friand, lui entend des zéphyrs, des flots, des jeunes bergères. Le XVIIIe n'est pas loin. Il entend surtout les correspondances entre les choses, ces zigzags incessants, repère les fentes par lesquelles se glissent le flux et le reflux de la vie. Il a le sens de la chaîne – tout près de l'homme le cheval, tout près des oies du Capitole la nuit, tout près du

1. *Cours familier de littérature.*

déluge l'oiseau... Comme dans son berceau de verdure au fond duquel il lisait quand il était en garnison à Beauvais, il a besoin de tout avoir à portée, son cheval attaché à un arbre, un lévrier à ses pieds, le souvenir de ses voyages, le souvenir de ses aimées, les siens, vivants et morts, « l'œil de celui qui fit le jour ». Et bien sûr un livre ou un crayon à la main. A moins que ce ne soit un fusil, mais, au premier chevreuil qu'il tue, il renonce pour toujours à « ce brutal plaisir du meurtre ».

Et pourtant ce doux va tout déglinguer, ce tendre va finir en chaussettes. Son cœur change de place comme un malade dans son lit, dit-il. Pourquoi ? Parce qu'il voit la vie en rose alors qu'elle est noire ? Comme une harmonie alors qu'elle émet des sons discordants ? Qu'y a-t-il de plus joli qu'un toit ? Un toit de tuiles de Milly, un toit de Bourgogne ? Que des sœurs qui se dévouent pour que lui reviennent à lui, le seul garçon, toutes les propriétés de la famille, Milly, Monceau, Saint-Point que son père a acheté, Montculot, l'hôtel d'Ozenay, à Mâcon ?

Le problème est que tout ça est « tissé de tintouin » : soultes à verser aux beaux-frères, duperies des négociants en vin, éditeurs retors, tuiles qui passent leur temps à s'envoler. Les bâtiments sont ruineux, les vendanges compromises par des gelées tardives, les troupeaux décimés par les épidémies. Lamartine travaillera jusqu'au cimetière pour finir par tout disperser. Il écrira des vers au mètre, au kilo ; des histoires de la Russie, de la Turquie, de la Restauration, il fera la cour à des sultans pour essayer de boucher les trous, de garder un cheval à monter ! Comment peut-on en rire ? Comment en est-il arrivé là ?

Gonds de rouille

Le château de Montculot, près de Dijon, appartient à son oncle Jean-Baptiste, frère de son père, l'ex-abbé, surnommé « le bon abbé ». A l'entour, pas âme qui vive ; pas davantage aujourd'hui. Mme de Lamartine y passe l'été avec ses six enfants ; on entend encore sa voix leur lire l'*Odyssée* dans la grande prairie.

Vois comme ils sont heureux aux bords garnis de mousse
Où leurs petites mains puisent des eaux si douces !

« Cette demeure claustrale était de tous côtés entourée et comme étouffée par de grands bois. » Quand lui-même « étouffe » de chagrin, après la mort de Julie Charles, où se réfugie-t-il ? A Montculot. Il a vingt-sept ans, il saigne : d'un côté, il pleure cette femme étoilée, de l'autre il se roule dans une bonne fortune. Lena de Larche, une femme mariée, le poursuit jusque dans sa retraite. Lamartine n'est pas un libertin, c'est un faible. Si vous voyez un jeune homme perdu dans un rêve qui parcourt les cinq kilomètres qui séparent le château de l'auberge du pont de Pany, au bord de l'Ouche, où l'attend sa maîtresse, vous saurez que cet être « mince à en souffrir », c'est lui !

Dix-sept ans plus tard, la vente de Montculot financera le rêve d'Orient du poète. Voici la demeure claustrale transformée en un brick de 250 tonneaux, nommé l'*Alceste*, à bord duquel Lamartine embarque en

1832 avec sa femme, sa fille, 3 compagnons, 6 domestiques et 14 hommes d'équipage, sans compter le capitaine et son second ; les chèvres, moutons, chiens, poulets ; les 4 canons, les 2 tromblons, les 22 fusils et pistolets.

Qu'importe ! A son retour, il hérite de « l'oncle terrible », le frère aîné de son père, le chef de famille, la propriété de Monceau, près de Mâcon. Une merveille de château orienté au midi, parmi les vignes ; à l'une des extrémités du mur du parc se dresse le pavillon de la Solitude, un pavillon octogonal où Lamartine s'enferme en 1845 et, en deux ans, s'arrache l'*Histoire des Girondins.* Monceau est vendu à son tour, comme l'hôtel d'Ozenay, à Mâcon. Comme Milly, en 1860, devant le département incrédule.

Depuis des années on dit que Milly est à vendre, mais aucun acheteur n'a osé se présenter. La notoriété du poète est telle, ses revers de fortune suivis de rétablissements (parce qu'il écrit, écrit, écrit) sont si spectaculaires que personne ne peut y croire... Jusqu'à ce qu'un certain M. Mazoyer, de Cluny, en 1860, se porte acquéreur pour 500 000 francs.

Le mur est gris, la tuile est rousse,
L'hiver a rongé le ciment ;
Des pierres disjointes la mousse
Verdit l'humide fondement ;

Quelle écolière de ma génération n'a récité ces vers, les larmes aux yeux ?

Les gouttières, que rien n'essuie,
Laissent, en rigoles de suie,
S'égoutter le ciel pluvieux,
Traçant sur la vide demeure
Ces noirs sillons par où l'on pleure,
Que les veuves ont sous les yeux[1] *;*

Tout homme, disait Valéry, est fait d'une maison et d'une abeille. L'abeille lamartinienne a perdu sa maison, ce jour-là. Et ce n'est pas terminé. Saint-Point, la dot de Lamartine, sa maigre dot, cette demeure que son père a achetée pour lui, « ces deux tours jaunâtres, dorées par le soleil » qu'il a apportées en cadeau de mariage à sa femme, va suivre le même chemin : hypothéquée, comme tout le reste, mise en vente judiciaire l'année suivant sa mort.

L'espèce meut ses grands orteils
les ancêtres ont donc raison
ils font les monts et les merveilles
dans leur vieux temps ils font les cons[2]

Innocence ou inconscience ?

J'ai visité toutes les demeures lamartiniennes : hormis Saint-Point rachetée in extremis par Valentine de Lamartine, sa nièce, et, grâce à cela, restée dans la famille, elles appartiennent soit à des particuliers, soit à des œuvres, soit, comme la tombe de l'abbé Dumont, à de

1. *La Vigne et la Maison* (1856).
2. R. Queneau, *Evolution.*

pauvres paroisses où rien n'a changé. La grive, le buisson de noisetiers, le crucifix, tous les ingrédients du poème lamartinien sont là. A Milly, il y a son buste, à Saint-Point une bignone qu'il a peut-être plantée, un étang artificiel et sa tombe ; sa maison natale, rue des Ursulines, à Mâcon, n'existe plus, mais l'hôpital de la Charité, où sa mère est morte, a la même odeur d'asile. « La place prolongée, sans mesure » (Proust) qu'occupent les hommes dans le temps, on la touche ici du doigt. A deux siècles de distance, tout est lamartinien : le son de la cloche, les moutons, les hêtres, les courbes du paysage. Les occupants des lieux sont comme dépêchés par le poète pour vous accueillir. Lamartine les a mis dans sa poche, il n'en est pas à un tour près !

Quand je pousse la porte de Milly, l'actuel propriétaire est en train de téléphoner ; nous sommes en novembre, la « féconde automne » et le fécond auteur sont là, dans la pénombre ; on me fait asseoir.

On dirait autour des tombeaux
Qu'on entend voltiger une ombre.

Le propriétaire raccroche et j'apprends de lui que ses ancêtres ont été, après le sieur Mazoyer, les seconds acquéreurs de Milly. Qu'à chaque génération, depuis un siècle et demi, un membre de sa famille lâche tout – c'est son cas – pour s'occuper de cette demeure et que ce n'est pas une mince affaire ! Il faut recevoir le président de la République quand l'envie lui vient tout à coup d'être lamartinien, rester le très fidèle miroir de cette armée de petits Lamartine qui ont joué là, se sont chauffé les mains à ce poêle, dont les pas ont usé ce seuil.

« Tout s'y souvient de moi, tout m'y connaît, tout m'aime... » Les chiens de Lamartine ne le quittent pas des yeux : celui-ci s'appelle Zerbois, Alphonse et lui se sont rencontrés au bord du lac de Genève. « Nous nous aimions, nous nous promenions, nous dormions ensemble » ; celui-là Fido, il figure sur tous les portraits de son maître, au pied de ses statues, il ressemble à son maître : c'est un lévrier.

« Les chevaux, autre bénédiction de la vie, s'écrie Lamartine. Tous les jours, je m'enfuis sur leur dos. » Il s'enfuit à Cormatin, au nord de Cluny, chez sa maîtresse, Nina de Pierreclau, la femme d'un de ses bons amis, qui lui a donné un fils naturel – Lamartine a vingt-trois ans. Il rend visite aux vendangeurs : « Toutes les vignes chantaient quand on emportait leur richesse ; la toison de la terre semblait se réjouir d'être recueillie. » Il parcourt l'Orient : « Notre escorte était magnifique, raconte Geoffroi, son valet de chambre, car mon maître passait toujours pour un général. »

Il se jette sur les livres : « Nous étions comme des baigneurs, écrit-il (il parle de Virieu, de Bienassis et de lui dans la bibliothèque de Bienassis, dans le Dauphiné, ils ont dix-huit ans), qui, en se jetant aux flots de la mer, éprouvent au premier moment le frisson des ondes, puis, bientôt ne sentent plus que la volupté de l'immense élément. » Il se jette aussi sur le chocolat : « Apporte-moi dix livres, en grandes pastilles, de chocolat Casati », écrit-il à Virieu. Le ton est sans appel. Cet homme – il a quarante-quatre ans – survit à tout, grâce au chocolat Casati ! Grâce aussi à son penchant à l'innocence : « J'ai vendu le château, écrit-il après la vente de Montculot, mais pas les mémoires, les bois, mais pas l'ombre, les eaux, mais pas les murmures. Tout cela est dans mon cœur et ne mourra qu'avec moi[1]. » Innocence ou inconscience ?

1. *Cours familier de littérature.*

Sa statue me regarde

Dans le corridor qui mène à l'appartement de mes parents, deux bustes se côtoient : Eugène Schneider et sa femme Constance, née Lemoine (ou Le Moine) des Mares ; ils ornaient le vestibule de ma grand-mère, au Creusot, où, enfant, je ne les remarquais pas. Car il y avait aussi mon grand-père, en bronze, par Landowski, devant le laboratoire de recherche qu'il avait créé en 1934, ma mère, petite fille, avec ses frères, qui composaient le groupe de *La Fontaine des enfants*, dans la cour de La Verrerie, Eugène Ier, sur la grand-place, dont la statue avait été inaugurée en 1879 par Ferdinand de Lesseps.

Les Schneider ont la manie de la statuaire ; l'époque voulait cela, et eux. Ces monuments n'étaient pas qu'une œuvre pie exécutée par leurs successeurs, ils étaient un ouvrage collectif. Toute une population contribuait bon gré mal gré à l'édification de ces statues : souscriptions privées, inaugurations officielles, emplacements réservés. Les grands orteils des Schneider assistaient du haut de leur piédestal aux transformations de la ville, aux grèves, aux bombardements, aux enterrements, à l'installation des feux rouges. De temps en temps, on les déplaçait pour percer une rue, pour agrandir une place ou tout simplement parce qu'ils gênaient. Gênants, ils le sont. « Le gaz ? à Schneider. L'eau ? à Schneider. La salle des fêtes ? à Schneider. Les sapeurs-pompiers, la société de musique ? L'hôpital ? Une statue au nord ? Une au sud ? » s'exclame Paul Faure[1].

---

1. *Eugène Schneider : un patron de droit divin,* Editions du parti socialiste SFIO, 1933. (Il s'agit d'Eugène II Schneider, 1868-1942.)

Pourtant, à vingt ans, Eugène Schneider n'a jamais entendu parler du Creusot. Ni de la Saône-et-Loire. Rien ne le prédispose à quitter l'Est de la France où il est devenu le très jeune directeur d'une affaire de peignages, c'est-à-dire d'une filature mécanique de laine, puis le patron, à vingt-sept ans, des forges de Bazeilles, deux hauts-fourneaux situés près de Sedan, dans les Ardennes. Son commanditaire, M. Poupart de Neuflize, est maire de Sedan (il est aussi le grand-père, du côté maternel, de sa future femme).

Eugène Schneider habite le château de Montvillers construit pour Abraham Poupart, il y a soixante ans ; ce jeune homme se fournit chez Sacebin, parfumeur-coiffeur, 13, Grande-Rue, à Sedan – qui tient un « grand assortiment des articles de Paris dans le goût le plus nouveau » – , mais commande ses gilets et redingotes à Paris, galerie Colbert ou rue Feydeau, chez les tailleurs de S.A.R. le prince Emile de Hesse. Il est célibataire, on ne sait rien de sa vie privée ; il reçoit des manufacturiers, des directeurs de verrerie, des marchands de fers, des tanneurs, des commissaires aux poudres. Par son frère, il est au courant de toutes les adjudications qui se déroulent aux quatre coins de France – Alphonse est toujours par monts et par vaux, son calepin à la main ; son cadet montre tour à tour ses mâchoires et ses talents de négociateur à Bazeilles où l'entreprise connaît de sérieuses difficultés – c'est la raison pour laquelle on a fait appel à lui. Quelques années plus tard, Eugène Schneider fondera avec François-Alexandre Seillière (les Poupart de Neuflize s'étant retirés de l'affaire) une société en nom collectif dénommée « Schneider jeune » ; il en est le gérant. La société devient propriétaire des hauts-fourneaux et du château. Sa mère vient lui rendre visite, sa sœur aussi – sa jeune et brillante carrière les épate, mais comme il est loin ! Maman Schneider rêve de le réunir à son frère : « Tu sais que tes intérêts lui sont chers [...] et que jamais il ne séparera sa destinée de la tienne[1]. »

De ce château de Montvillers qu'Eugène Schneider gardera quand même pendant plus de vingt ans, que dit-il ? Rien. De cet Est, berceau de son enfance et de ses débuts dans la vie, rien non plus. Ah ! ce n'est pas Lamartine ! Seule sa femme, native du cru, comme lui, l'évoquera une fois dans leur correspondance, des années plus tard. « Je voudrais savoir ce qu'on pense à Bazeilles et à Sedan de notre désertion. Quelques-uns en éprouvent de la peine, d'autres de la joie, et le plus grand nombre restera indifférent[2]. »

Leur fils Henri sera encore baptisé à Sedan, puis plus aucune mention de rien, ni d'un voyage, ni d'un enterrement, ni d'un quelconque retour. Eugène Schneider ne connaîtra pas le sort de la Lorraine, il ne deviendra pas Allemand, le temps venu. Qu'emporte son cœur de cette route qui monte et qui descend entre Nancy et Dieuze, comme si la terre était non point ronde, mais bosselée, faite de hauts et de bas, nul ne le sait. Il quitte Bazeilles, les meubles cirés, les blés couchés par le vent : il est maintenant devant un monde à désenfouir.

Tant de sueur humaine

« Un morceau de charbon a donné naissance à tout un pays », écrit L.L. Simonin[3]. Une naissance laborieuse, qui

1. Mars 1830. Archives privées.
2. *Ibid.*
3. *La Grande Industrie française : l'usine du Creusot*, Paris, E. Lacroix, 1866.

dure depuis un demi-siècle ! Peu avant la Révolution, Le Creusot est devenu Fonderie Royale de Montcenis ; la cristallerie de la Reine (Marie-Antoinette) a quitté Sèvres pour venir y installer ses fours. En 1785, on y a coulé pour la première fois de la fonte au « coak ». Les temps sont incertains, les repreneurs se succèdent : Ignace de Wendel, qui émigre ; des Anglais, dont Wilkinson. Il y a un peu de tout au Creusot, des mines de houille, des ateliers de construction de machines, la verrerie reprise par Baccarat en 1832. On vend l'entreprise par morceaux, tantôt à la suite d'un décès (Chagot, propriétaire du Creusot depuis 1818, laisse une veuve et six enfants), tantôt parce qu'elle fait faillite (Manby et Wilson). « La vieille fonderie du roi a ruiné tout le monde depuis cinquante ans », écrit A. Fargeton[1]. L'hiver amène dans cette bourgade du Morvan ses montreurs d'ours, ses Savoyards, une marmotte sur l'épaule, des avaleurs de sabres. Un millier d'ouvriers, pas de main-d'œuvre qualifiée, le Creusotin ne sait ni lire ni écrire. « Jamais sol ne fut si magnifiquement pelé, plus richement pauvre, plus superbement affreux, écrit en 1843 un journaliste de *L'Eduen*. Là, point de vignes, point de blés, point de cultivateurs. Les vignes, les blés, poussent à l'intérieur même de la terre sous la forme de belle et grasse houille. Quant aux cultivateurs, ils ne s'amusent pas à écorcher la peau d'un champ : ils plongent tout vivants dans les entrailles du terrain qu'ils exploitent, et ce sont ces entrailles même qu'ils lui arrachent. Pour eux, il n'y a ni hiver, ni été, ni grêle, ni soleil : il y a ou il n'y a pas de charbon. »

Adolphe Schneider, le frère aîné, s'est marié en 1831 : il est entré dans une famille de maîtres de forges. Son

1. *Les Grandes Heures du Creusot du temps des Schneider*, Ecomusée de la communauté urbaine, 1977.

beau-père, Louis Boigues, exerce ce métier à Fourchambault, dans la Nièvre, et l'exerce fort bien : son usine à l'anglaise n'a pas dix ans d'âge, la fonte au coke (et non plus au charbon de bois) n'a pas de secret pour lui. En 1835, il flaire la bonne affaire : il s'agit de racheter Le Creusot en faillite à la société Manby et Wilson ; il la conseille à son gendre qui la recommande à son tour aux Seillière (eux sont les banquiers). Bien entendu, Adolphe tient son frère au courant. « C'est pour rien », lui écrit-il, au comble de l'excitation, en novembre 1836. Ce n'est pas l'avis du « père Seillière » : « Cette grande affaire m'épouvante », avoue-t-il.

Comme d'habitude, la faillite est vaseuse, les tractations traînent en longueur, l'affaire se meurt doucement, tandis que le préfet, le sous-préfet et l'ingénieur des Mines, Léon Coste, font des pieds et des mains pour empêcher mille cinq cents ouvriers de mourir de faim. On attend la venue du Messie : neuf mois plus tard, il arrivera sous la forme des frères Schneider. A trente-quatre et trente et un ans, ils ont tous deux été nommés associés-gérants par leurs commanditaires (Seillière, Boigues, etc.). Le Creusot devient leur raison d'être et celle de quatre générations.

L'un a la bosse du commerce, de l'entregent, l'oreille des banques ; il court sur les routes comme un dératé. « Il est si occupé, si affairé, si tourmenté que je ne sais en vérité comment il tient dans une vie si agitée. C'est un volcan », écrit sa mère à Eugène. 1829 : Adolphe a raflé pour le compte des Seillière l'Entreprise Générale de Transport des Tabacs, du Matériel de la Régie et des Poudres de chasse. 1830 : l'entreprise Seillière a été choisie comme munitionnaire général de l'expédition d'Alger – Adolphe s'embarque en compagnie d'Aimé-Benoît Seillière pour Alger. 1835 : il obtient pour cinq ans les Transports de Guerre. A chaque adjudication, il touche un pourcentage (2 %, dit-on, pour l'expédition d'Alger qui englobe toute l'intendance).

L'autre possède la technique : il a suivi les cours des Arts et Métiers, redressé la situation peu brillante des forges de Bazeilles, il ne rêve que d'aller en Angleterre, dans le pays industriel par excellence. Le Creusot comble son besoin de grande pointure. Hélas, il est lié par contrat à Bazeilles, associé aux bénéfices, possédant sa part du château de Montvillers. Qu'à cela ne tienne, Eugène Schneider vivra à cheval entre les Ardennes et le Morvan. Pour le convaincre que cette double vie est possible, Adolphe lui écrit à la veille de conclure l'acquisition : « Il y a moins loin de Reims au Creusot que de *Paris au Creusot.* » (C'est lui qui souligne.) Après quoi il se livre à un savant calcul en temps et en argent de ce que coûteront les trajets de son frère. Par moments, l'absence de son cadet l'angoisse, comme l'angoissent les réactions de leurs commanditaires devant leur découvert bancaire. Adolphe se demande bien quelle tête va faire sa femme, le premier jour de l'hiver : « J'ai trouvé Valérie [Adolphe parle de sa femme] très raisonnable au sujet de cette demeure du Creusot[1]. Elle m'a dit et répété relativement à cette habitation qu'elle y séjournerait volontiers, quelque mal qu'on lui [en] ait dit jusqu'à présent[2]. » (1836.) Les distractions sont rares. Sully Prudhomme,

1. Les Schneider achèteront La Verrerie à Baccarat en 1837, mais elle ne sera véritablement aménagée qu'au début du XXe siècle par Eugène II et par sa femme, née Antoinette de Saint-Sauveur.

2. Archives de l'académie François-Bourdon fondée en 1985 au Creusot par d'anciens salariés de la Société des Forges et Ateliers du Creusot puis de Creusot-Loire. Grâce à l'action de cette association, ces archives ont été classées « archives historiques » en 1989 par le ministère de la Culture.

ami et condisciple d'Henri Schneider, qui, plus tard, travaillera au Creusot comme employé à la correspondance, ne mâche pas ses mots : « Les dimanches sont terribles quand par malheur il pleut. » Ou : « Le Creusot n'offre aucune ressource à l'oisiveté. » En 1836, Adolphe y a expédié l'un de ses hommes de confiance, Armand Gautreau (ou Gauthereau), pour le représenter jusqu'à la prise de possession des lieux qui ne sera effective qu'au 1er janvier 1837. Voici ce que celui-ci écrit à Eugène Schneider, le 28 octobre 1836 : « J'ai trouvé Le Creusot moins laid que je me l'étais imaginé, mais grand Dieu, quelle existence de 365 jours passés là !... On est dans l'isolement le plus absolu... Mon cher Ami, si vous ne voulez pas mourir d'ennui un jour au Creusot, mariez-vous bien vite[1]. »

Il se trompe du tout au tout : pour les Schneider, et cela durera jusqu'à la quatrième génération, cette terre est un « pétillement de foudres » que leur bras armé du marteau de forgeron fait crépiter. Pendant huit ans, jusqu'à la mort accidentelle d'Adolphe, ce lieu c'est eux deux, les deux frères, insatiables d'activité, enterrés là, dans ce trou, heureux. Qu'Autun, la ville la plus proche, soit une somnolente sous-préfecture, qu'importe ? Jamais Eugène Schneider ne se plaindra des voyages incessants qu'il est obligé d'effectuer, d'avoir chaud, d'avoir froid, de passer sa vie à l'hôtel de l'Europe, à Mâcon, ou à l'hôtel de la Poste, à Autun. L'aspect farouche du site, les torrents de sueur humaine qui coulent devant les gueules béantes des fours, le bruit incessant des forges, des laminoirs, des marteaux-pilons, les sirènes qui scandent la vie de la ville, « cette tempête d'hommes » et de machines, ce qu'on appelle la première révolution industrielle, celle de la va-

1. *Ibid.*

peur et du rail, c'est lui. A une échelle jusqu'ici inconnue en France. Lui et 1 500 ouvriers en 1836, lui et 6 000 ouvriers en 1862, lui et 10 000 ouvriers en 1869.

Sa poésie est tintamarre, sa gloire maculée de suie, mais il s'est emparé de son siècle et il éblouit le monde. « Cent cheminées géantes vomissent dans l'air des serpents de fumée, d'autres moins hautes mais haletantes crachent des haleines de vapeur ; tout cela se mêle, s'étend, plane, couvre la ville, emplit les rues, cache le ciel, éteint le soleil [...] Les maisons sont noires, [...] les pavés sont noirs, les vitres poudrées de charbon. Une odeur de cheminée, de goudron, de houille flotte, contracte la gorge, et parfois une âcre saveur de fer, de forge, de métal brûlant, d'enfer ardent coupe la respiration [...] Entrons dans l'usine de MM. Schneider. Quelle féerie ! C'est le royaume du Fer où règne sa Majesté le Feu[1] ! »

Aujourd'hui, les écologistes frémiraient devant ce sol zébré de rails, creusé de galeries, ce ciel sali par les cheminées ! « Bagne ! » s'écrie J.B. Dumay, futur maire du Creusot sous la Commune – il n'est pas né que la mine a englouti son père. « Colonie industrielle », écrit F. Lhuillier, « terre féodale », renchérit A. Habaru. « Pas d'air, pas de soleil, pas de perspective, pas d'arbres, pas de nature, – voilà Le Creusot ! Brr ! » écrit J. Laroque, un curieux personnage, tout à la fois universitaire, journaliste et (futur) communard qu'on enverra « couvrir » la grève du Creusot en 1870[2].

Brr ! Et pourtant... Comment expliquer cet attachement viscéral que les Creusotins éprouvent pour leur ciel bas, leur terre qui a parlé aux siècles, leur histoire ?

1. G. de Maupassant, *Au soleil*, 1884.
2. *1871. Souvenirs révolutionnaires,* Savine, 1888.

c'était au temps où notre espèce
ne se voilait pas encore la face

Le « château » pour eux n'est pas l'Elysée, à Paris, mais La Verrerie, au Creusot. Propriété de la ville depuis 1969, elle abrite la communauté urbaine, l'écomusée et l'académie François-Bourdon.

Un grand tableau *La Grève*, trône dans le salon. Dans cette pièce amoureusement arrangée par mes grands-parents au début du siècle, trouée par les bombardements alliés en 1942 – mon frère aîné se rappelle y être entré par le plafond – puis refaite par Charles Schneider, le dernier de la dynastie, après la Seconde Guerre mondiale, cette œuvre de Jules Adler, commémorant la manifestation du 24 décembre 1899 dans les rues du Creusot, détonne. Y aurait-il au bout de la vie des monuments, comme au bout de la vie des hommes, un « âge amer », selon l'expression de Chateaubriand ? Le Creusot serait-il tout entier dans cette marche noire des ouvriers brandissant des drapeaux sur la « jolie gorge du palais » ?

Dans le parc dessiné par Henri et Achille Duchêne, les grands paysagistes du début du XXe siècle[1], des promeneurs flânent : il y a cinquante ans, c'était la Cité interdite. Des jeux pour enfants, comme dans n'importe quel parc public, enlaidissent les pelouses. Enterré à l'église Saint-Charles, non loin de là, au milieu de ses descendants, Eu-

1. « Surnommé "prince des jardins", Achille Duchêne (1866-1947), architecte-paysagiste comme son père Henri Duchêne (1841-1901), s'est notamment consacré à la restauration des plus grands jardins français. Il a également créé de nombreux jardins dans le monde entier. » (Patrice Notteghem, « Les Parcs au Creusot », catalogue de l'exposition *Les Schneider, Le Creusot*, musée d'Orsay et Ecomusée du Creusot-Montceau, 1995.)

gène Schneider est-il devenu un « reptile pacifique » ? Une limace ? Ou bien continue-t-il à être un samouraï à l'abri du temps ?

Pas de chaleurs privées

Il était de son vivant tout le contraire d'un Lamartine ; jamais il ne parle d'un cheval, d'un chien, d'un livre. Ses lettres à son fils, après le rituel « Mon cher ami », sont divisées en chapitres aussi poétiques que « chemins de fer », « fours à coke », « bateaux transatlantiques », « charbons », « nouvelle forge », « fontes », « tôles », « minerais » ; idem à son gendre Deseilligny, à ses neveux, à ses collaborateurs. Pas de chaleurs privées, pas d'abandons.

Quand il devient un homme politique, sous le Second Empire, il se coule dans des habits parisiens : un hôtel particulier rue Boudreau, dans le neuvième, le quartier à la mode, tout près du nouvel opéra qui se construit ; une loge dans le vieil opéra ; l'hôtel de Lassay où il reçoit en tant que président du Corps législatif. Le 7, rue Boudreau est une grande maison à deux étages – 3 616 m^2 – avec un toit plat à colonnade, perron et verrière à l'avant, jardin et écuries à l'arrière. En regardant la photographie de cette demeure qui n'existe plus, on entend les pas de Frédéric Moreau gravir l'escalier des Dambreuse. « C'était jour de réception. Des voitures stationnaient dans la cour. Deux valets se précipitèrent sous la marquise, et un troisième, au haut de l'escalier, se mit à marcher devant lui.

« Il traversa une antichambre, une seconde pièce, puis un grand salon à hautes fenêtres et dont la cheminée monumentale supportait une pendule en forme de sphère, avec deux vases de porcelaine monstrueux où se hérissaient, comme deux buissons d'or, deux faisceaux de bobèches. Des tableaux à la manière de l'Espagnolet étaient appendus au mur [...][1]. »

Les tableaux d'Eugène Schneider ne sont pas « à la manière de l'Espagnolet », c'est-à-dire de l'école de Ribera, ils sont de la main de Murillo ou de Vélasquez. Le seul goût avoué de cet homme est la peinture. Où qu'il se rende, il la transporte avec lui : quand il prend ses fonctions à l'hôtel de Lassay, c'est entouré de ses toiles et de ses dessins. Il les collectionne depuis qu'il gagne de l'argent, c'est-à-dire depuis son plus jeune âge. « J'en viens de suite bon chéri à l'article folies, lui écrit sa femme [cette lettre non datée est sans doute des années 1845]. Quant aux tableaux, achète ce que tu voudras puisque c'est une jouissance pour toi d'avoir de bons tableaux, tu te donnes tant de peine et tu es si fatigué que tu dois avoir des compensations[2]. »

Dès 1846, nous avons la trace de ces acquisitions qui vont constituer la collection Schneider. D'un monsieur de Nolivos à Eugène Schneider (1846) : « J'ai aussi à vous parler, Monsieur, d'une affaire que j'ai terminé *[sic]* hier sur le conseil d'un de mes amis, homme des plus connaisseurs en fait d'objets d'art. Ce sont deux tableaux de gibier, fleurs, fruits, par Oudry, peintre français, 1760 [...] Le marchand les a achetés au faubourg dans un hôtel que l'on démolissait 600 francs. [L'auteur de cette lettre propose donc à Eugène Schneider de les lui vendre après rentoilage 800 francs...] Mais ce serait un meurtre de les séparer [...] Je me fais fort dans deux mois, époque où les

1. G. Flaubert, *L'Education sentimentale.*
2. Archives privées.

gens riches seront de retour, de les vendre 1 000 à 1 200 francs, soit à M. Philippe Hottinguer, soit au prince de Wagram[1]. »

La collection d'Eugène Schneider, on la connaît jusqu'à la dernière toile. Elle a fait l'objet d'une vente à l'hôtel Drouot l'année suivant sa mort, en 1876. Les commissaires-priseurs, MM. Pillet et Escribe, la présentent ainsi : « Cette galerie [de tableaux] était exposée à l'hôtel de la présidence, au Corps législatif. Eugène Schneider voulait d'un tableau authenticité, beauté, bon état de conservation, charme et ce qu'il appelait "amabilité". »

Ce terme a de quoi surprendre quand on voit de quelles toiles il s'agit : école flamande et hollandaise, école espagnole, natures mortes, portraits, dessins et aquarelles de Dürer, de Claude Lorrain, tapisseries de l'époque Louis XIV. Aucune de ces pièces ne paraît particulièrement « aimable ». Qu'ont en commun les yeux levés au ciel d'une Vierge de Murillo et les canards de Hondecoeter barbotant dans une mare ? Le sévère pasteur Ellison peint par Rembrandt et le lièvre mort d'Oudry ? Quelle est cette voix d'une œuvre, que soi seul entend ? Etait-ce la gloire des tableaux qui rejaillissait sur Eugène Schneider, épatait ses convives au banquet de l'Exposition universelle de 1867, ou bien la gloire d'Eugène Schneider qui avait autorité sur les tableaux ? Pressentait-il qu'un an après sa mort, sa collection serait dispersée ? « Etres de néants et de ténèbres, écrit Chateaubriand, notre impuissance et notre puissance sont fortement caractérisées : nous ne pouvons nous procurer à volonté ni la lumière ni la vie[2]. »

1. *Ibid.*
2. *Mémoires d'outre-tombe.*

Pressent-il, notre collectionneur, qu'un jour viendra où regarder ces tableaux ne lui procurera plus de plaisir? Où il sera trop fatigué pour gravir les marches de l'Opéra? Où le Corps législatif n'existera plus, l'empereur mourra en exil? Où l'heure des honneurs passera et celle de la « grande défaite » sonnera?

Quand on est vieux on n'est plus jeune
On finit par perdre ses dents
Après avoir mangé on jeûne
Personne n'est jamais content[1]

A la fin de sa vie, Eugène Schneider ne l'est pas, content : avec ou sans dents, il veut continuer à manger. En février 1874, il a une attaque : sangsues, purgations, bains de pied, ventouses. Il se plaint tout le temps, il pleure. Il ne rêve qu'omelettes, viandes, pâtés; on l'abreuve de bouillon, on lui fait ingurgiter du cresson. Il croit qu'on veut lui arracher Le Creusot des mains, il maigrit, il n'est plus qu'un vieux monsieur en larmes. Lamartine n'est guère plus sage que lui : à chaque instant, il s'enfuit! Quarante ans avant Tolstoï!

« Mais la nature, poursuit Chateaubriand, en nous donnant des paupières et une main a mis à notre disposition la nuit et la mort. » Est-ce bien certain? La nuit et la mort sont-elles à notre disposition? Se sent-on au contraire infirme, dépendant, détenu en gage par un méchant Dieu qui immobilise votre corps? Est-ce un sort enviable de finir surveillé comme un enfant?

1. R. Queneau, *Ballade en proverbes du vieux temps.*

Ô providence !

Que reste-t-il des Schneider ? Deux femmes. De Lamartine ? Aucun de ses descendants ne porte son nom. Où est passé le don de vivre de ces deux hommes ? Leur difficulté à mourir ? Ont-ils agrandi leur siècle ? Sans doute. Leur fortune ? L'un oui, l'autre non. Aujourd'hui Le Creusot est une ville verte au lieu d'être noire, paisible comme après un formidable événement humain. Disputez sur les mots, comme le dit Chateaubriand, niez tant qu'il vous plaira cette incroyable aventure industrielle et vous passerez à côté de cette route qui s'est ouverte en 1836, et que deux hommes ont parcourue parallèlement.

L'un avait une imagination trop vive, un cœur partout. A son enterrement, en mars 1869, il tombait de la neige fondue ; venue de Haïti pour remercier l'instigateur de l'abolition de l'esclavage, une délégation noire en redingote grelottait. « Je désire qu'on me transporte sans bruit à Saint-Point », avait demandé Lamartine. Pourquoi sans bruit ? Pour laisser s'effectuer cette alchimie entre sa terre et ce qu'on appellerait désormais son ombre ? Pour qu'on se désaccoutume de ce débat à propos de 1848 ? A propos de sa ruine ? Pour s'ôter toute amertume afin qu'un jour on s'aperçoive qu'il avait bien vendu le château, mais pas l'ombre, la vigne, mais pas le fruit, et que le deuil ne s'abattait pas pour toujours ?

Avec Eugène Schneider, les choses n'ont pas été s'arrangeant : il est devenu de plus en plus puissant au fil des ans, de plus en plus persuadé d'avoir une influence sur les planètes. La vieillesse l'a exaspéré, le temps ne lui a offert ni donjon ni cachette pour s'abriter de la mort. Pour porter les cordons de son cercueil, quand il meurt, en 1875, il y avait son fils, le baron Seillière, des messieurs du comité des Forges et tous les corps constitués ; dix mille ouvriers transis, parce que c'était l'hiver ; d'autres peut-être qui se tenaient les côtes : ceux-là avaient surnommé Eugène Schneider « l'assassin du Creusot ». La Commune pendant laquelle tout mal aurait dû cesser, toute exploitation de l'homme par l'homme avait reçu l'ordre de s'arrêter, quatre ans avant, avait fait le deuil de leurs espoirs.

Eugène Schneider a quelque chose de si chagrin en vieillissant – il ne peut pas s'éloigner de son monde, si on lui enlève Le Creusot, on lui enlève son foie, son cœur, ses pauvres nerfs. Il n'émet jamais le vœu de s'en évader, il meurt pendu à son cou.

CHAPITRE III

Les bonbons

Cécile, Eugénie, Césarine, Suzanne, Sophie : on les entend rire, se cacher sous la cage d'escalier ou derrière Alphonse (elles sont babas devant ce grand frère), s'effaroucher ou faire semblant, puisque nous voici devant elles, ces cinq bonbons, sœurs de Lamartine. A Milly, les robes froufroutent, les cuisinières s'affairent, les bonnes traversent le vestibule, on prépare la soupe des vignerons et celle de cette famille aux mœurs simples ; il y a toujours un enfant au sein ou pendu à un coin de tablier ; on se mouche, on tousse, on se fait dorloter ou taquiner ; on est un peu enrhumé ou un peu endormi ; on bâille aux vêpres, on se chamaille pour rire ou pour de vrai. Tout à coup Alphonse n'est plus là : il est parti en pension où il est fort malheureux, il a onze ans. C'est le grand vide, l'ennui. Pour lui et pour les bonbons.

Cinq bonbons, cinq dots : ce n'est pas rien d'avoir tant de filles à charge ! Le chevalier de Prat ne roule pas sur l'or : la famille est encore ahurie par la Révolution, par la suppression du droit d'aînesse ; Pierre de Lamartine a d'ailleurs refusé, en tant que fils cadet, de prendre sa part de l'héritage de ses parents. La chance veut, si l'on peut dire, qu'il n'ait qu'un seul garçon parmi ses six enfants ; la malchance veut qu'Alphonse perde en bas âge les enfants qu'il aura lui-même de son mariage. Dans l'un des bâtiments qui ferme la cour de Milly, un arbre généalogique s'étale aujourd'hui sur toute la longueur du mur : cette ribambelle d'arrière-arrière ou d'arrière-arrière-arrière-petits-neveux, dont aucun ne porte son nom, est comme le souvenir lointain de ces rires et de ces galops qui traversaient le vestibule de Milly.

Les sœurs ne tarissent pas de propos sur Alphonse : elles en apprennent de drôles sur ses frasques ! On a beau se cacher d'elles, chuchoter en leur présence, comment ne pas savoir que toutes les femmes lui tombent dans les bras, qu'il a un fils naturel, des dettes ! Il se fait tirer les oreilles, il laisse partout des vers, des bribes de strophes, et il recommence ! On parle de drôlesses, de maîtresses, de précipices ! A l'ordre ! A l'ordre ! crie le chef de famille, surnommé l'oncle terrible[1] : en 1820, à l'approche de la trentaine, une petite porte s'ouvre brusquement dans le dos de Lamartine : c'est la mort. Suzanne, le numéro 4 de ses sœurs, se précipite aussitôt en compagnie de Mme de Lamartine au chevet de son frère mourant – à elles deux, elles vont le tirer de là. Nous sommes en 1820, un grand jeu se joue derrière le retour des Bourbons, il s'appelle le romantisme ; il s'appelle, à un an près, la naissance de Flaubert et de Baudelaire et la mort de Napoléon, à Sainte-Hélène. « Botté, éperonné, habillé en uniforme de colonel de la garde, [...] exposé mort dans sa couchette de fer ; sur ce visage qui ne s'étonna jamais, l'âme, en se retirant, avait laissé une stupeur sublime[2]. »

Grâce à Césarine, une autre de ses sœurs, à trente ans,

1. François-Louis, frère aîné de Pierre de Lamartine.
2. Chateaubriand, *Mémoires d'outre-tombe.*

Lamartine se marie. La famille pousse un ouf. Il a rencontré Marianne Birch au mariage de Césarine, en février 1819; elle est anglaise, protestante, elle a un long nez, une assez jolie dot; elle veut bien de lui, et se convertir. Lamartine la revoit à Aix-les-Bains en août, toujours chez sa sœur et son beau-frère Vignet et demande sa main. « Il paraît que nous nous convenons mutuellement assez... Il faut en venir à une fin, nous le désirons tous les deux. » (Août 1819, à la marquise de Raigecourt.)

Parce que l'un de ses beaux-frères Coppens – il a épousé Eugénie, le numéro 2 de ses sœurs – est originaire du Nord et y habite, Lamartine se présente à Bergues, dans l'arrondissement de Dunkerque, en 1831. Il est au sommet de sa gloire littéraire, siège depuis peu à l'Académie, déjeune et dîne chez Hugo. « Hier, chez Hugo, un jeune homme qui causait avec moi sans savoir qui j'étais s'est trouvé mal d'émotion quand on est venu à me nommer; il est tombé en larmes en suffoquant sur sa chaise. »

Les effusions électorales sont d'une autre nature : il faut avoir quarante ans pour être éligible à la Chambre des députés, Lamartine vient de les avoir; on peut se présenter dans plusieurs circonscriptions à la fois, Lamartine choisit Mâcon, Bergues et Toulon, il sera battu dans les trois. Trois ans plus tard, alors qu'il se trouve en Orient, au comble de l'affliction – il vient de perdre Julia, sa fille – une lettre du Nord lui parvient : Eugénie lui annonce qu'il a été élu député de Bergues à la faveur d'une élection partielle, le 9 avril 1833. Ancien officier, natif de Hondschoote, Coppens a fait campagne en faveur de son beau-frère.

Ce deuil anéantit de chagrin Lamartine et sa femme : Julia avait onze ans, son petit frère, Alphonse, est mort à un an et demi, ils n'auront plus jamais d'enfants. Cécile de Cessiat, le numéro 1 de ses sœurs, en a six : beaucoup de filles, des jumelles, Alphonsine et Césarine, qui ont à peu près l'âge de Julia. On les « prête » au couple Lamartine ; Marianne est troublée, lui s'attendrit, il n'a jamais su résister à une petite main – alors à quatre ! Elles sont chargées de tenir compagnie à leur oncle pendant ses promenades ; il est célèbre, le chagrin a blanchi ses tempes ; Dieu merci, il est entouré de ses chiens qui le dérident un peu. Ses liens avec les Cessiat se font de plus en plus étroits. « Vous êtes des nièces incomparables, écrit-il à Valentine, sœur des jumelles [...] Je vous vois naître, grandir, embellir, fleurir, fructifier [...] Je vous aime comme si je vous avais *créées*. » (C'est lui qui souligne.) En 1844, il emmène toute la famille en croisière dans la baie de Naples ; à Ischia, il écrit en un mois *Graziella*. Il ne peut plus se passer de Valentine, elle recopie ses vers, répond à son courrier, aide sa tante à relire ses manuscrits ; elle habite maintenant auprès du couple et devient celle grâce à qui l'on ne s'inquiète plus : le sixième bonbon.

Je crois bien que je l'ai gâté

En 1818, Lamartine écrit à Virieu (il a vingt-huit ans) : « Adieu, écris-moi, toi et souviens-toi que je t'aime par-dessus tout le monde, après ma mère. » Pauvre mère à qui il en a fait voir de toutes les couleurs de son vivant et après sa mort ! Ce que Mme de Lamartine pense de son fils, on le sait un peu grâce au *Manuscrit de ma mère*, ouvrage posthume du poète. Posthume et suspect : rien n'arrête Lamartine, il brode, découpe, recoud, invente, falsifie ces douze petits carnets laissés par sa mère. Quoi de plus indiscret, en effet, que le journal d'une mère ? Lamartine retouche son portrait sans vergogne, il étale de la peinture avec son pouce là où ça lui fait plaisir, atténue ou efface ce qui lui déplaît; quant aux dates, il s'en moque ! Ciseaux en main, il tronque les citations, modifie les événements à sa guise. Qu'est-ce que le temps pour lui ? Une odeur encrassée. Il est brouillon, négligent, menteur au besoin. Pleurant le long des réverbères, le sein toujours glacé, poursuivant son rêve. « Il ne supporte pas facilement les contradictions, soupire sa mère. Je crois bien que je l'ai gâté. »

Bien sûr qu'elle l'a gâté ! Elle l'a adoré ! Suivi dans tous ses méandres ! Et Dieu sait que ça avait mal commencé ! « Nous avons appris qu'il jouait » (1813). « Si tu laisses passer les jours à te promener, à faire des vers, à aller au spectacle, ce qui est horriblement cher et mauvais... » (1815). « Je crains son extrême facilité à dépenser » (1820). Quel canard a-t-elle couvé ? Ou plutôt quel cygne ? Chez les Lamartine respectueux de l'ordre établi, Alphonse détonne : il n'a pas un sou en poche, qu'à cela ne tienne, il en dépense deux ou, pire, il joue ; quand il regarde une femme, elle lui cède ! Et pourtant il est tendre, sensible, mystique : il voudrait plaire à Dieu, à sa mère, se bien conduire, et il se conduit comme un pantin ! Mme de Lamartine passe son temps à cacher les dettes du fils au père, à s'entremettre auprès de ses beaux-frères et belles-sœurs pour qu'ils bouchent les trous ou morigènent ce coureur de jupons. « Enlève Mlle Pommier si ton gousset t'y autorise et faites-vous marier par un serrurier en Angleterre ou un imbécile de curé espagnol. Je te rappelle que tu es mineur et que nous tirerons les verrous sur toi », lui écrit l'oncle terrible en 1810 – Lamartine a tout juste vingt ans. Il note, laconique : « Il disait non à tout, c'était sa force. »

Les sous-préfectures lui passent sous le nez, les postes diplomatiques échoient aux autres, les mariages lui échappent – « Je n'ai pu parvenir à rien pour le marier », soupire sa mère. Il s'exagère ses maux, il s'ennuie, cependant la vie le tient dans la chaleur de ses paumes. La nouvelle vague, celle du *Lac*, celle qui va faire exploser les cœurs des générations excédées par l'histoire, il va, le tout premier, la mettre en musique.

« Aimons donc, aimons donc ! de l'heure fugitive,
Hâtons-nous, jouissons !
L'homme n'a point de port, le temps n'a point de rive ;
Il coule, et nous passons[1] *! »*

Dix ans plus tard, à la mort de Mme de Lamartine, il est académicien, diplomate, père de famille : les prières de sa mère n'ont pas été vaines.

Pourquoi grandir devant les hommes ?

Il est enterré à côté d'elle dans ce monument qu'il a fait construire à Saint-Point. L'église et les tombes, le parc et le château forment un tout relié par des murs et des portes qui s'ouvrent dans ces murs ; Claude des Huttes, le tailleur de pierres de Saint-Point[2], repose là aussi, à flanc de ce coteau où la cloche tinte toujours avec un son fêlé ; cette même cloche qui a sonné le glas de Mme de Lamartine en cette fin d'année 1829... « Il n'y a

1. Le Lac (1817), *Méditations poétiques.*
2. A. de Lamartine, *Le Tailleur de pierres de Saint-Point* (1851).

plus qu'un éternel souvenir qui me montre un immense vide, qui me dit : tout s'évanouira ainsi ; pourquoi remuer ? pourquoi travailler ? pourquoi grandir devant les hommes ? » (1829, à Virieu.) De six enfants, ils ne sont plus que quatre, trois bonbons et lui. Il est dévasté par le chagrin : non seulement sa mère lui a embaumé l'air, l'air de son enfance, l'air de sa jeunesse, mais elle lui a légué deux talismans : la prière et la lecture. Rappelez-vous, sur la grande pelouse de Montculot... « Elle m'enseignait à lire et à former une à une ces lettres mystérieuses qui en s'assemblant composent la syllabe puis, en se rassemblant encore davantage, le mot ; puis, en se coordonnant d'après certaines règles, la phrase ; puis, en liant la phrase à la phrase, finissent par produire, ô prodige de transformation ! la pensée. » *(Cours familier de littérature.)*

Est-il plus jolie description de l'apprentissage de la lecture ? Du chemin à suivre pour accéder à ce royaume ? Devenu maître de ce royaume, notre jeune poète organisera ce qu'il appelle des « embuscades d'enthousiasme ». Il se rend en pèlerinage aux Charmettes (de Jean-Jacques Rousseau, il est un disciple malgré lui) ; il se cache dans un fossé, sur la route de Nyons à Coppet, pour regarder passer la voiture de Mme de Staël accompagnée de Mme de Récamier et de Mlle Constant : « Toute sa personne, un peu grosse, n'avait pas besoin de grâce pour séduire, elle entraînait. » Comment mieux avouer sa déception ? Deux jours de suite, il guette Chateaubriand à la Vallée aux Loups. Il voit enfin « un petit homme en habit noir, à fortes épaules, à jambes grêles, à noble tête, jetant des pelotes de pain à un chat pour le faire gambader sur l'herbe ». Etonnement de notre jeune espion ! Pourtant, quel souvenir n'a-t-il pas gardé de cette heure de printemps, au collège de Belley, où leur professeur, interrompant sa traduction d'Ovide, leur lit un passage d'un livre qu'il vient de recevoir de Paris. L'auteur s'appelle M. de Chateaubriand. « Nous entendîmes ce que nous n'avions jamais entendu, le beau dans le vrai, le sentiment dans la grandeur, le mouvement du cœur dans l'harmonie des langues ! » Même si, par la suite, Lamartine se lasse de Chateaubriand, de son cabotinage (« Il semblait toujours avoir des planches sous les pieds »), il n'oubliera jamais ce passage d'*Atala*. Ni la merveilleuse légèreté de la lecture qu'il doit à sa mère. Sans sa voix chérie qui montait et descendait sur la pelouse de Montculot, en leur lisant l'*Odyssée*, sans ce vieux compagnon d'Homère, aurait-il tant aimé lire, communiquer son goût des lettres même « aux plus illettrés » ?

La prière, c'est, après tout, pareil ! C'est se retrouver en enfance, lorsque sa mère lui faisait faire son signe de croix au début et à la fin de chaque journée. Le soir de son enterrement à Saint-Point, Lamartine se jette à plat ventre à même le sol de sa chambre, et il chante. « Toute ma douleur chantait en moi, en me déchirant les sens et le cœur. » Il ne chante pas, il hurle, il se déleste de cette morte qui lui a appris « le nom de cet être mystérieux et divin qui est la justice, la puissance et la providence ».

Mme de Lamartine est morte ébouillantée à l'hôpital de la Charité, à Mâcon. Où est la justice ? Les deux enfants de Lamartine sont morts en bas âge. Où est la providence ? Cet être mystérieux et divin ne cesse de le persécuter, de l'embuer de larmes – par moments, Lamartine le hait ! Valentine, sa nièce, jouera un rôle entre eux, entre ce plafond silencieux et sa victime épuisée, un rôle qui ne sera pas simple. Ce Dieu qu'il doit à sa mère ne le laisse pas en paix. Lamartine est un Job romantique, assis sur son tas de fumier ; crétinisé, aspiré, refoulé, mais définitivement christianisé par un ange – sa mère – qu'il appelle ce 16 novembre 1829, en chantant.

Maman Schneider

Elle fait des fautes d'orthographe, son nom de jeune fille est Catherine Durand, à sa mort, elle a droit à une avalanche de condoléances adressées à son fils qu'on appelle M. le Baron, M. le Régent, « homme de bien » ou « digne président ». « Elle a dû s'éteindre heureuse en voyant par ses petits-enfants, plus encore par vous, le nom de Schneider si haut dans la confiance et dans les conseils de notre Empereur. » (D'un flagorneur, janvier 1858.) Il est aussi beaucoup question du « légitime orgueil que lui causait le beau chemin suivi par ses enfants ». Un tapis de platitudes sur lequel seule se détache la lettre de François Bourdon : « Je lui dois vingt ans de bonheur. »

Eugène Schneider lui doit, lui, cinquante-trois ans de bonheur. « C'est à mon réveil surtout que tu me manques, lui écrivait-elle quand il était dans l'Est et qu'elle avait suivi son mari et son fils à Paris, je n'entends plus le doux son de ta voix, je suis privée de ton premier regard, de ton premier baiser. » Vient-il travailler au Creusot, alors qu'il est encore célibataire, qu'elle se propose de tenir son ménage : « Je veux te communiquer une idée qui tient une place immense dans mon esprit, dans mon cœur et que je ne dis à personne, lui écrit-elle le 9 décembre 1836. Je voudrais que tu consentisse *[sic]* à ce que j'allasse passer avec toi le temps que tu seras au

Creusot[1]. » Lui offre-t-il un cadeau, ce cadeau a tous les charmes ! « Tu oublies que tu n'as rien, que ta fortune est à faire et toujours tu fais mieux que les gens riches. Je voulais t'offrir un misérable gilet de velours et c'est toi qui me donnes une superbe robe[2] » (1833).

Elle est douée d'une sorte de prescience à son égard. 2 décembre 1829 : « Je crois ton frère sur la route de la fortune [...] Il prend chaque jour plus de poids chez M.S. [Seillière], il étend ses relations commerciales d'une manière infinie, plus tard il peut se présenter une opération que ton frère prendrait pour son compte et que tu dirigerais[3]. » Six ans avant l'achat du Creusot, les rôles sont déjà distribués : l'un découvrira, l'autre dirigera. Maman Schneider les aura ainsi tous les trois sous son aile.

Adolphe, l'aîné, s'est marié en 1831. Sa mère a approuvé son choix. Une « bonne femme », dit-elle de sa bru. Clémence, sa fille, a épousé quelques années auparavant Jules Pierrot, proviseur du lycée Louis-le-Grand[4]. Elle est harpiste, « professeur de musique amateur », la réussite de son petit frère lui fait presque peur : « Je suis bien heureuse de ta bonne conduite qui te mérite la confiance dans une grande entreprise [les peignages de Reims], j'espère qu'elle ne sera pas trompée et que le jeune gérant gouvernera avec toutes les qualités d'un âge plus mûr. » Elle aura deux fils, Alfred et Gustave. Maman Schneider deviendra Bonne Maman Schneider. Eugène enfin, sur qui elle fonde tous ses espoirs. « Il faut, mon bien cher ami, que tu soignes toi-même ta fortune ou que tu te résignes à faire comme Ernest [Seillière] un mariage

1. Archives de l'académie François-Bourdon.

2. Archives privées.

3. *Ibid.*

4. Jules Pierrot (1792-1845) ajoute à son patronyme celui de Deseilligny.

d'argent. » A propos, pourquoi pas l'une des demoiselles Seillière ? « L'aînée est jolie personne, très petite, elle est causante et pollie *[sic]*, la seconde a une figure tout à fait allemande et lair *[sic]* le plus fier et le plus dédaigneux qu'on puisse imaginer[1]. » Catherine Schneider est attentive à tous les détails, aux déplacements des uns et des autres, à leur santé, plus tard à leur famille, leur réussite, mais la seule chose qui compte en réalité, c'est de les avoir à portée. « Elle est revenue de chez toi presque grasse », écrit Clémence à Eugène.

Et les pères là-dedans ? Ils sont respectés, aimés, un peu ternes. Pierre de Lamartine est un saint homme, il chasse tout le jour, vivra très vieux, mais quand il disparaîtra, son fils n'éprouvera pas le besoin de se jeter à plat ventre et de chanter sa douleur. Eugène Schneider a vingt-trois ans quand son père meurt. « Je viens de recueillir les derniers soupirs de notre pauvre père, lui écrit son frère. Il est mort dans mes bras il y a quelques minutes. [...] Adieu, pleure avec moi. Jeudy 3 à 3 h 1/2[2]. »

Pleure avec moi

Pleure avec moi... Cet homme nerveux, distrait, oublieux des détails – c'est sa mère qui le dit – entoure son cadet d'une affection presque féminine. Il s'inquiète de sa santé : « Il ne faut pas que les affaires te tuent », prend sur son sommeil pour lui écrire – « ma bougie n'a plus qu'un souffle et s'éteint » – et lui écrit tous les jours. Il le

1. Archives privées.
2. *Ibid.*

console de ses déboires amoureux : « Calme-toi, songe que l'avenir est très grand devant toi, et que toujours nous avons eu la providence pour nous [...] elle fera trouver sur tes traces quelque autre beauté qui pourra faire oublier la première. »

Eugène est le bonbon d'Adolphe.

Ils sont complices, interchangeables, ils se suivent par la pensée, et Dieu sait qu'ils se déplacent ! Ils connaissent les mêmes gens, traitent les mêmes affaires – leur esprit est sans arrêt occupé à soumissionner, approvisionner, calculer, marchander. Dans un pied et demi de neige, dans des diligences qui versent, les débordements de la Saône ! A la gueule de leurs fours, ils produisent ce qui n'est pas encore apprivoisé : la fonte, l'acier, la vapeur, les ponts, les rails, bref, l'économie moderne. « Dans le grand silence de la nuit on entendait comme des sifflements, des plaintes haletantes, des grondements formidables [...] Mais, dit Julien, c'est comme une ville cette usine-là. Quel grand bruit cela fait ! Et puis tous ces mille feux qui passent devant les yeux, ça éblouit. Un peu plus, on aurait grand'peur[1]. »

Que voulez-vous, c'est un univers de fous, c'est-à-dire d'hommes. De muscles, de torses, de vies suspendues ; un univers de soif, de rage, d'explosions. Tout est coupant, bouillant, bruyant, salissant ; tout tue, use, aveugle, glace, assourdit, brûle ; des hommes travaillent de toutes leurs forces ; au bout de la spirale, il y a des enfants...

Au même moment, l'univers lamartinien est si différent ! Certes le personnage a un côté viril, ses amitiés sont viriles, la Chambre est un univers d'hommes, la politique est une affaire d'hommes. 1848 est une année

1. G. Bruno, *Le Tour de France par deux enfants*, Librairie classique Eugène Belin, Paris, 1974.

terrible : on assassine, on exile, on vieillit en quelques jours. « M. de Lamartine, écrit Victor Hugo le 20 décembre 1848, blanc, courbé depuis février, vieilli de dix ans en dix mois, était calme, souriant et triste. Il portait avec gravité son échec[1]. » Eugène Schneider n'est ni calme, ni souriant, ni triste. Il porte à bout de bras son affaire. Il est comme son frère, un aventurier. Comme son siècle, il siffle et il détonne.

Comme son Creusot.

« Notre Creusot », dit son frère.

1. *Choses vues.*

CHAPITRE IV

Un assez joli moment pour l'amour-propre

O l'avenir, horizon rose aux formes superbes, aux nuages d'or, où votre pensée vous caresse, où le cœur part en extase et qui à mesure qu'on s'avance, comme l'horizon en effet car la comparaison est juste, recule, recule et s'en va. Il y a des moments où l'on croit qu'il touche au ciel et qu'on va le prendre avec la main, crac, une plaine, un vallon qui descend, et l'on court toujours emporté par soi-même pour se briser le nez sur un caillou, s'enfoncer les pieds dans la merde ou tomber dans une fosse.

GUSTAVE FLAUBERT
Correspondance.

C'est une idée de sa mère : le faire voyager, oublier Mlle Pommier, la fille d'un juge de paix de Mâcon dont il s'est amouraché – Lamartine a vingt et un ans, à peine – le faire échapper du même coup à la conscription napoléonienne. On l'envoie sous d'autres cieux : Rome, Naples, l'histoire antique exaltent autrement l'esprit que la préfecture de Mâcon ou les bals à l'hôtel de ville ! L'Italie n'est pourtant pas au mieux de sa forme :

« Rome, en ce temps-là, ressemblait à une Thèbes occidentale, pleurant ses oracles dans un désert anticipé. La population de cette capitale en ruine ne comptait que cinquante mille âmes[1]. » Mais Naples ! – « Nous nous crûmes nageant dans le ciel. » Ischia ! – « Éclose comme d'un rêve de poète pendant le léger sommeil d'une nuit d'été. » La mer ! – « Foncée et tigrée comme si l'eau eut sué de vitesse et de lassitude. » Le souvenir de l'Arioste, de Pétrarque, du Tasse ! Toute sa vie Lamartine portera au doigt un anneau d'or contenant quelques fragments des briques de la cellule du poète à Ferrare. La lecture de *Paul et Virginie* qu'il inflige aux pêcheurs de Procida, en compagnie de Virieu qui est venu le rejoindre ! « Nous ne pouvions jamais leur faire comprendre que c'était pour regarder le ciel et la mer, pour évaporer notre âme au soleil, pour sentir fermenter en nous notre jeunesse et pour recueillir des impressions, des sentiments, des idées que nous écririons peut-être ensuite en vers[2]. » Virieu rentre en France, Lamartine non : une fois de plus, on devra lui couper les vivres pour qu'il rentre. Il vient de rencontrer la première Elvire.

Quarante ans plus tard, le public français tombera amoureux d'elle quand le poète déjà sexagénaire publiera en feuilleton *Les Confidences*; un des épisodes de ce feuilleton s'appelle *Graziella*. Tout à coup, au milieu du XIXe siècle, on décrit sous les yeux de gens qui ne voyagent pas « d'incroyables Florides » (Rimbaud). On célèbre les retrouvailles de la jeunesse et de la mer. Le héros est blond, les cheveux décolorés par le sel. Aymon de Virieu et lui se baignent dans des criques, dorment chez l'habitant. Son ami, rappelé en France et le cafard aidant,

1. *Mémoires de jeunesse*.
2. *Graziella*.

Lamartine couche avec la fille du pêcheur. Tout cela est très plat, me direz-vous, et Flaubert n'a pas été le dernier à s'en gausser. « Et d'abord, pour parler clair, la baise-t-il ou ne la baise-t-il pas ? Ce ne sont pas des êtres humains, mais des mannequins. – Que c'est beau ces histoires d'amour, où la chose principale est tellement entourée de mystère que l'on ne sait à quoi s'en tenir ! l'union sexuelle étant reléguée systématiquement dans l'ombre, comme boire, manger, pisser, etc.[1] ! »

L'union sexuelle étant de nos jours bien sortie de l'ombre et le cas de Flaubert n'étant pas, malgré les efforts de Jean-Paul Sartre, tout à fait résolu, que reste-t-il de la première Elvire ?

L'envie si moderne d'être ailleurs. Au soleil, avec du sable sous les pieds et coiffé d'un bonnet de laine rouge. Comme un tableau de Matisse à Collioure. « Je ne suis qu'un lourd composé de paresse et de mollesse, de fierté et de petitesse. Ça m'est égal. » Quand il « lancera » Frédéric Mistral, des années plus tard, dans son *Cours familier de littérature*, Lamartine écrira : « Il y a une vertu dans le soleil. »

Il ne s'agit plus d'exploration ou de libération (Byron en Grèce), mais tout simplement de plaisir. Un plaisir sensuel. « Lire, écrire, rêver au soleil et coucher sur la terre dans le golfe de Naples. » Ne rien faire. Rien que l'amour, le bain, les cartes. Et du tourisme. Grimper sur le Vésuve, par exemple : « On voyait, à l'approche de la lave paresseuse mais sûre de sa proie, les pampres verts se crisper, se tordre, gémir, éclater, comme avec des voix humaines, puis, leurs branchages dépouillés, laisser leurs feuilles, jaunies en peu d'instants, tomber à terre en crépitant sous les vagues de flammes saupoudrées de cendre

1. *Correspondance.*

et de terre. » Ou bien découvrir Salerne « comme un rêve éclatant du Tasse », Paestum, les îles, les caps, Cumes, Capri, Pompéi ; le poisson, la musique, le corail et cette fraîche figure de Graziella – presque une enfant. Brève rencontre, quelques mois, brève vie, elle meurt trois ans plus tard, sans doute poitrinaire.

« O souvenir ! puissance mystérieuse qui se réveille et qui s'attendrit en moi après tant d'années. » Un jour, accompagnant sa femme aux vêpres à l'église Saint-Roch, à Paris, les yeux de Lamartine tombent sur un tableau représentant Jésus ressuscitant la fille de Jaïre. « Le contact électrique » se produit : c'est à Graziella que pense notre lascar (et l'on accuse Mme de Lamartine d'être jalouse à tort !).

Nulle bague à ses doigts : elle était morte et nue,
Sans autre robe que les flots.

Le poète la ressuscite à son tour, lui invente un prénom, une île. La vague apporte au public français une bonne nouvelle : le bain de mer existe. Flaubert fulmine : « [...] la vérité demande des mâles plus velus que M. de Lamartine, écrit-il, toujours à propos de *Graziella*, à Louise Colet. [...] Mais M. de Lamartine fuit la vérité comme la peste, il met des cornes d'argent aux biches, compte les soleils et [...] couche à son retour en France avec la femme d'un de ses bons amis. »

Main gauche

L'idylle se déroule dans l'un des plus beaux châteaux de Saône-et-Loire, Cormatin, où l'on fait une noce à tout casser. Les propriétaires sont jeunes, leurs amis légion : ils chassent, dansent, flirtent. La femme du maître de maison dévore Lamartine des yeux, le dévore tout court : un fils naîtra de cette idylle sous le nom de Léon de Pierreclau (ou Pierreclos) ; nous sommes en 1813. Lamartine ne peut évidemment pas le reconnaître, et d'ailleurs ses rapports avec Nina de Pierreclau se détériorent vite, la liaison ne dure pas, mais père et fils s'aimeront. Qui n'aime Lamartine ? Quand ils se revoient, Léon est adolescent, il ressemble à son père et l'admire. Intégré au cercle des familiers du poète, il épousera une Cessiat – en fait sa cousine germaine. Quand Lamartine ira à Marseille chercher le corps embaumé de sa fille qui revient d'Orient, Léon de Pierreclau l'accompagne. Discret, dévoué, il est le seul enfant qui lui reste. Pas pour longtemps : il n'a pas trente ans qu'il meurt à son tour, phtisique.

Ce coup-ci, la fenêtre est en deuil, cette fenêtre qui donne sur les buis du jardin de Cormatin, sur les cages d'oiseaux exotiques, sur le labyrinthe où le « grand diable de Bourgogne » (alias Lamartine) pourchassait la belle Nina et avouait ne l'aimer que tous les quinze jours, quand il était las du veuvage. Enfants abandonnés, enfants de la main gauche, Lamartine prendra toujours leur défense : « Le droit de vivre pour celui qui est né est un droit divin [...] L'enfant illégitime est un hôte à recevoir. » Sollicitude ou repentir ? Combien de fils naturels ne lui prêtera-t-on pas ! Et combien de bonnes fortunes ! La plus célèbre de toutes surgira des eaux !

Prêtée à l'amour

Ils ont fêté ensemble le vingt-sixième anniversaire de Lamartine, le soir du 21 octobre. Les quelques curistes de la pension du Dr Perrier les ont observés à la dérobée : ils sont leur principal sujet de conversation. Le soir, Lamartine descend seul, toujours à l'heure, pour le dîner; il a quantité de livres et de journaux sous le bras. Ce jeune homme est arrivé fatigué, il a mal au foie, les yeux boueux et on le trouve de plus en plus pâle, les jours passant. Mme Charles ne descend pas le soir, ne dîne pas à la table d'hôte, sauf ce 21 octobre 1816 où elle se permet une exception. Depuis quinze jours, elle se permet tout.

Aix-les-Bains, octobre 1816. Tout pue l'eau, le lac du Bourget, bien sûr, l'établissement thermal, les fentes des montagnes – jusqu'à la lune qui ressemble à une malade dans son lit! Malades, ils le sont tous, c'est ce qui donne son côté fantomatique à la ville; les prix baissent, parce que nous sommes en automne, les jours baissent aussi, les curistes sont chaque semaine moins nombreux; ils font semblant d'aller mieux, de se soigner en buvant de l'eau, de ne pas regarder leur corps dans le bain pour ne pas se voir maigrir ou enfler – « le cours de la maladie va de l'amaigrissement à l'amaigrissement en passant par la boursouflure », écrit Thomas Bernhard, qui sait de quoi il parle. Ils en ont assez de leurs poumons détruits par la phtisie, de leur dos qu'écoutent sans se prononcer les docteurs, d'aller mal, que tout soit un effort surhumain; même sommeiller leur fait peur.

Et voici que deux êtres se sont échappés de cette épouvante ; ils sont dans la pension du Dr Perrier comme dans un doux frou-frou. Elle est souvent étendue, on la dit très malade, de grands châles enveloppent sa haute silhouette – ils sont blancs parce que son teint est bistre, chauds parce qu'elle a toujours froid. Cette créole, originaire de Saint-Domingue, grelotte à longueur de journée. On connaît de nom et de réputation son mari, le physicien Charles, membre de l'Institut, le premier avant la Révolution à s'être élevé du jardin des Tuileries dans un ballon à hydrogène ; on connaît leur différence d'âge, presque quarante ans, et pourtant c'est elle que le temps dévore. Elle a mis les mains de ce jeune homme sur ses yeux pour ne pas voir sa pauvre enveloppe charnelle, elle l'étouffe sous les baisers.

En quinze jours, il l'a arrachée à la mort, lui a fait fouler aux pieds le respect humain : qu'importe qu'elle soit plus âgée que lui, glissée jusqu'au cou dans les convenances ! Qu'elle crache ! Que ses deux poumons soient comme des trous noirs ! Elle hait ce mois d'octobre, elle entre en fureur contre la ville d'Aix-les-Bains tout entière, contre ces squelettes de curistes, contre la tempête qui a failli faire chavirer son embarcation sur le lac. Elle ne veut plus mourir, elle veut l'azur, et dérailler. Elle est comme prêtée à l'amour. Pour combien de temps ?

Quai Conti

Le signal est le suivant : quand Mme Charles ouvre les volets intérieurs des fenêtres de l'appartement de fonction que son mari et elle occupent quai Conti, une ombre tressaille en contrebas.

sous le poil de mon gilet
bat
une petite boule extraordinaire...

Cent pas, deux cents pas, mille pas, s'il le faut, ont occupé cette ombre jusqu'au départ des invités de M. Charles, secrétaire perpétuel de l'Académie des sciences.

Comment expliquer
cet état
C'est la terre enflammée
jusqu'au ciel

Une manière de parler quand on a les extrémités gelées et que le vent s'engouffre le long de la Seine !

le ciel, gonflé
jusqu'au diable[1].

Un amoureux transi, voilà ce qu'est Lamartine ! Son moral flanche quand les nuages le frôlent, quand la pluie tombe, quand les invités ne s'en vont pas. L'amoureux transi n'imagine sûrement pas qu'il siégera dans douze ans sous la Coupole, à côté de ces volets qu'il ne quitte pas du regard. Chaque fois qu'il se rendra à l'Académie, le jeudi, Lamartine aura le sentiment que ces volets s'entrouvrent : une ombre est à la croisée ; sous la caresse des mains moites de cette femme, le cours de sa vie a changé.

---

1. Maïakovski, *L'anatomie a perdu l'esprit.*

Auquel des deux la grande chance ?

Tout le monde avait creusé la tombe de Julie Charles, elle la première, et voici le sursaut ! Julie Charles aime à toute heure ; elle va se promener au bras de son amant à Saint-Cloud, à Meudon, lui baise les doigts, le front, les cheveux. Elle ne sait plus si elle est la sœur aînée de ce jeune homme – elle a trente-quatre ans, il en a vingt-sept – ou bien sa maîtresse, si elle l'aime pour un mois, pour deux mois, pour toujours, ou si, devant ce bonheur trop tardif, ce mari complaisant, mieux vaudrait se jeter tout de suite par la fenêtre !

Mais Lamartine a besoin d'aide : il n'a pas d'argent, pas de situation, pas de protecteur influent ; il a des relations, mais pas aux bons endroits et pas en nombre suffisant. Le retour des Bourbons ne lui a rien apporté : les revenants lui sont passés sous le nez et les gens en place ont décidé de rester. « J'ai été d'abord plongé dans des antichambres et même des salons de grands personnages dont le crédit m'était nécessaire et s'est évanoui comme une douce fumée entre mes mains malhabiles. » (A M. Fortuné de Vaugelas, juin 1816.)

Les Lamartine, ces provinciaux royalistes qui n'ont pas bougé de leur province, n'ont aucun avenir à proposer à leur fils : pas la moindre légation en vue, pas la moindre sous-préfecture, pas la moindre héritière ! Même Virieu s'est dégoté une place de secrétaire d'ambassade au Brésil, et s'il n'y fait qu'un aller et retour, c'est mieux que rien. « Ecris-moi par tous les vaisseaux », supplie Lamartine.

La seule occupation de ce jeune homme consiste à écrire des vers et à les glisser sous la porte d'une pensionnaire du Dr Perrier, une femme mariée, poitrinaire au dernier degré, qui s'est jetée à sa tête ! Mme Charles jouit pourtant d'une bonne réputation. Elle a un salon bien fréquenté, des relations qui n'en croient pas leurs yeux de voir toutes ces jeunes et nouvelles têtes fréquenter l'Institut ! La maîtresse de maison est fine, elle présente à son entourage non seulement Lamartine, mais ses amis Vignet, Virieu – ce dernier de retour du Brésil. Produire trois jeunes gens d'un coup, c'est n'en distinguer aucun, même si elle pâlit chaque fois que le plus grand et le plus beau d'entre eux pénètre dans la pièce.

Puisque Lamartine versifie, autant que ça lui serve ! Elle lui fait adresser une ode à M. de Bonald, l'un de ses familiers, alors qu'ils sont encore à Aix-les-Bains, le présente à M. de Rayneval, chef de la chancellerie au ministère des Affaires étrangères, à des hommes politiques, à des écrivains, à des dames influentes. Elle lui cherche même un parti ! Car cette ombre – elle est de plus en plus décharnée, respire de plus en plus mal – se donne des verges pour se faire fouetter ! Elle déteste Antoniella, la première Elvire (Lamartine lui a concocté un salmigondis de mensonges à son sujet), elle blêmit dès qu'il décoche un regard à une autre femme, ses lèvres tremblent et on frôle à chaque instant l'incident. Lamartine la gronde – oh, pas très fort –, lui rappelle plus souvent qu'elle ne le voudrait qu'il l'aime comme un fils. Elle l'aime, elle, comme une louve ! Ses bras noués autour du cou de son amant, elle cherche à lui faire peur : peut-être n'ouvrira-t-elle pas ce soir les volets de l'Institut, restera-t-il avec son col relevé, à battre de la semelle sous la pluie sans qu'elle lui envoie un petit messager. « Ecrivez-moi par mon commissionnaire que vous m'aimez toujours. » Elle a bu au lac du Bourget le philtre de l'amour. Cette dame respectable est devenue folle ! Lamartine a métamorphosé un spectre : il a fait d'elle sa protectrice, elle a fait de lui un homme que l'espace et le temps dévorent. Un malade aussi malade qu'elle. Séparés plus souvent que réunis, ils gémissent comme des blessés, s'écrivent tous les jours, comptent les heures. Encore un printemps, encore un été, bientôt ce sera le rendez-vous du lac du Bourget. Lamartine est dès le mois d'août à Aix-les-Bains. Août se passe, septembre se passe, elle n'est pas venue, elle ne vient pas, elle ne viendra pas : elle est trop souffrante. On est en train de la préparer à mourir ; chaque fois qu'elle se lève, elle retombe sur son lit, le buste relevé très haut sur trois ou quatre oreillers, et elle pleure. Pendant ce temps-là, Lamartine griffe les rochers avec ses ongles, s'effondre. Cette fois, il sait ce qu'est aimer, l'absence, mourir.

La mort vient en effet avec son cortège de confession, de repentir – Julie Charles appuie le crucifix sur sa bouche comme il y a un an elle y appuyait les lèvres de son amant et dépose le tout aux pieds du Christ. C'est une horrible mort. Avec « le visage gris-bleuâtre des malades mortellement atteints », Julie Charles rejoint le sort commun : la plus célèbre héroïne de la littérature romantique est née le soir du 18 décembre 1817.

Les ténèbres

Deux ans ! Il mettra deux ans à essayer de la rejoindre, c'est-à-dire de mourir à son tour. Il est sorti du décor, exsangue. Le choc qu'a subi Lamartine, nul ne peut le dire.

Quinze mois passés dans un état de délire nerveux, tantôt auprès de Julie Charles, tantôt lui écrivant huit pages de lettres quotidiennes et en recevant autant d'elle. Puis plus rien.

Ses amis se sont entremis, sa famille a fermé les yeux sur cette liaison, l'oncle terrible n'a pas tonné, ses sœurs se sont bouché les oreilles ; le bon oncle, l'ex-abbé, le recueille comme d'habitude. Montculot sert de refuge, la mélancolie naturelle du lieu est-elle apaisante ou irritante ? Une « Circé », en la personne de Lena de Larche, femme d'un capitaine, le poursuit dans sa retraite, s'installe à cinq kilomètres de là, à l'auberge du pont de Pany, va et vient « en liberté dans deux pantoufles de maroquin jaune », tandis qu'il la contemple « immobile et comme asphyxié d'admiration ».

Qu'est-ce que le corps ? Pourquoi n'obéit-il à aucune instruction ? Pourquoi, alors que Lamartine est mort de chagrin, son corps reste-t-il derrière lui, à faire l'amour ?

Pour les uns, il s'étourdit ; pour les autres, il se rend à Paris, à Milly ou à Montculot ; pour les troisièmes, il cherche à se marier ou à faire fortune ; à acheter une île vis-à-vis de Livourne. Il se comporte comme un être humain normal, se plaint de sa santé, écrit à M. de Bonald, à Mlle Eléonore de Canonge, se rappelle au bon souvenir de Mme de Sainte-Aulaire qui lui cherche un emploi ; il espère, désespère, retourne le fond de ses poches et désespère encore davantage. Il se laisse caresser par les bien-pensants, par les pieux, Rohan, Montmorency, Genoude (celui-ci vient de publier une nouvelle traduction de la Bible). Il lit ses œuvres en public, poursuit Talma pour qu'il accepte sa pièce *Saül* à la Comédie-Française. Personne ne sait qu'il avance à tâtons dans le chemin le plus ténébreux qui soit : lui, son moi, ce à quoi il croyait et que la mort de Julie Charles a anéanti. Il est un ver de vase se débattant dans la vase ; lentement il s'enfonce. « Je me sauve à la campagne où je souffre en paix, et me referme à nouveau dans mes ténèbres. » Il ne souffre nullement en paix, il ne s'agit pas de ses ténèbres, mais de celles du genre humain dont il est un lambeau.

Il est tout le temps malade, ce qui, dans un sens, le soulage : il a mal aux yeux, mal au foie, mal à l'estomac, il est perclus de rhumatismes. Puisqu'il souffre, il a le droit de se plaindre et de se faire plaindre. Cependant, il continue à agacer son entourage qui estime – à tort – qu'il ne fait rien. Lamartine fait bien pire que rien, il dégringole, il coule. Tout ce à quoi il croyait, la jeunesse, la beauté, le lendemain, son propre charme, la providence, l'amour, a été pulvérisé par la mort de Julie Charles, par les atroces détails de sa mort, de sa couleur sur son lit de mort – Virieu lui a décrit sa maîtresse, lui a rapporté ses lettres, paquet dérisoire, qu'il a regardées comme ivre. Rien n'a entravé la marche du destin.

La vie s'inscrit entre deux dates : une fois qu'on sait cela, ou bien l'on meurt sur place, cloué de chagrin, ou bien l'on continue, de chutes en rechutes. Lamartine fait les deux, il écrit et il meurt. Dans cette plume qui galope, se coulent le doute, la feuille de température, le terrible signe de croix que l'abbé de Keravenant, curé de Saint-Germain-des-Prés, a administré à Julie Charles après qu'elle a regretté sa faute. Est-ce un remords qui embue parfois les yeux de Lamartine ? Cent cinquante ans après sa mort, peut-être ne percevons-nous aucune différence entre les vers du jeune homme insouciant et ceux de celui qui se sait désormais mortel, peut-être « ce pissat d'adjectifs » est-il toujours aussi tiède, avec quelques belles étoiles filantes par-ci par-là, cependant quelque chose a changé ; sans doute est-ce ce quelque chose que ses contemporains ont entendu. « Car c'est le romantisme, dit Sartre – et non ses successeurs bourgeois, qui a, pour la première fois, mis l'échec au cœur de la littérature comme sa plus intime substance. »

Cette sotte petite fumée

Ça commence tout doux, comme de la musique de chambre : un beau jeune homme lit devant des auditoires choisis des vers qui disent la part d'abîme qu'il a découverte en lui, que la vie est un accident mortel, qu'il patauge dans ces énigmes. C'est joli à entendre, la rumeur se propage, M. de Talleyrand se fait lire les *Méditations* – « Je n'en ai pas dormi » – le roi se fait lire les *Méditations*, Rohan, Montmorency, Genoude ne désespèrent pas de pacifier cette âme, de la ramener vers le Seigneur. Lamartine n'a qu'une, mettons deux idées en tête : que ces débuts prometteurs lui servent à être un peu moins pauvre ; voir ses vers imprimés. « C'est seulement pour voir l'effet de mes vers imprimés sur les yeux », écrit-il à Virieu (avril 1819). C'est là son unique désir avant que ne s'accomplisse la seconde partie de son destin : mourir.

Il fatigue sa voix, s'applique cependant à lire en public, transpire, demande qu'on ouvre une fenêtre : cela se termine par une pneumonie. Cette fois, Lamartine tombe très malade. Il est à Paris et prêt à mourir, ce qui ne le rend pas combatif. Il laisse faire la fièvre, les médecins, les fioles, les prêtres. Il ne nourrit aucun espoir : à quoi bon vivre ? L'extrémité de son bras pend en dehors du lit, son grand corps se décharne, ses cheveux blonds se collent. Il réclame sa mère à son chevet – c'est la seule expression de sa volonté pendant toutes ces semaines. Et il demande pardon à Dieu de ses fautes. Nous sommes en janvier, il gèle ou il pleut, toutes les questions qu'il s'est posées sont restées sans réponse.

Ousqu'est mon registre à poèmes
moi qui voulais[1]...

Que veut-il ? Pourquoi parler au présent puisqu'il est mourant ? Pourquoi sa mère et sa sœur n'acceptent-elles pas cette évidence et se mettent-elles en travers de sa fin ? Pourquoi son agonie dure-t-elle ? Son squelette se redresse-t-il un peu ? Hélas, la faculté de penser lui revient, de nouveau le corps d'Alphonse désobéit à son esprit ; un jour il a faim de pain bien coupé. Dès que son fils va mieux, Mme de Lamartine reprend goût à Paris, renoue avec de vieilles amies, avec l'entourage des princes d'Orléans – elle est une des Roys, son père avait été l'intendant général des Finances du duc d'Orléans avant la Révolution, elle-même avait été chanoinesse de l'abbaye de Salles-en-Beaujolais dès son plus jeune âge. Elle a des relations, mais à force de s'enterrer à Milly ou à Mâcon, elle les a perdues de vue. Après maints avatars, ce monde-là est revenu au pouvoir, n'est-ce pas le moment de se rappeler à son souvenir ? Alphonse vit, Dieu merci ! Les siens sont conscients qu'il pourrait être mort. Il a pris des résolutions. Les tiendra-t-il ?

La première de ces résolutions est d'enterrer sa vie de garçon. Il entre dans la monogamie du mariage, les yeux ouverts. La seconde est de cesser d'être un gentil lézard, de figurer enfin à la rubrique des gens sérieux qui travaillent. Mars 1820 : Lamartine est nommé attaché d'ambassade à Naples. Les dames protectrices ont atteint leur

1. R. Queneau, *Ousqu'est mon registre à poèmes.*

but. C'est la fin des années noires, la gloire l'attend, bien qu'il ait encore les jambes bien flageolantes. Vingt-quatre poèmes, une plaquette de cent vingt pages mise en vente à un tout petit nombre d'exemplaires, le 11 mars 1820, par l'éditeur Nicolle, sera le détonateur de cette gloire. L'auteur est sorti vainqueur du tombeau, ses vers sont comme une porte ouverte : tout de suite tout le monde les sait par cœur – le boucher ne sait pas lire, mais il pleure, le colporteur a les yeux rouges, le silex s'attendrit, les chiens se mettent à lever la patte en cadence, un petit bœuf parle en alexandrins, les croquemitaines deviennent des colombes.

Un écolier – il a quinze ans – au fond de son collège de Nancy découvre que les mots caressent. Sept éditions des *Méditations poétiques* en un an ! Cet écolier voudrait tant pouvoir dire lui aussi : « J'osai... » Avoir connu Julie Charles, vivre d'orages. Dans son cartable, à côté du traité de géométrie variable et de la grammaire latine, il trimbale des mots tels que rêveries, sein, volupté. *Hâtons-nous ! Jouissons !* Sous le rabat du cartable, le jeune Schneider enferme des pensées peu convenables. A tous ces adolescents travaillés par la folie pubère, Lamartine explique le premier amour, le calice de la vie, Dieu, la belle nature. Ils ne sont plus seuls. A la barbe des pions, ils prononcent le mot « Sortez ! »

Laissez-nous savourer les rapides délices
Des plus beaux de nos jours !

La vie n'est plus la même au collège royal de Nancy, des sons inarticulés ont surgi, on brave tous les dangers. L'auteur de tout ce chamboulement écrit à Virieu : « Je suis vraiment ici dans un assez joli moment pour l'amour-propre, si j'en avais. Je voudrais que tu le visses, cela t'amuserait. C'est une petite vogue, mais cela ne m'enivre pas. J'ai un besoin trop pressant, trop présent, trop poignant, du solide, pour me nourrir d'une sotte petite fumée qu'un souffle dissipe. » (13 avril 1819.)

CHAPITRE V

Le mariage est une hygiène

Maman Schneider a pris sa plume pour consulter Eugène (elle le consulte à tout propos, le cadet est son confident) sur « l'idée qui m'est venue de marier Adolphe, il me semble qu'il est temps, parce que je ne me dissimule pas qu'usé par la fatigue des affaires, il est plus vieux que son âge[1] ».

Son jeune frère n'a pas le temps de dire ouf qu'Adolphe a trouvé chaussure à son pied. Une certaine Mme Ducré de Villeneuve, veuve d'un secrétaire général du ministère de l'Intérieur, aurait joué les entremetteuses[2]. Elle s'est mis dans la tête de présenter Valérie Aignan, belle-fille de Louis Boigues à Adolphe Schneider. Feu le père de la jeune fille, Etienne Aignan, était membre de l'Institut et un respecté traducteur d'Homère.

Des deux côtés, tout est examiné à la loupe : le futur gendre doit rédiger de sa main une note sur sa situation, lui-même se livre à un examen méticuleux de la dot de la

1. Archives privées.

2. Louis Bergeron, Catalogue de l'exposition *Les Schneider, Le Creusot.*

jeune fille, de la composition de son trousseau, de ses espérances à la mort de sa mère, de ses espérances à la mort de son beau-père. Des mois de négociations ! De temps en temps un éclair de lucidité traverse l'esprit de l'intéressé. « Que penses-tu d'une telle affaire pour un vieux philosophe comme moi ? écrit-il à son cadet. Peut-on songer à se marier dans des circonstances telles que celles où nous vivons ? » C'est-à-dire, toujours à courir, à soumissionner, à essayer de se payer au passage. Louis Boigues ne voit pas d'un mauvais œil ce gendre remuant. Les relations des uns et des autres sont mises en avant, M. Hochet, secrétaire général du Conseil d'Etat et le comte Joubert, pair de France, du côté des Boigues ; du côté des Schneider, le général Virgile Schneider, cousin germain d'Adolphe (il a vingt-trois ans de plus que lui), ayant combattu à Marengo, en Espagne, en Morée et qui sera un (éphémère) ministre de la Guerre sous la monarchie de Juillet. En 1831, le mariage est célébré à Fourchambault.

Il ne reste plus à Maman Schneider qu'à marier le dernier, et l'année suivante, l'entreprise est lancée. « Je te parle souvent de mariage, cher Eugène, lui écrit-elle en janvier 1833, parce que maintenant cela m'occupe pour toi. »

Le cadet a connu quelques déconvenues qu'évoque son frère dans leur correspondance ; en revanche, on ne sait rien des circonstances qui l'ont amené à demander la main de Constance Le Moine des Mares et à en être accepté, si ce n'est qu'elle appartient au même milieu que lui, la bourgeoisie sedanaise ; sa mère est une Poupart de Neuflize et Eugène Schneider sait tout de la famille Poupart de Neuflize, de ses hauts et de ses bas – il a travaillé pour eux comme directeur des forges de Bazeilles, quand ils en étaient encore propriétaires.

Le voici, à trente-deux ans, embarqué dans un mariage qui en durera presque quarante. Comme celui de Lamartine, une réussite. Essentiellement due aux femmes, à leur courage, à leur faculté d'adaptation, à leur amour – c'est un sentiment parfois respectable! Au début, elles ont un peu peur de ces maris, l'un roux et en fer, l'autre long, en sucre ou en cristal; elles ne savent même pas comment un homme est conformé, on les embarque dans l'inconnu, et qu'elles se débrouillent! Que le soleil rentre dans leur ménage, c'est leur affaire, donner des héritiers, encore leur affaire, allumer les feux de leur mari et parfois des contre-feux... Eux sont comme ils sont: mes soucis, mon mufle, mon poil électrique! L'argent, la politique, la gloire! Faire les monts et faire les merveilles!

T.A.

Eugène Schneider ne reste pas en place, grâce à quoi sa femme lui écrit souvent. Elle signe de deux mystérieuses initiales: T.A. Elle écrit aussi à sa belle-mère, à ses belles-sœurs, à ses enfants; beaucoup à son fils Henri quand il grandit. Constance sert de trait d'union entre les membres de la famille Schneider. Elle raconte les voyages, les bobos, les inquiétudes, les deuils, les bains de mer. « Nous nous sommes fait faire des coiffures d'indienne exprès pour les bains et qui garantissent très bien du soleil. » Ses parents ont une maison à Avranches, elle va souvent à Saint-Malo, la mer est à la fois un médicament et une distraction. « J'ai pris un baigneur, il m'emporte comme un enfant puis, quand l'eau est assez profonde, il me fait passer la tête la première sous la mer, de cette manière le sang ne remonte pas à la tête. Quand j'ai plongé, il me pose là et retourne chercher un des enfants qu'il baigne tour à tour, mais de deux jours l'un, en les tenant bien[1]. » Elle fait aussi écrire Félicie, leur fille : « Papa [...] nous faisons des trous avec nos pelles et la mer va s'établir dedans. »

La vie tourne autour de ce père qui n'est jamais là. Sa femme s'ennuie de lui. « Il me semble que je réussirais à être aimable pour toi, et que je pourrais t'empêcher de t'ennuyer trop. » Qu'elle est timide, la jeune Constance, et impressionnable ! Entre *Monte-Cristo* et un roman de George Sand, elle parcourt le journal où elle lit, horrifiée, le récit d'un accident ferroviaire survenu sur la ligne du Nord. « On a le cœur serré en pensant aux tristes résultats qu'ont les chemins de fer [c'est la femme d'Eugène Schneider qui écrit ces lignes !] [...] Il y a de quoi dégoûter tout à fait de l'emploi de la vapeur. [...] Ici, l'un est brûlé sans pouvoir sortir de sa caisse, là, on est submergé dans un marais, une autre fois c'est un choc épouvantable qui nous brise [...] Surtout toi, bon chéri, qui voyage beaucoup, promets-moi d'aller en poste tout tranquillement [...] Ce serait impardonnable à toi de t'exposer sur les chemins de fer qui sont si peu sûrs[2]. »

Gageons que son mari n'a tenu aucun compte de ses conseils. Constance le voit sans cesse aller et venir, elle fait contre mauvaise fortune bon cœur, le quitte à son corps défendant, lui écrit presque tous les jours quand elle est en vacances ; elle se dépeint « la tête enveloppée de foulards, et le corps couvert de plus de châles ou de manteaux qu'il n'en faudrait pour être régulièrement bien mise ». Nous l'accompagnons en excursion au Mont-

1. Archives privées.
2. *Ibid.*

Saint-Michel « dans deux coucous attelés d'un cheval chacun »; nous visitons sa chambre au Creusot, nous sommes à la veille de la mort d'Adolphe, Eugène est à Paris : « Je suis dans le coup de feu des arrangements. J'ai couché hier soir dans ma chambre tout entourée de mousseline blanche toute fraîche, j'avais même dans la journée fait rebattre mes matelas. » Elle parle de sa timidité qu'elle n'arrive pas à surmonter, ose une première confidence : « Je suis encore aussi amoureuse que la première année de notre mariage et je t'aime davantage. » Se lance dans une seconde confidence encore plus osée – celle-ci est délicieuse : « Je me demandais si j'avais quitté Saint-Malo, mais non j'étais bien à la même place, c'était seulement M. le Député [son mari, donc] qui avait voyagé et qui s'était permis d'entrer par où? je n'en sais rien. Je ne peux dire qu'une chose c'est qu'il se trouvait si près qu'on entendait des baisers qui s'échangeaient dans l'ombre de la bonne nuit. Allons, M. le député, dépêchez-vous vite, prenez votre petite femme dans vos bras et qu'on se rendorme, car vous avez un grand voyage à faire. Alors on s'est rendormi et effectivement, quelques heures après, le pauvre député était de retour à Autun, faisant toutes ses visites comme si de rien n'était. Et la petite femme a beau allonger les lèvres, les bras et les jambes, elle ne saisissait rien que le vide et les couvertures[1]. »

La confidence plaide en faveur d'Eugène Schneider. « Tu as beau être un vieux mari de 8 ans bien passés, j'ai beau être une vieille femme exactement du même âge, nous ne sommes pas encore Philémon et Baucis. » Cet homme vilipendé par ses contemporains autant qu'honoré, dont les ennemis dénonceront la férocité, la manière

1. *Ibid.*

détournée d'arriver à ses fins, qui sera traité de tous les noms, aura au moins été adoré par deux femmes, sa mère et sa femme ! Cette dernière s'enhardit au fil des ans, la protestante qu'elle est trouve que son mari éclate, plein de nourriture : « Je t'assure qu'il serait bien temps de commencer à élever quelquefois nos pensées ensemble vers Dieu [...] Si tu voulais bien réfléchir un peu, tu verrais bien que l'argent n'est pas tout. Si nous étions d'accord sur ce point, le premier de tous, nous le serions bientôt sur tous les autres, je me trouverais encore beaucoup plus heureuse, tu le serais davantage aussi, bon chéri, quoique tu ne le croies pas[1]. »

Celle qui signe T.A., ton ange, cette fois-ci, est fâchée – à quoi fait-elle allusion, on ne le sait, la lettre n'est pas datée. Cette eau qui dort, ne dort pas du tout. Constance Schneider est jolie, son portrait par Paul Delaroche, à trente-six ans, en fait foi : des yeux

épais légers ou lourds mais verts ;

le cou s'élance, une raie médiane sépare les cheveux ; vous tend-elle la main qu'on est sous le charme. Elle reçoit à côté de son mari, rue Boudreau, dans l'hôtel qu'il a acheté pour consacrer leur vie parisienne, parfois elle chante. « Sous l'influence de la musique, j'ai l'impression que je sens ce que je ne sens pas, que je comprends ce que je ne comprends pas, que je peux ce que je ne peux pas [...] Qu'est-ce que la musique ? Quelle est son action[2] ? »

Les Schneider ont une loge dans le vieil opéra, rue Le Peletier, elle porte le numéro 11, le baron Haussmann

1. *Ibid.*
2. Tolstoï, *La Sonate à Kreutzer.*

n'a que le numéro 77 ! A l'hôtel de Lassay, Mme la vice-présidente du Corps législatif a toujours un sourire pour l'un, pour l'autre, et plus d'indulgence qu'on a coutume d'en voir pour ce théâtre du monde. Grâce à elle, Le Creusot aura un temple ; elle vieillit aussi protestante qu'elle a été baptisée ; son devoir est d'être civilisée, elle l'est ; dans la pauvreté d'aller chercher ce qu'elle peut soulager, elle y va ; d'empêcher son mari d'être cette constellation froide dont on se plaint en douce. En douce ou en dur : le 4 septembre 1870, ils prendront le chemin de l'Angleterre d'où elle écrit inlassablement à son fils Henri, resté seul au Creusot, et qui n'en peut plus. Cette timide passe à travers les orages de la vie privée, les orages publics, la révolution de 1848, les grèves du Creusot, la chute du Second Empire, l'exil, le veuvage avec ce qu'on appelle une force d'âme. Quand Eugène Schneider ne sera plus là, elle le cherchera comme son ombre : « Je me sens fatiguée et nageant dans le vide [...] Je cherchais ton père dans ces ateliers [du Creusot] que j'ai si souvent vus avec lui, quand il m'expliquait tout », écrit-elle à son fils (1876).

Lui a-t-il tout expliqué ?

Une laideur précise

« Elle a une belle taille, aisée et gracieuse, contre l'ordinaire des Anglaises ; des cheveux châtains superbes, de jolis yeux bruns, pleins d'esprit et de douceur, le nez grand et mince, la bouche assez bien », dit de Marianne Birch sa belle-mère (mais son manuscrit a été réécrit par son fils !). « Mme de Lamartine est d'une laideur précise », rétorque le baron d'Eckstein. Les uns lui trouvent un long nez « blanc, décoloré, comme si la peau était gelée », les autres le nez rougeoyant. Comment savoir ? Même le fiancé admet qu'il « n'y manque [à la perfection morale de sa future femme] qu'un peu plus de beauté » et tout le monde s'accorde à lui trouver des dents d'Anglaise, c'est-à-dire de cheval !

A vingt-neuf ans passés, Marianne Birch rencontre Alphonse. L'amour, il en a fait le tour. « Je te dirai le fin mot à toi seul, écrit-il à Virieu, c'est par religion que je veux absolument me marier et que je m'y donne tant de peines. » De peines, il ne s'en donne guère, son père non plus. On n'arrive pas – sans doute parce que Marianne Birch est protestante et bien qu'elle désire se convertir au catholicisme – à convaincre le chevalier de Prat d'effectuer la demande en bonne et due forme ; oncles et tantes se font tirer l'oreille pour apurer les dettes de « cet archi-fou », comme l'appelle l'oncle terrible.

Un beau jour, c'est fait. 1820 : l'année où tout arrive ! La pleurésie, les derniers sacrements, les rumeurs de la gloire, les éditions successives des *Méditations* (« Elles ont un succès inouï et universel », écrit Lamartine à Virieu, en mars 1820), le poste d'attaché d'ambassade à Naples – « J'ai un besoin d'argent extrême » (à M. de Genoude). Lamartine se marie selon le rite anglican et, Marianne s'étant convertie, il l'épouse une seconde fois selon le rite catholique. Sa belle-mère les accompagne en Italie ; jusqu'à sa mort, onze ans plus tard, elle ne les quittera pas : Marianne est sa fille unique. Malgré ses trente ans passés, Mme de Lamartine met au monde deux enfants : le petit Alphonse s'éteint en bas âge, Julia meurt lors du voyage en Orient : elle a onze ans.

Frappe encore, ô Douleur, si tu trouves la place !

Marianne de Lamartine mettra toute une vie à sortir du chagrin de cette mort. Quelque part elle est devenue de pierre et cependant plus généreuse à l'égard du dernier enfant qui lui reste : son mari !

Quand arrive le mois de décembre, elle l'accompagne à Paris où il fait ses armes politiques à la Chambre ; l'automne apporte son cortège de catastrophes : vendanges calamiteuses, mal prévendues, qui laissent le poète un peu plus impécunieux. Lamartine se considèrera toute sa vie comme un grand vigneron ! Mais il se considère aussi comme marqué du sceau de Dieu, « l'homme résolu et dévoué qui doit se jeter à la tête d'un peuple » ! Comme un éternel persécuté – « Je suis poursuivi, menacé, accablé [...] Je m'enterre comme un sanglier, mais sans défenses. » (A M. Rolland, 1852.) Comme une perle tombée de sa coquille : « Le préjugé de mon siècle aura été plus fort que moi : il m'a relégué au rang des poètes. C'est un bel exil, mais ce n'était pas ma place. Que faire ? Se résigner[1]. »

Il s'invente tous les personnages, tous les maux : la vie lui est un silice ! Il a mal aux dents, au dos, son encre gèle, faute de feu dans la cheminée, sa lumière s'éteint, il écrit à l'aube. Lamartine n'a trouvé qu'un moyen pour n'en sortir jamais : le manque d'argent ! Il gagnera des millions, ne laissera que des dettes, se tuera au travail, si-

1. *Cours familier de littérature.*

gnant tout et n'importe quoi avec tous les éditeurs de France et de Navarre, allant chercher jusqu'au Brésil des souscripteurs pour le *Cours familier de littérature.* Rien n'y fera : le vieux bois de sa prodigalité et de son étourderie reparaîtra toujours !

« Au morceau d'azur » semble être son enseigne. Marianne de Lamartine, elle, patiente ; la mort de sa fille l'a vidée de sa foi dans la vie, autant en emporte le vent lamartinien. Diplomate, Alphonse ne l'est que par intermittences, puis plus du tout : en septembre 1830, il abandonne la carrière. Poète, il décide de ne plus l'être, ce qui ne l'empêchera pas de commencer dès 1834 la publication de ses *Œuvres complètes* (déjà quatre tomes en 1834 !) « Au fond, tout cela est de la graine de niais, déclare-t-il à Louis de Carné, un de ses admirateurs. [...] Si mes vers sont bons à quelque chose, ce sera pour me faire nommer député. »

Il s'éloigne de ses premiers amis légitimistes, les Rohan, les Montmorency et les autres, ceux qui l'ont lancé ; la monarchie de Juillet ne l'attire pas, il refuse une ambassade proposée par Guizot, seule l'attire l'angoisse suprême, celle du chef. « Souviens-toi que je t'ai prédit que dans 5 ans, le pays, et mieux que le pays, serait entre nos mains », écrit-il en 1834 à Virieu. Sa folie gagne ses amis, Marianne tantôt l'écoute, tantôt tremble : il est bel et bien en train de rompre avec le régime. Vigny, qui ne l'aime pas, parle de sa « déloyauté pleine d'airs de franchise ». Lamartine s'acharne, prend des cours de diction, devient un orateur réputé, rédige son programme politique sous la forme d'articles *(La Marseillaise de la paix)*, de livres *(Sur la politique rationnelle)*, de livres d'histoire *(Les Girondins)*. Sa femme subit ce tohu-bohu – ce brouillon lui laisse tout à faire, vérifier les dates, corriger les épreuves, analyser les discours des dirigeants révolutionnaires. Marianne se fâche quand Lamartine montre trop de complaisance à leur égard ou trouve fumeux les dogmes de la religion catholique, mais ce n'est pas cela qui la met le plus en colère, c'est la manière qu'il a de parler aux femmes, de leur plaire par un mélange de candeur et de rouerie, de s'abandonner à rire, ce qu'elle ne peut plus faire depuis la mort de Julia. « Si Mme de Lamartine était la femme d'un autre homme, moins illustre, on la trouverait spirituelle et aimable ; mais on ne parle que de sa jalousie », note le comte Apponyi dans son *Journal.*

Elle surveille les travaux à Saint-Point – son goût à la Walter Scott enlaidira considérablement le château, elle le flanque d'une tour néogothique, d'une terrasse, d'un porche à colonnettes et à clochetons qui le grime en château écossais ! Pendant qu'il travaille « comme un galérien de la plume », elle peint des tableaux académiques, mais assez bien peints, sa petite Julia ou bien des saintes, sainte Elisabeth du Portugal, sainte Geneviève, dont les portraits se trouvent toujours dans l'église de Saint-Point ; les plaques de porcelaine qui entourent la cheminée de leur chambre, les médaillons des grands poêles auxquels le vieux couple, après tous ses déboires, se chauffe, sont aussi de sa main.

Speravit anima mea, a fait graver Lamartine sur le caveau qu'il a érigé tout contre le mur du parc, dans le cimetière de Saint-Point : y reposent déjà sa mère, sa belle-mère, ses deux enfants. Marianne y sera inhumée six ans avant lui, en 1863. Il l'a entendue mourir, mais il ne l'a pas vue : il était cloué dans son lit, rue de la Ville-l'Evêque, à Paris, par une crise de rhumatismes aigus ; dans la chambre voisine, Marianne agonisait ; Valentine, leur nièce, allait d'un chevet à l'autre. Peut-être est-ce là le symbole de leur histoire : peut-être Lamartine attendait-il encore une belle aventure, celle qu'il va vivre maintenant avec Valentine :

le pur amour ? Marianne n'attendait plus rien ; depuis trente et un ans, elle n'attendait que le repos. « J'aurai une perfection morale », avait prévenu Lamartine avant de l'épouser.

CHAPITRE VI

Qu'est-ce qu'un préjugé ?

Qu'est-ce qu'un préjugé ?
Un mode de penser...
De M. de Lamartine – auteur religieux.

CHARLES BAUDELAIRE
De quelques préjugés contemporains.

C'était une diligence à supplices : places toutes occupées, jambes enchevêtrées et devant celles d'Eugène Schneider les plus longues jambes qui soient, se croisant et se décroisant à chaque cahot, s'arrogeant le droit de s'allonger soudain comme si elles avaient été seules au monde, imposant une sorte de loi à cet espace restreint, se moquant bien de l'insomnie des autres passagers ! Leur propriétaire, le visage caché par un chapeau, était maigre et invisible comme la vérité.

La diligence cahotait ; en montée, elle semblait atteinte d'emphysème, quand on s'arrêtait pour relayer, on ne savait ce qui était pire, de rester échoué, les brancards vides, tandis qu'on changeait les chevaux ou de descendre, de sentir la raideur de sa nuque – le dos, n'en parlons pas – et de se dire qu'il faudrait remonter en face de ces longues guiboles et se laisser maltraiter par elles jusqu'à Paris.

Mieux valait essayer de dormir ; rouler comme s'il n'y avait ni entrées de village, ni ciel qui fuit par l'horizon, ni jambes qui passent par toutes sortes de spasmes. Rêver qu'on est propriétaire à trente et un ans de la plus belle affaire de France, que le vœu de Maman Schneider est exaucé. Sauf manœuvre de dernière minute, Le Creusot est à la portée des frères Schneider, ou plutôt de leurs commanditaires, mais Adolphe et Eugène en seront les gérants. A eux cette affaire qui périclite depuis cinquante ans, à eux de calmer les inquiétudes de leurs banquiers, d'être dès demain au travail, mais comment dormir avec ces jambes qui bougent tout le temps ?

Le vis-à-vis d'Eugène Schneider a un visage qui en dirait long s'il n'était dissimulé sous un chapeau. M. de Lamartine est depuis hier non seulement la star qu'il est, mais président du conseil général de Saône-et-Loire. Il convoite ce poste depuis des mois, mais il fait peur au préfet. Ce dernier redoute l'éloquence lamartinienne : « Ce député [le préfet parle de Lamartine] se rapprochant de nos adversaires politiques et ayant, par son talent oratoire, la chance d'attirer à lui les Membres faibles ou douteux [...] », écrit-il. C'est chose faite depuis hier : M. de Lamartine a réussi à attirer à lui tous les membres faibles et douteux de l'assemblée régionale. Et Eugène Schneider a fait connaissance du Creusot d'où il revient, décidé à ne pas lâcher prise.

Se doutent-ils ces deux passagers qui se bourrent de coups de pied sans se connaître qu'ils seront les deux grands hommes politiques de la Bourgogne au XIXe siècle ? L'un que Louis-Philippe appelle par dérision « un vain de pays », voulant ainsi le ravaler au rang de vigneron local, et l'autre que personne n'a encore vu, parce qu'il n'a jamais mis les pieds en Saône-et-Loire. Venez tout de suite, lui écrit-on depuis six mois, mais il y a toujours quelque chose qui se met en travers de son voyage, un titre de propriété perdu, une manœuvre de dernière minute, une vente de bois dans les Ardennes. Cette fois, c'est fait : en ce mois d'août 1836, Eugène Schneider s'est échappé de Bazeilles pour visiter ce « vilain pays » dont « la vue est bornée et le sol aride ». Que lui importe à lui que le sol soit aride ! Ce qui l'intéresse, c'est le sous-sol ! Eugène Schneider veut tout métalliser, les charpentes, les opéras, les gares, les ponts. Il aime les fumées, les tôles, l'étrange carnage qu'est une mine ; le chaos tout autour, il se sent de taille à l'organiser. Toutes les conquêtes s'offrent à lui : électricité, chemin de fer, télégraphe, navigation à vapeur. L'Angleterre est son obsession : dans quatre ans, il s'y rendra, il ira voir le siècle affronter le progrès et le progrès triompher du protectionnisme des dirigeants. Quand M. Arago déclare que le transport des soldats en chemin de fer risque d'efféminer les troupes, ça le fait rire, et quand sa femme lui conseille de voyager en malle-poste, elle ne sait pas à quel supplice elle le voue car voici les grandes jambes de son vis-à-vis qui recommencent à gigoter.

Eugène Schneider agrippe pour la première fois la sensation de vivre, d'exister à fond. Après un an de négociations, il est sûr ou presque d'acheter Le Creusot. Il veut se mettre à son compte et l'a déclaré à qui voulait l'entendre. « M. Seillière m'en a parlé ce matin, lui écrit Adolphe, en me disant [...] que cependant le passé n'avait pas été de nature à te contrarier, que jamais tu n'avais eu à te plaindre de lui, que si tu voulais *être chez toi* [c'est l'auteur de la lettre qui souligne], [...] cela n'étais *[sic]* que trop naturel. Enfin il s'était un peu monté la tête à ce sujet [...] Explique-lui donc ce que tu entendais en disant *être chez toi*[1]. »

Le Creusot est l'occasion d'être chez soi. L'affaire est en faillite depuis trois ans ; elle tourne au ralenti. Le ministère de l'Intérieur et celui de la Guerre, à Paris, la surveillent du coin de l'œil, dans le cas où il faudrait envoyer l'armée pour réprimer des émeutes de la misère. Mille cinq cents ouvriers sont quotidiennement menacés de perdre leur emploi ; avec leur famille, ils constituent l'équivalent de la population d'une petite ville. « A quelles voies pourraient se livrer des gens exaspérés et poussés par le besoin ? écrit le directeur de l'usine au préfet. [...] Une cessation momentanée des travaux souterrains les ruinerait pour jamais. La mine serait noyée ; le feu s'y manifesterait dans vingt endroits. Les hauts-fourneaux qui n'ont point d'avance de combustible pour un seul jour, s'éteindraient ; les forges s'arrêteraient, tout serait anéanti[2]. »

Depuis trois ans les commissaires de faillite nommés par le tribunal de commerce de Paris se hâtent lentement, c'est-à-dire mettent beaucoup de temps à se rendre sur les lieux, leur voyage est sans cesse retardé ; M. Léon Coste, ingénieur des Mines à Chalon, s'appuyant sur une disposition de la loi de 1810 sur les Mines, administre à la petite semaine la vie de l'usine et des ouvriers ; la liquidation traîne. On se dirait dans une nouvelle de Gogol, vodka en moins. Soudain arrivent des durs de durs – les Schneider – appuyés par des gros de gros – les Boigues et

1. Eugène Schneider avait signé un contrat de dix ans pour diriger les forges de Bazeilles. Il était associé pour un quart du capital et percevait 38 % des bénéfices. Il avait acheté pour un tiers le château de Montvillers.

2. Voir la lettre de l'académie François-Bourdon n° 3 (juillet 1996), l'article de M. Antoine de Badereau : « Chronique d'une mort évitée ».

surtout les Seillière. Un vent d'est, tout droit descendu de Lorraine et des Ardennes, souffle sur cette liquidation. Adolphe Schneider décide de surenchérir, et la guerre commence. Avec des complications (on perd la domiciliation de la mine de Montchanin), des interférences (entre-temps, M. Boigues achète des bois) ; ce dernier traite les vendeurs de « marchands de pommes » et nous voici au cœur de l'été 1836, en compagnie d'Eugène Schneider qui revient d'avoir visité les lieux et qui, malgré tout ce qu'on lui en a raconté[1], se frotte les mains.

Son vis-à-vis bâille et s'étire – ce faisant son chapeau bascule en arrière et découvre un visage. Tout à coup c'est le choc, Eugène Schneider vient d'avaler une pendule, celle du temps, il a reconnu dans ces doigts célèbres, dans ce visage fatigué, le dieu de ses quinze ans – le passé lui revient comme un éclair : il étudie au collège royal de Nancy et il pleure comme un idiot ; à tous les étages, les pensionnaires pleurent comme des idiots. Quand les dortoirs ont fini de marmonner leurs prières, suspendus à des alexandrins, les élèves quittent cette terre. Grâce à qui ? Au monsieur qui lui fait face, dont les genoux le dérangent sans arrêt ! Ah ! il ne rêvait ni de houille ni de vapeur, Eugène Schneider, en ce temps-là ! Il essayait de faire rimer univers avec lumière et amour avec séjour, et des vingt et quelques poèmes des *Méditations,* il faisait son miel. Sans se douter qu'un jour, sur la route d'Autun à Paris, il aurait son auteur (et ses genoux) comme rentre-dedans !

---

1. « La population ouvrière est nombreuse, mais mal disciplinée, les chefs ayant changé sans cesse, les subalternes se sont gâtés et ont laissé faire les ouvriers, de là beaucoup de petits abus qu'on ne pourra corriger qu'à la longue, quand une fois il y aura là une main ferme et un esprit de *suite.* » (24 juillet 1836, Lettre de M. Bardel à Eugène Schneider, Archives de l'académie François-Bourdon.)

Le monde moderne, le non-organique et l'argent

Lamartine est la distinction faite homme ; l'habit de voyage souligne encore cette distinction : cape à rabat, pantalon à sous-pieds, bottines cirées comme du bois. Il paraît dix ans de moins que son âge. Eugène Schneider calcule que le poète ne doit pas avoir loin de cinquante ans. Fichtre ! Qu'on aimerait être comme ça, à cinquante ans, décoré de la Légion d'honneur, membre de l'Académie française, recevant une lettre du tsar : « Vos ouvrages, Monsieur, m'étaient connus depuis longtemps, lorsque vous m'avez adressé votre lettre et procuré une jouissance nouvelle en me donnant l'occasion de goûter le charme de vos vers. » Même le tsar est sensible à son charme !

En regardant cette paupière rougie par le travail, cette longue silhouette dont les déplacements sont signalés comme ceux d'un ministre, que les journaux de demain présenteront comme le nouveau président du conseil général de Saône-et-Loire, on se demande où Lamartine veut en venir. Sa carrière, dit-il et écrit-il, n'est plus la Poésie ; elle est plus froide, plus haute ; comme une étoile qui se délivre du magma céleste, elle se nomme la Politique, la France.

Dès l'an prochain, il sera député de Mâcon ville (et non plus de Bergues), patron du département ; depuis six ans, il tisse sa toile. La chute des Bourbons l'a laissé froid. « Je suis convaincu que les royalistes ont librement, gaiement et volontairement perdu la France et l'Europe et que, le bon Dieu la leur remît-il dix fois dans la main, dix fois et mille fois, ils la reperdraient », écrit-il à Virieu. Lamartine les a servis pendant dix ans, avec, il est vrai, de longs intervalles entre ses postes diplomatiques. Il n'en a en fait occupé que deux. Naples, en 1820, comme attaché d'ambassade ; Florence, cinq ans plus tard, où, nommé second secrétaire de légation, il mène une vie d'ambassadeur qui mènerait grand train. Le *Chant du sacre*, œuvre de circonstance puisque écrite à l'occasion du sacre de Charles X et publiée au printemps 1825[1], n'a peut-être pas été étrangère à cette nomination. Pendant trois ans, il va et vient entre la Toscane, la Bourgogne et Paris ; il prend du galon en étant nommé chargé d'affaires de France en Toscane. Bains de mer à Livourne, achat d'une villa à Florence, entretiens avec le grand-duc, il ne faut pas croire qu'il ne fait rien, notre poète ; dans ses écrits, dans ses dépêches, il essaye de se doter d'une philosophie politique qui ne plaît pas à tout le monde et qui est le fruit de ses lectures, de ses souffrances, de ses croyances. Lamartine réfléchit au gouvernement des peuples, aux principes qui doivent les régir, aux temps à venir. Pressent-il cette « parenté profonde entre le monde moderne et le capitalisme bourgeois, entre le monde moderne, le non-organique et l'argent », qui hantera plus tard Péguy et dont ce jeune rouquin en face de lui pourrait bien être l'un des artisans ? Songe-t-il au contraire à l'avenir « aux nuages roses » ?

On raconte que Mme de Lamartine, alors qu'elle nourrissait Alphonse, âgé de quinze mois, se serait rendue à Lausanne. Elle y aurait rencontré trois vieux messieurs allemands, des « illuminés », qui auraient de-

1. Lamartine appelle son propre poème : « L'horreur des horreurs poétiques ».

mandé à voir le bébé et auraient dit : « C'est bien lui. Ne perdez jamais de vue cet enfant. Il est marqué par quelque chose de grand et d'inconnu. » Autre anecdote racontée par Henri Guillemin : jeune homme, Lamartine s'arrête un soir à Moulins, à l'hôtel de l'Allier, où il se fait dire la bonne aventure par des bohémiennes ; l'une d'elles voit dans sa paume l'annonce d'un prodige, d'une connivence avec le ciel et met en garde ses sœurs : « N'acceptez rien, ni devant moi, ni derrière moi, de ce jeune homme ; il est de ceux qu'on ne prophétise pas pour de l'argent. » Lamartine écrit le soir même à Virieu : « J'ai été arrêté par des enchanteresses, par des monstres et par des fleuves débordés. »

L'Allier débordait en effet ce jour-là de 1814 et, avec lui, s'en allaient les morceaux de l'Empire comme des glaçons géants que charriait l'histoire. Les Bourbons se réinstallaient sur le trône de France ; ils y sont restés seize ans pendant lesquels ils n'ont guère favorisé la carrière de Lamartine. A la toute dernière minute, Polignac lui proposera un poste de ministre des Affaires étrangères, mais la nomination de ce prince comme Premier ministre était pour Lamartine, écrit Henri Guillemin, le « signe que la Restauration se suicidait[1] ». Fin 1830, notre poète adresse sa démission au comte Molé, ministre des Affaires étrangères. Sa carrière diplomatique est terminée.

1. *Lamartine et la question sociale* (Documents inédits), Préface d'Henri Guillemin, L'Abeille-Plon, 1946.

Un diable au corps politique

Lamartine l'a dit lui-même : il a le diable au corps politique ! Les premiers temps, on a plutôt tendance à se moquer de ce poète qui a la tête... où ça donc ? « Au plafond, aurait-il répondu, car je ne vois pas de place politique dans aucun des trois partis[1]. » Nous sommes en décembre 1833, il siège pour la première fois à la Chambre des députés, on le compare à une cigogne, on l'éreinte, mais on l'écoute. « Vous êtes entré dans les affaires *admirablement*[2] », lui dit un fin connaisseur en la personne de Talleyrand ! Petit à petit Lamartine remplit l'hémicycle, sa voix éclipse celle de ses confrères ; il s'est entraîné dans ce but. « Vous avez la plus belle parole du pays », reconnaît Royer-Collard. Ce désordonné est sérieux, ce rêveur a un plan : d'abord s'emparer de la Saône-et-Loire. En 1837, c'est chose faite : députation, présidence du conseil général, dans tous les petits villages du département, on connaît sa haute silhouette ; à la notoriété littéraire s'en superpose une autre, qui est d'une autre essence. Il en impose à ses interlocuteurs, comme il en impose dans cette diligence à ses compagnons de voyage. Eugène Schneider, malgré tous les désagréments que lui causent les longues jambes de ce voyageur, le regarde comme descendu des cieux. Il ne se doute pas un instant qu'il suivra le même chemin électoral que Lamartine ; dans vingt ans, il aura chaussé ses bottes.

---

1. Les légitimistes, les orléanistes, les libéraux.
2. C'est Lamartine qui souligne.

Pour l'heure, il se demande quelle conduite adopter. Se présentera-t-il : Schneider jeune, l'un des repreneurs possibles du Creusot, à ce monsieur qui déclare que « l'industrie n'est ni noble, ni religieuse, ni morale, ni politique : elle est bourgeoise, avide, avare et voilà tout » ? Ou comme le lycéen de quinze ans, fou des *Méditations* ? Comme un admirateur de *Jocelyn*[1], cette tempête poétique qui balaye la France depuis le début de l'année ? Ou bien Eugène Schneider restera-t-il silencieux, le col relevé, devant cette célébrité qui se dit « l'ami reconnu et aimé du peuple intelligent » ?

L'ambiguïté commence à peser sur la carrière de Lamartine. Dans quel camp se range-t-il ? Le préfet de Saône-et-Loire ne s'y est pas trompé en le décrivant comme « se rapprochant de nos adversaires politiques ». A-t-on remarqué que l'été dernier, Lamartine n'a pas voté les lois de répression qui ont suivi l'attentat de Fieschi (28 juillet 1835, 14 morts dont le général Mortier, ministre de la Guerre) ? « Même si elle sue l'insurrection et l'anarchie, a-t-il déclaré à la Chambre [...], la liberté de la presse doit être sauvegardée [...] C'est là l'outil de la civilisation ; gardez-vous de le briser dans vos mains, ou vous rendriez les révolutions infaillibles. »

On s'obstine à lui coller une étiquette de royaliste dans le dos. On ne le lit donc pas ! « Pour que 89 [1789] fût si mal, écrit-il à Virieu, il fallait que ce que 89 détruisait fût beau : or je trouve 88 hideux. » Et 1838 donc ! M. Thiers ? « Il est condamné à être une tyrannie. » Le chemin de fer Paris-Mâcon ? « Il boite. » La vie politique ? « Rien n'avance, tout est piège. » On s'obstine à le départementaliser, à l'orléaniser, à essayer de le faire rentrer dans le rang. L'Eglise catholique (aidée de Marianne,

1. Paru en février 1836.

sa femme) se méfie de cet auteur chrétien qui écrit dans *Jocelyn* : « Le seul Dieu que j'adore, et qui n'a point d'autel. » Qui écrit à Virieu : « Nous ne nous rencontrons que dans le sentiment d'horreur pour la Révolution-action et non pour la Révolution-principe. La Révolution-principe est une des plus grandes et fécondes idées qui renouvellent de temps en temps la forme de la société humaine. » Mais pourquoi diable veut-il changer la forme de la société humaine !

« Je suis décidé à n'être d'aucun parti » : c'est dit dès la chute des Bourbons, en 1830. Lamartine essayera de créer un parti à lui et échouera ; il se mettra en réserve, car il est persuadé de deux choses : le régime de Louis-Philippe finira par être renversé ; d'autres idées, le suffrage universel, la liberté de la presse, l'enseignement primaire gratuit, l'abolition de l'esclavage, la séparation de l'Eglise et de l'Etat, valent d'être défendues. On le met à l'index[1], mais l'Eglise se garde bien de se fâcher avec cette célébrité ; on le dit poète, chimérique, un peu vain. Lamartine n'est pas vain, il est fou. Il croit à l'indéfendable, c'est-à-dire à l'égalité humaine. Et il y croit mordicus. Devant Dieu, tous égaux, et pas de tralala !

C'est décidé, Eugène Schneider ne se présentera pas à son vis-à-vis : Lamartine lui fait trop peur, il a trop de prestance. Comme dit Sartre, on n'est pas bourgeois de droit divin !

1. *Voyage en Orient* et *Jocelyn* sont mis à l'index par Rome en 1836.

CHAPITRE VII

Inventez-moi de l'argent

O si j'étais pauvre
comme un milliardaire.
L'âme se moque de l'argent :
un voleur insatiable y habite.

MAÏAKOVSKI
L'auteur qui s'aime se dédie ces lignes (1916).

Qu'est-ce que l'argent ?

Kekchose d'extrême, comme dirait Queneau. Dans le cas de Lamartine, ce sont des mains froides posées sur chaque matin de sa vie. Dans celui d'Eugène Schneider, c'est se sentir pousser des ailes, constater qu'il (l'argent) « a toujours et toujours incontestablement raison » (ce que Constance Schneider nie) ; traverser des vestibules pleins de quémandeurs, des banques de plus en plus monumentales et, cent ans plus tard, qu'on célèbre l'anniversaire de votre naissance dans votre capitale d'adoption, Le Creusot, à coups de canon, de fusées – 800 tirées lors du bouquet final du feu d'artifice – d'aumônes distribuées aux indigents (5 francs pour la journée) et en présence de la seule chose qui ne s'achète pas : trois arrière-petits-fils au garde-à-vous, au pied de votre statue illuminée par la fée électricité – nous sommes en 1905.

Kekchose d'extrême mis en cuisine dès l'apparition de l'individu. « Alphonse se plaint de maux de tête habituels. Il dit n'avoir plus d'argent [...] Je crains que cet enfant ne s'accoutume beaucoup à la dépense », écrit sa mère en 1802 : Lamartine a douze ans. « Nous avons appris qu'il jouait. » Lamartine a vingt-trois ans. « Je crains son extrême facilité à dépenser au-delà de ses facultés tout en croyant ne donner qu'au nécessaire. » Sa mère encore, il a trente ans. « Je crains que tu ne sois jamais libéré de tes dettes. » Sa femme : Lamartine a soixante-sept ans. L'argent est un squelette qui jaillit à chaque instant, armé d'une faux ; la faux veut décapiter le pauvre poète qui se débat pour lui échapper. Qu'est-ce donc que l'argent ?

Un goût : aimer le dépenser. Faire route avec l'élégance, le paraître : monter un joli cheval, aimer que son mors brille et que sa têtière soit assortie à votre gilet ; sentir les yeux des femmes sur soi, et ceux des petites filles qui jouent au cerceau ; avoir une belle culotte, des copains qu'on tape, une mère qui court derrière vos dettes, les cache, les paye quand elle le peut, les arrange à toutes les sauces du bonheur de son fils qui consiste à baisser du nez – un peu – quand ça va trop mal, à relever la tête – beaucoup – et à recommencer. Je dépense, donc je suis. C'est tout de suite vrai de Lamartine. Il est son gilet de nankin, son lévrier de pure race, cette silhouette sur laquelle les femmes tombent toutes d'accord, le cigare qui émeut sa bouche, la petite boule qui trépigne dans la roulette.

J'ai tout jeté par les fenêtres

Plaisir des plaisirs, celui qui consiste à s'en remettre au hasard. Averse des averses, celle qui nettoie des nuits sales, des problèmes insolubles et donne à l'instant où l'on joue cette intensité qui vous fait délicieusement souffrir. A Lyon, où sa famille l'a envoyé étudier le droit et échapper à la conscription (on lui a acheté un remplaçant, mais sait-on jamais), Lamartine a dix-neuf ans, il joue. A Naples, deux ans plus tard, il entre au palais du Florentin, s'initie au trente-et-quarante, avoue à Virieu : « J'ai tout jeté par les fenêtres. » Il ne peut pas s'arracher aux cartes, aux jetons, aux dés, aux martingales ; il est de la race des Casanova et des Dostoïevski ; parti pour une heure, il y passe la nuit et constate le lendemain matin en se frottant les yeux : « Je suis à sec. » Sa mère se démène comme une malheureuse, ses amis se cotisent, ce sorcier de jeu vient le tirer par la manche. *Sequere Deum*... Tout y passe, les résolutions, les bijoux de Mme de Lamartine, les remontrances de ses oncles, les économies que ses petites sœurs viennent lui offrir en cachette. C'est plus fort que lui jusqu'au moment où il dit non.

Est-ce à Julie Charles qu'il doit, non pas d'avoir cessé de jouer, mais d'avoir connu quelque chose de plus près de l'âme que le jeu ? Le destin ? Quelque chose de plus fort qu'un brelan d'as ou qu'un coup de dés contre la mort. La mort elle-même ? D'avoir touché le fond, de s'y être cassé le nez. « Donnez-lui la santé de l'âme et du corps », supplie sa mère quand elle est à son chevet et qu'il est au plus mal. Prière exaucée. Le jeu sous la forme du tapis vert, du paquet de cartes, du cornet de dés est fini, mais l'esprit du jeu demeure en Lamartine et y demeurera toujours. Comme un désintoxiqué qui ne pense qu'à l'alcool. Il ne s'en cache d'ailleurs pas : « Je suis encore joueur, écrit-il à Lacretelle en 1831, mais comme je ne peux plus me livrer à ma passion après avoir reçu les bénédictions de toutes les mains apostoliques de l'Europe, je me suis mis à planter des vignes. Les vignes font un immense tapis vert. Le soleil et le nuage en sont les deux croupiers qui vous jettent les trésors ou la ruine. » Qui d'autre qu'un joueur imaginerait le soleil et les nuages sous la forme de croupiers ?

Et s'il avait remplacé le jeu par une autre manière de dérailler ? Par le goût des affaires par exemple ? L'envie lui en vient dès qu'il quitte les tripots. 1819 : il rêve de coloniser l'île de la Pianozza – « Il y a vis-à-vis de Livourne une petite île de six lieues de tour, qui est inculte et n'appartient à personne. » Lamartine a connu à Mâcon le lieutenant-colonel de Nansouty, qui y est en garnison et M. de Veydel ; tous deux sont férus d'agriculture. Lamartine serait leur régisseur. « Qu'en dis-tu ? écrit-il à Virieu. Autant mourir là qu'ailleurs et être enterré quelque part sous quelque oranger de Resina auprès d'Antoniella que dans les cimetières de mon froid pays[1]. » Il sollicite « à temps ou à perpétuité » la concession de l'île auprès du grand-duc de Toscane. « Nous y portons [remarquer le présent] des charrues, des ânes, des mulets et nous y semons du blé. Nos *minimum* de produit sont de cent pour cent, dès la première année. »

Le rêve ressurgit trente ans plus tard. La révolution de

---

1. Cité par Maurice Toesca dans *Lamartine ou l'amour de la vie*, Albin Michel, 1969.

1848 a tourné court, Lamartine, comme d'habitude, manque d'argent. Depuis la publication de son *Voyage*, il est *persona grata* en Orient. Il écrit donc au sultan Abd-ul-Medjid pour lui demander la concession gratuite de terres agricoles dans la région d'Ismed, près de Smyrne. Le sultan lui propose 20 000 hectares à cultiver pendant trente ans. « J'irai y végéter et mourir », avertit Lamartine, au comble de la mélancolie. Il se rend en Turquie ; à son retour, il envoie à M. Rothschild et à « tout le monde doré » des prospectus sur les « concessions de M. de Lamartine en Asie » . Qui restent sans réponse. Mais le sultan, bon prince, lui verse une rente annuelle de 20 000 francs jusqu'en 1866, ce qui ne tirera pas Lamartine d'affaire pour autant.

On le croit riche, il est endetté jusqu'au cou, mais il a les apparences de l'opulence : table ouverte, des propriétés à quelques encablures les unes des autres, des pur-sang qui semblent sortis d'un tableau de Géricault. Sans le vouloir, Lamartine lasse les gens : comment crier misère à longueur d'année et ressembler autant à un grand seigneur ! Pendant ce temps-là, Eugène Schneider transforme la terre en rues, les yeux de ses contemporains en soucoupes : il sait que les gens de sa génération rêvent de se rendre de Paris à Versailles en chemin de fer, même au péril de leur vie, de descendre le Rhône en moins de temps qu'il ne faut pour le dire, d'envoyer aux pelotes cette civilisation rurale, patriarcale, qui subsiste malgré la Révolution, la levée en masse, les guerres napoléoniennes. Cette civilisation au ralenti, qui les enferme et les étouffe ! Comment trouver le moyen de sortir de là, de traverser des tunnels, de s'éloigner à toute vitesse des cimetières ? Eugène Schneider va leur bombarder de l'avenir : il y passe ses jours et ses nuits et s'y remplit les poches. Lamartine, très talon rouge, méprise cet univers huileux de machines, ces cheminées qui dégorgent de la fumée, cet esprit de compétition qui fait reculer l'égalité des hommes devant Dieu. On veut des premières, des secondes, des troisièmes classes, des bains de mer, être secoué, ne pas dormir, se faire tirer le portrait par Daguerre, de l'opérette et surtout pas de vertu ! Lamartine se perd dans cette houle. « Je ne suis pas un poète, déclare-t-il à la fin de sa vie, je suis un grand vigneron. »

Chaque automne, le cœur battant, il attend la naissance de son vin ; les métayers trichent, les négociants de Mâcon le roulent, qu'importe ? La vigne légitime sa présence en Bourgogne, sa popularité auprès de ses électeurs, lui rappelle son père et son grand-père toujours en train de s'y promener ou d'y tirer une grive. Lamartine a toutes les raisons d'être ruiné par la terre : trop de souvenirs, trop de confiance en elle ; le goût des apparences ; la dépendance : il prévend ses vendanges sur pied ! Les Chattel, les Paquier-Desvignes (nom prédestiné !) se transforment en banquiers du poète ! « Vous achetez très cher le vin de vos vignerons, que vous revendez ensuite à perte à des marchands en gros qui, pour payer comptant, achètent en conséquence », l'avertit M. Dubois. Toujours à court d'argent, Lamartine parie sur la bonté de la nature. Celle-ci l'assassine. 1er juillet 1852 à M. Rolland : « Tout va ici à la suprême misère, gelée, grêle hier grosse comme des pommes, pluie tous les jours, huissiers toutes les semaines... »

Le poète comme toujours rêve : il rêve d'exporter son vin aux Etats-Unis ; il consume des bougies entières à ce rêve qui se solde par un désastre. « J'ai tout englouti dans mon opération d'Amérique manquée, écrit-il à son beau-frère Montherot [ladite opération a eu lieu en 1835], et dans mes immenses réparations, plantations, créations de vignes, ici, à Monceau[1]. Je suis enfin non ruiné, mais sévèrement gêné. » Quand il ne sait plus que proposer à ses créanciers, les maisons et les terres étant hypothéquées et les à-valoir d'auteur avalés, Lamartine leur propose du vin. En 1864, à son banquier Vauclin : « J'aurais besoin d'avances en argent considérables, pour lesquelles je vous offrirais d'excellents gages, entre autres mes deux mille pièces de vin très bon. » Comme d'habitude, il enfouit sa tête dans le sable.

Qu'est-ce donc que l'argent ?

L'ombre des rames

S'il n'en fabrique pas, ou pas assez, avec ses vignes, il en fabrique beaucoup avec sa plume. Lamartine est un travailleur acharné. A cinq heures du matin, il est déjà à sa table, quand tombe sur sa feuille le premier rayon de soleil, il n'a plus qu'une idée : se jeter sur un cheval ; savoir s'il a plu cette nuit ; échapper aux créanciers qui encombrent son antichambre. Il n'a même pas eu le temps de regarder par la fenêtre depuis qu'il est levé, il est passé de son lit à sa énième évasion. Là réside son succès : faire évader les gens. Pas de la prison des Plombs, comme Casanova, pas sur des rails, comme Eugène Schneider, sur des mots. Personne n'avait caressé un lac avant lui : « Sons inarticulés d'eau qui dort et qui rêve... O poétique mer ! » Résultat : neuf éditions, des milliers de lecteurs en extase. Personne n'avait gagné au-

1. Il a hérité de cette propriété en 1833. Monceau est situé à quelques kilomètres de Mâcon.

tant d'argent avec de l'eau douce, douce, douce. « Les vagues du lac étaient si transparentes, qu'en se penchant hors de la barque, on y voyait l'ombre des rames et nos visages nous regardaient ; si tièdes qu'en nous trempant le bout des doigts pour y entendre le murmure du sillage de nos mains, on n'y sentait que les caresses de l'eau sous ses frissons voluptueux. »

Les fabricants de barques voient leur chiffre d'affaires décupler et le passeur qui transporte ses lecteurs là-bas, tout là-bas, gagne lui aussi beaucoup d'argent. Lamartine domine le mouvement romantique de sa haute stature : il est un « arc-en-ciel de frissons » !

Deuxième succès : *Jocelyn*, en 1836, l'année où il rencontre Eugène Schneider dans la diligence et lui laboure les genoux. On tire et on retire cette nouvelle invitation au voyage – huit mille vers, quatre ans de travail – un voyage consacré aux « phases que l'esprit humain doit parcourir pour arriver à ses fins par les voies de Dieu[1] ». C'est un peu aride, exprimé de la sorte, mais tout se passe en altitude ; en bas sont les couvents, les prisons de la Terreur, les hommes ; au-dessus l'opale verte du ciel, l'amour, les aigles, la vitesse de Dieu. Tout le monde demande à être du voyage ! Quatre ou cinq éditions la même année, la mort de Jocelyn n'empêche pas les retirages.

Car on aime ce sol qu'une dépouille habite,
Comme on aime à s'asseoir sur le banc de gazon,
Où, lorsque le soleil a quitté l'horizon,
La brume du couchant, que l'heure en paix déplie,
Vous enveloppe d'ombre et de mélancolie ;
Mais où le rayon mort, qui voile sa splendeur,
Laisse longtemps sur l'herbe un reste de tiédeur !

---

1. Avertissement.

La Chute d'un ange, deux ans après, veut réitérer ce succès. « Je suis dans une aventure de deux pauvres diables d'amants qui vivaient un peu avant le déluge », écrit-il à Virieu, mais, cette fois, l'ange bat de l'aile et les douze mille vers reçoivent de la critique un accueil acerbe. « La bonne compagnie, écrit Stendhal, lit les fariboles de M. de Lamartine »...

Dans un tout autre registre et au moment où l'auteur est, pour ne pas changer, « démoralisé du gousset », paraît, début 1847, l'*Histoire des Girondins*. « Des femmes les plus élégantes ont passé la nuit pour attendre leur exemplaire, c'est un incendie !!! » écrit-il à son ami Dargaud.

C'est à un voyage dans le temps, cette fois, que Lamartine a convié ses lecteurs. La Révolution française a cinquante-huit ans, elle est à la mode. « Œuvre intermédiaire entre l'histoire et les mémoires », écrit Lamartine de ses *Girondins*, et c'est exactement ce dont il s'agit : d'un tout petit garçon dont chaque veine se souvient des événements d'antan et d'un homme rejetant la médiocrité quotidienne, au bord d'entrer à son tour dans l'histoire. Dans quelques mois sa voix charmera les foules : quel ménage font révolution et temps ? A quels mécanismes obéit une dictature ? Et une dictature si terrible qu'elle gardera le nom de Terreur ? Lamartine ne peut pas s'empêcher de voir en Robespierre un « Messie à la fois religieux et politique, qui doit tout réguler et reporter à Dieu la révolution ». « Il va nous dorer la guillotine », ricane Chateaubriand.

Le public raffole du livre, les éditeurs s'arrachent l'auteur. Lamartine se tait : à la Chambre, on ne l'entend plus depuis le 27 janvier 1847. Il regarde la monarchie de

Juillet s'envaser : « de la boue liquide », constate-t-il. Il a les meilleurs contrats de sa vie en poche[1].

Le cocu tantôt réel, tantôt imaginaire

Ce qui ne l'empêchera pas de se ruiner. Lamartine est un grand asphyxié de dettes. Il en fabrique comme il respire et il en rend coupables les autres : ses banquiers, ses éditeurs, les grossistes, les libraires, ses souscripteurs même !

Commençons par les éditeurs : ils sont acheteurs de ce qui n'existe pas. Un imaginatif comme Lamartine s'y laisse prendre à chaque fois. Auteur comme éditeur, chacun guette l'autre, ils sont comme deux jaguars qui marchent sur des rives opposées : l'un attend son heure en se léchant les pattes, tandis que l'autre tourne en rond dans son « laboureux métier ». Plus le temps passe, plus le temps presse. Un beau jour, les contrats arrivent à échéance, mais il y a toujours une raison pour ne pas les honorer : l'auteur tremble de fatigue, il a promis autre chose à un autre éditeur ; il part en voyage ou il fonde un journal. Si le bruit court que M. de Lamartine est malade, on pointe son nez. Editeurs et créanciers ne vous savent aucun gré de vous échiner, ils préféreraient vous voir mort, même les plus grands, les Nicolle, les Urbain Canel, Dondey-Dupré, Gosselin, Girardin, Hetzel, Didot, Michel Lévy ! Lamartine les désespère, il promet, s'enfuit, ne se relit pas (de plus en plus sa nièce ou sa femme le

1. En février 1848, à la veille de la révolution, ils s'élevaient à la somme de 540 000 francs, somme fabuleuse, nous dit-on, pour l'époque.

relisent), se met au service de la France au lieu d'écrire, coud du neuf avec du vieux, de l'Orient avec du va-vite, souffre du foie, se hâte tant qu'il se transforme en vendeur de ses propres œuvres pour gagner un peu plus d'argent ! Le voici qui utilise les serres de son jardin, à Paris, comme entrepôts, Marianne, sa femme et Valentine, sa nièce, comme magasinières ! Il boit de la tisane toute la journée, ne mange pas, fume jusqu'au plafond.

D'ailleurs, il éreinte tout le monde. Même Hetzel, le grand Hetzel, l'éditeur de Jules Verne et de tant d'autres, qui fut son chef de cabinet quand Lamartine était aux Affaires étrangères, en 1848, s'esquive. « Je vous ai attendu tous ces jours-ci, lui écrit Lamartine en 1866 [...] Etes-vous malade encore ou pourrais-je aller chez vous ? » Et quant aux dettes qu'il n'arrive jamais à éponger, il est si masochiste qu'il persifle : « Je m'arrangerai pour conserver toujours 200 000 francs de dettes. Pour les gouvernements, comme pour les particuliers, la dette est le stimulant nécessaire à la production. » Lamartine mérite bien qu'on lui applique ce qualificatif que Proust s'appliquait à lui-même quand il écrivait à Gaston Gallimard et signait : « Le cocu tantôt réel, tantôt imaginaire. »

Il est le cocu tantôt réel, tantôt imaginaire de ses banquiers à qui il promet la lune – Lamartine est un des auteurs les mieux payés de son temps – des millions avec lesquels il joue et il jongle, des propriétés dont il hérite et qu'il agrandit, embellit (ou croit embellir), sur lesquelles il dépense ses gains à tout vent. Jamais moins de quinze personnes à la table des Lamartine (et vingt à la cuisine), jamais moins de trois ou quatre maisons en marche à la fois ! Rien n'est trop beau pour ses électeurs : loteries, musique militaire, feux d'artifice ! Il a des écuries pleines de chevaux, des résolutions plein la tête. Voyons comment il explique à son médecin les économies qu'il compte réaliser : « Voici deux chevaux d'attelage, mes deux beaux carrossiers, respectons-les ! [...] Voici la jument préférée de Mme de Lamartine, n'y touchons pas ! [...] Tout à côté est un charmant cheval arabe réservé à ma nièce Valentine : admirons et conservons l'arabe [...] Là est mon cheval de selle, il est sacré ! Plus loin, deux chevaux de labour et de transport, ils sont indispensables au service journalier de la maison[1]. »

Ne pouvant économiser, il emprunte à ses sœurs, ses beaux-frères, ses amis, à son fils naturel, à ses lecteurs à qui il vend pendant trente ans ses feuilletons, ses entretiens familiers, ses cours de littérature[2]. « On s'abonne chez l'auteur, rue de la Ville-l'Evêque, 43. » Il joint un portrait de lui à ses envois, calcule mal son prix de revient, si bien que chaque abonnement lui coûte de l'argent. « Soignez mes affaires, supplie-t-il M. Dubois en 1850, inventez-moi de l'argent, car je pars en ruine. »

Tout y passe, forêts, vendanges, maisons – il vend le manuscrit de *Jocelyn* qu'il a recopié de sa main et offert à sa femme ! Jusqu'à son cheval ! « Jamais je ne pardonnerai à mon pays de m'avoir forcé, par sa dureté de cœur, à vendre, en pleurant sur sa crinière, mon dernier cheval de selle nourri, élevé, dressé par ma main, pour payer de quelques pièces d'or à mes yeux sacrilèges, une dette que j'aurais préféré payer de quelques onces de mon sang. [...] Quand je vois ce cher et fier animal passer par hasard sous son possesseur inconnu dans l'avenue des Champs-Elysées, je détourne la tête, je pâlis. [...] Je viens de voir

1. Maurice Toesca, *op. cit.*
2. « J'écris ceci avec ma sueur, non pour la gloire, mais pour le pain. »

passer une portion de mon cœur détachée de ma poitrine[1]. »

Quand il ne reste plus rien à vendre, qu'on est logé gratis par la Ville de Paris, que même Milly a passé à payer les intérêts des intérêts de sa dette, que reste-t-il à vendre ? Sa morale ? Par trois fois, Lamartine refuse une récompense nationale, il ne veut pas de la charité de Napoléon III. Il a beau figurer avec ses *Méditations*, ses *Harmonies*, avec *Jocelyn* et *Graziella,* dans toutes les distributions des prix de son pays pendant presque un siècle, le jaguar est toujours tapi sur la rive opposée. Les feuillets gisent à côté des ciseaux, son oreiller est sali par le tabac, son cigare est éteint, Lamartine ne sait pas que cette fois la Chambre des députés lui a accordé une rente viagère de 25 000 francs. Nous sommes en 1867, il a soixante-dix-sept ans et il n'a plus sa tête.

---

1. *Cours familier de littérature.*

CHAPITRE VIII

L'or du Rançon

En dix ans, Le Creusot est devenu le Far West ! Un Far West grouillant d'Italiens, de paysans, d'enfants, de va-nu-pieds, de bœufs, de chevaux de mine, de soudards, d'honnêtes gens – tous les échantillons de l'humanité ont accouru là où il y a du travail et peut-être davantage. Quoi ? Le progrès ? Le Creusot serait-il l'usine des trésors à venir ? Les Etats-Unis et l'Angleterre ont pris de l'avance : ces trésors existent, ils sont entre leurs mains. Les Schneider vont les colorier en bleu, blanc, rouge.

Le premier de ces trésors se nomme le chemin de fer. Le terme est poétique – chemin de fer par opposition à chemin de terre – cependant sa construction s'apparente à une secousse tellurique. « Partout il y avait des ponts qui ne menaient nulle part, des voies où toute circulation était impossible, des cheminées, sortes de tours de Babel auxquelles manquait la moitié de leur hauteur. [...] Il y avait là cent mille formes et substances incomplètes, follement mélangées, loin des endroits où elles auraient dû être, sens dessus dessous, creusant la terre, aspirant l'air, moisissant dans l'eau, inintelligibles comme des rêves [...] Des montagnes de cendres s'opposaient au droit de passage, transformant la loi et la coutume du voisinage. Bref, c'était le chemin de fer en construction qui avançait et qui, surgissant de tout ce lamentable désordre, s'en allait doucement accomplir sa puissante mission de civilisation et de progrès[1]. »

Pendant ce temps-là, au Creusot, M. Lemonnier, directeur de l'usine, rend compte à Eugène Schneider des essais effectués sur la locomotive : « La distribution sur les tiroirs se fait toujours mal. Il n'y a que trois pulsations continues puis un temps d'arrêt ; encore est-il que souvent le mouvement arrière ne s'opère pas du tout et les roues restent immobiles... Rassurez-vous cependant. Hier M. Bourdon a eu une inspiration et l'a travaillé *[sic]* [...] Demain dimanche on commence le travail des deux petites pièces, nous comptons deux jours pour leur confection, deux jours de montage et alors la machine serait prête jeudi ou vendredi [...] Malheureusement notre samedi a été bien entamé par cette sotte fête d'Autun, la Saint Ladre je crois[2]. »

Cette année-là – 1838 – six locomotives sortent du Creusot. Elles se nomment la *France*, la *Gironde*, l'*Eclair*, l'*Atalante*, le *Creusot*, la *Flèche* et sont destinées à la ligne Paris-Saint-Germain-en-Laye, la première ligne pour voyageurs construite en France. Elles seront exportées ensuite dans l'Europe entière, en Italie, en Espagne, en Russie et... même en Angleterre, patrie du chemin de fer. Eugène Schneider en sera si fier qu'il interrompra la séance du Corps législatif qu'il préside, le 3 juin 1865, pour annoncer la nouvelle[3].

---

1. Charles Dickens, *Dombey et fils* (1848).
2. 1er septembre 1838. Archives de l'académie François-Bourdon.
3. Eugène Schneider est premier vice-président du Corps législatif (nom donné à l'Assemblée nationale sous le Second Empire) depuis 1852.

Avec les locomotives, on fournit les rails d'abord en fer, puis en acier : « On ne dira jamais assez, écrit Jean-François Belhoste, à quel point les fournitures aux chemins de fer, particulièrement celles des rails, ont pesé sur l'évolution de l'industrie sidérurgique[1]. » La production de rails fait plus que quadrupler entre 1842 et 1850.

Le second trésor à venir est le bateau à vapeur, d'abord destiné à la navigation fluviale ; grâce aux Schneider, il aura ses chantiers de construction à Chalon-sur-Saône dès 1839 – là encore, il s'agit de substituer des bateaux français aux bateaux anglais qui assurent le service sur la Saône et sur le Rhône. En 1838, il fallait pour remonter d'Arles à Lyon, c'est-à-dire pour parcourir 290 kilomètres avec 60 ou 70 tonnes de marchandises, 60 ou 70 heures (soit du 4 km/heure) ; tous les bateaux sans exception étaient équipés de machines anglaises. Huit ans plus tard, la moitié d'entre eux fonctionne avec des machines du Creusot. L'un d'eux manque tuer le patron.

Ce vapeur devait être livré à Marseille et porte le nom d'une compagnie marseillaise : *Le Citis*. Il a été commencé par la compagnie de Pont, qui a fait faillite, ses deux dernières machines ont été fabriquées par Schneider Frères. En janvier 1841 ont lieu les essais sur la Saône : à bord du *Citis*, tout le gratin du Creusot. La chaudière éclate, le bateau coule, l'eau est glacée – nous sommes en plein hiver – onze personnes trouvent la mort, sept tout de suite, dont M. Pognon, maire du Creusot, chef-comptable aux usines Schneider et beau-père de François Bourdon – son cadavre est si carbonisé qu'il ne sera identifié que grâce à sa montre. Quatre autres passagers

1. *La Banque Seillière-Demachy. Une dynastie familiale au centre du négoce, de la finance et des arts. 1798-1998*, Perrin, 1999.

brûlés au dernier degré décéderont les jours suivants. Eugène Schneider, qui est tombé à l'eau comme tout le monde, ne sait pas nager : il ne doit la vie sauve qu'à François Bourdon : celui-ci, malgré une blessure à la tête, réussit à le tirer jusqu'à la rive[1].

L'homme au marteau-pilon

Qui est François Bourdon ? Une pierre angulaire de la réussite des Schneider au Creusot et un enfant du pays. La famille Bourdon est une famille de notables du Mâconnais. François Bourdon y naît en 1797 : il naît fou de bateaux, de propulsion, invente une hélice dès son plus jeune âge. Il accomplit son tour de France, travaille au Creusot – déjà – en 1827 et le quitte quand ses propriétaires d'alors, Manby et Wilson, font faillite. Le voici aux Etats-Unis : fleuves et lacs américains sur lesquels la vapeur s'en donne à cœur joie sont les plus beaux champs d'expérimentation du monde ! La fièvre jaune le terrasse et François Bourdon rentre en Europe, à Liverpool, où tout le monde lui offre tout. Les jeunes gérants du Creusot – ils sont en possession des lieux depuis à peine trois mois – y ajoutent le retour au pays. En mars 1837, Bourdon accepte leur proposition. Il prend la tête des ateliers de constructions mécaniques du Creusot. C'est à lui qu'on devra la réalisation du célèbre marteau-pilon (1841) qui permet de produire les plus grosses pièces. Mais le nom de Bourdon est aussi lié au développement de toutes les applications de la vapeur : machines pour la

1. Lettre de l'académie François-Bourdon n° 1, mars 1994.

navigation fluviale et maritime, soufflantes de hauts-fourneaux, machines d'épuisement des mines, et, bien sûr, locomotives[1].

Les mois d'épreuve

Un mot clé entre comme une baïonnette dans le XIXe siècle, le mot énergie. C'est la corde qui relie l'humanité à son devenir et à cette corde sont suspendus les Schneider. Première qualité : ils ont les yeux plus gros que le ventre, après tout les banquiers sont faits pour ça, pour combler le trou ! « Le fond de notre sac compté, j'y trouve suffisamment d'écus pour solder notre acquisition *le cas échéant*, en ne renouvelant pas nos fourrages, bleds et quelques autres entreprises que j'abandonnerais volontiers[2], pour reprendre l'une des plus grandes et des plus belles affaires de France, une fois qu'on y aura fait le nécessaire », écrit Adolphe à son frère.

Le pari est énorme. « Je vois qu'à chaque pas, nous avons des dépenses nouvelles importantes, je dirais même indispensables et jusqu'ici je vois bien peu de produits : je tremble qu'il n'y ait pas de chemin de fer cette année vu les mauvaises dispositions de la Chambre »

1. Cf. l'article « Les Archives de l'académie François-Bourdon », de MM. Georges Charnet et Antoine de Badereau, dans le catalogue de l'exposition : *Les Schneider, Le Creusot,* 1995.

2. Pas si volontiers que ça ! En décembre 1836, Catherine Schneider, sa mère, écrit à Eugène : « M. Jolli l'a encore refourré dans les fourrages et il n'a pas eu la force de s'en éloigner entièrement, ce que je lui avais conseillé. Je vois qu'il est bien difficile de résister à gagner de l'argent... » (Lettre n° 301, Archives de l'académie François-Bourdon.)

(juin 1837). Parfois c'est un véritable appel au secours que l'aîné lance au cadet : « Il est bien nécessaire que tu sois là pour faire marcher les locomotives. C'est à ces diables de machines que je pense du matin au soir, et je ne sais pas encore comment nous nous en tirerons. »

Les frères Schneider n'improvisent jamais. Avant le rachat du Creusot, Adolphe a fait procéder à un examen préalable – on dirait de nos jours un audit – de toutes les branches de l'entreprise ; il a envoyé des hommes à lui fourrer leur nez partout, des fers en consignation aux études en cours pour relier Le Creusot au canal du Centre ; des ingénieurs mécaniciens de confiance ont inspecté les machines à la loupe. Le montage financier du rachat n'a pas été moins rigoureux : le nombre et le prix – « un fort prix » – des actions ont été fixés après des semaines de discussion, ainsi que leur répartition. « Comme toi tu n'as pas quant à présent d'argent pour payer tes 4 [actions], je paierais pour toi sauf pour toi à me rembourser quand tu pourras[1]. » A eux deux, les gérants percevront 15 % des bénéfices qu'ils sont bien décidés à garder en totalité. « Je ne trouve vraiment guère raisonnable que ni l'un ni l'autre nous fassions remise d'une partie de notre prime de 7,5 % à M. Seillière », écrit Adolphe à Eugène.

La correspondance entre les frères ne s'arrête jamais, mangeant leur nuit, passant chaque détail en revue : le nombre d'actions à placer dans le public, les devis, les adjudications, les machines, les puits, l'état des toitures, parmi leurs collaborateurs, ceux qui boivent et ceux qui ne boivent pas. Ce n'est pas de la poésie à l'état pur, mais c'est ainsi que marchent les affaires ! Et que marchent les

1. Lettre n° 207 d'Adolphe à Eugène Schneider, 9 décembre 1836, Archives de l'académie François-Bourdon.

cerveaux des Schneider ! « Pour obtenir une exécution parfaite, il faut non seulement des hommes, mais de bons outils et de grands ateliers où rien n'a été épargné. On n'arrive à la perfection qu'avec la volonté absolue d'y parvenir. »

Adolphe, ayant enterré son beau-père, réside désormais au Creusot ; Eugène n'y a qu'un pied, ligoté qu'il est pour quelques années encore à Bazeilles. Mais quel pied ! Qu'il pleuve, qu'il neige, que la Meuse ou que la Saône débordent, il est sur les routes, pensant à ses machines, trouvant quand même le temps de se marier (1837), d'avoir deux enfants, de se rendre en Angleterre, en 1840, en compagnie de François Bourdon qui est là en pays de connaissance et qui parle anglais, siégeant à la chambre de Commerce de Chalon, arborant à partir de 1843 le ruban de la Légion d'honneur, pénétrant toujours plus avant dans l'inconscient de ses contemporains désireux d'être enlevés « comme si des nuages les emportaient au loin », d'enjamber des ponts métalliques, de s'embarquer sur des bateaux à coque en fer comme celui sur lequel Frédéric Moreau s'embarque à la fin de *L'Education sentimentale* : « Il voyagea. – Il connut la mélancolie des paquebots[1]... »

S'emparer du siècle, c'est l'affaire des frères Schneider. Les plaines étonnées regardent les locomotives fondre sur elles ; le Rançon, une rivière qui coule à une vingtaine de kilomètres du Creusot, est détourné pour servir de réservoir ; canaux, écluses, voies ferrées, toute une toile se tisse autour de ce « vallon sauvage » dont le ciel jette maintenant des étincelles.

Quelques années après sa première visite, Dickens re-

1. Les moteurs du *Canada*, premier paquebot français, dit-on, à traverser l'Atlantique, sortent des ateliers du Creusot.

vient à Stagg's Gardens, un faubourg de Londres : « L'endroit avait disparu de la terre. Là où jadis se trouvaient les vieux pavillons pourris, enfouis dans les jardins, s'élevaient de fiers palais [...] Jour et nuit, les machines conquérantes grondaient à leur tâche lointaine, ou bien s'approchaient doucement du terme de leur voyage, et pénétraient en glissant comme des dragons apprivoisés dans les rainures creusées au centimètre près pour les recevoir. Elles y demeuraient, bouillonnantes et tremblantes, faisant frémir les murs, comme si elles se gonflaient de la connaissance secrète d'une grande puissance encore insoupçonnée en elles et de grands desseins encore inaccomplis[1]. »

La féodalité de l'argent

En France, le pas décisif a été franchi en 1842, lorsque le Parlement a voté une loi créant neuf lignes de chemin de fer reliant Paris à la province et aux frontières. Quels en seront les propriétaires ? L'Etat ou des compagnies privées ? Avant même l'adoption de la loi, Lamartine prône une solution étatique. « Jamais gouvernement, jamais nation n'aura constitué en dehors d'elle une puissance d'argent, d'exploitation et même de politique, plus menaçante et plus envahissante que vous n'allez le faire en livrant votre sol, votre administration et cinq ou six millions à vos compagnies » (1838). Quatre ans plus tard, il remet ça à la Chambre. Les ministres de Louis-Philippe le craignent : on lui a offert la pairie, il l'a refusée. Pré-

1. Charles Dickens, *op. cit.*

sider l'Assemblée l'aurait tenté, mais il y a échoué en 1841. Il se contente d'être là et de fustiger. En Saône-et-Loire, il se démène comme un beau diable, obtient de maintenir le siège de la préfecture à Mâcon (le gouvernement aurait souhaité le transférer à Chalon), fait prospérer la maîtrise de la cathédrale d'Autun, accorde subventions et bureaux de tabac. Pour Adolphe Schneider qui se lance dans la politique, Lamartine sera-t-il un allié ou un ennemi ?

1839 : il échoue au conseil général. Pourquoi l'aîné des Schneider veut-il faire de la politique ? Ce n'est pas pour être plus souvent encore sur les routes ou pour toucher les 25 francs par jour d'indemnité parlementaire, c'est parce que Le Creusot demande cela – beaucoup de gravité.

Le Tout-Creusot

Il faut être partout, sur tous les fronts : l'usine entraîne l'école qui entraîne la mairie qui entraîne le petit commerce qui entraîne le crédit et la confiance ; il faut s'occuper des femmes, des enfants, des rues, des malades ; attirer des professeurs, construire des églises (il n'y en a pas une seule quand les frères Schneider s'installent en 1837), chauffer les gens, arrêter de fourrer les ouvriers dans des casernes qui sont des taudis, empêcher la main-d'œuvre d'affluer de tout le département, surveiller ce qui se passe à Paris où, comme chacun sait, ces messieurs les députés sont toujours pleins de nouvelles lumières...

Avaient-ils tout cela en tête, les Schneider, quand ils se sont installés au Creusot ? Pensaient-ils hériter d'enfants en bas âge qui meurent en masse l'été à cause de la mauvaise qualité de l'eau ? De milliers d'ouvriers, dont M. Pognon, leur maire, dit qu'ils sont plongés « dans la plus stupide ignorance[1] » ? Dont le temps de travail, quand il est respecté, est environ le double du temps d'aujourd'hui ?

Tout est à inventer : loger, éduquer, soigner, encadrer, faire en sorte que tous ces gens qui arrivent de la campagne trouvent normal de travailler sous terre dans le bruit, la terreur d'une triste nouvelle qui leur apprend qu'un ou plusieurs d'entre eux sont morts brûlés, asphyxiés ou noyés ; trouvent normal de vivre dans la fumée, les ténèbres, les yeux brûlés, les boyaux sens dessus dessous parce qu'il faut ramper dans des galeries ; trouvent normal de n'avoir que leur peau à opposer à des chaleurs de 1 200 degrés ; d'avoir besoin de boire de l'eau-de-vie au goulot pour se donner du cœur à l'ouvrage, de coucher en plein air, de respirer jour et nuit de la suie ?

Un éléphant fou de mélancolie

Au début, tout semble dispersé, désespéré. Les bâtiments se sont casés tant bien que mal, et plutôt mal que bien, dans cette étroite vallée, les uns en bois, les autres en briques ou en pierres, tous plus ou moins en mauvais état ; les matériaux sont disparates, les maisons insalubres ; il y a même des huttes – on se croirait en Chine

1. Sur 600 mineurs, en 1833, aucun ne sait lire : A. Fargeton, *Les Grandes Heures du Creusot du temps des Schneider.*

ou en Alaska. Ne semblent avoir de sens que ces deux fours de la cristallerie de la Reine qui viennent de s'éteindre et qui, comme deux gros yeux, regardent le bourg en contrebas. Les ateliers se sont raboutés les uns aux autres comme ils ont pu, « criblés de fenêtres qui vibraient en tremblant tout le long du jour et où le piston des machines à vapeur montait et descendait monotonement comme la tête d'un éléphant fou de mélancolie[1] ». Les eaux stagnent, les éboulements sont fréquents, la fièvre « double, tierce, rémittente, bilieuse se montre épidémiquement les printemps et les automnes de chaque année ». Les gens ont accouru de la campagne comme des poules attirées par le grain.

Petit à petit, la ville s'étoffe, l'éclairage municipal s'organise, les égouts se saisissent des eaux usées et les emportent ; les maisons s'alignent, les promenades deviennent salubres, les Schneider acquièrent à tour de bras des terrains, s'installent dans une partie de La Verrerie qu'ils ont rachetée à Saint-Louis et à Baccarat. A un œil profane, la ville apparaît toujours aussi déconcertante : en fait, elle n'a de sens que de l'intérieur, son cœur c'est l'activité industrielle, son sang ne circule que pour la favoriser, la relier, l'étendre. En 1837, au moment où les Schneider achètent Le Creusot il y a « une exploitation minière avec une vingtaine de puits, une usine avec quatre hauts fourneaux, des fours à puddler[2], des laminoirs, une fonderie et quelques ateliers où l'on répare, plus qu'on ne construit, des machines[3] ». La population ouvrière triple en vingt ans ; réseau de voies

1. Charles Dickens, *Temps difficiles.*

2 Puddler : affiner de la fonte dans un four à réverbère par le procédé du puddlage.

3. Bernard Clément, « Un monde à part », Catalogue de l'exposition *Les Schneider, Le Creusot,* 1995.

ferrées, bureaux, magasins, rues, ateliers, le noyau grossit, grossit dans une atmosphère toujours plus encrassée, un vacarme incessant. C'est une ville où bout l'acier, où les gens rentrent sous terre à la même heure, sortent de terre à la même heure, et dont il faut bien avoir le plan dans la tête pour que tout ne s'entrechoque pas, que les femmes ne se crêpent pas le chignon aux bornes-fontaines ; pour que les coups durs – grisou, inondations, éboulements, incendies – ne déclenchent pas une émeute généralisée, pour que ne flanche pas le moral de ces individus « marchant du même pas sur le même trottoir, pour aller faire le même travail, et pour qui chaque journée était semblable à celle de la veille et à celle du lendemain et pour qui chaque année était le pendant de la précédente et de la suivante[1] ». Comment empêcher l'éléphant fou de mélancolie de tout casser ?

Par une politique des gens et des choses. En les désabrutissant. Les Schneider commencent l'année même de leur installation : ouverture d'une école religieuse pour les filles ; et pour les garçons, d'une école « communale et industrielle », comprenant une école primaire et une école supérieure, toutes deux « appropriées aux industries de l'établissement ». On annonce la couleur dans ce ciel de mai 1837. La même année, création d'un règlement spécial dans chacun des services des établissements Schneider – chaque atelier chez soi, instauration du travail à prix arrêté entre le chef d'atelier et l'ouvrier ou l'équipe d'ouvriers ; 1838, fondation d'une caisse de secours et d'épargne : elle sera à l'origine de la première grande grève du Creusot, en 1870, et une preuve que le « désabrutissement » fonctionne. 1845, ouverture d'un hôpital-infirmerie. Et l'on pourrait conti-

1. Charles Dickens, *op. cit.*

nuer longtemps de la sorte et arriver à ce que disent certains : qu'à force d'organisation, de pensée unique, Le Creusot est devenu un bagne, une colonie industrielle, un îlot à part dont les préfets se plaindront – quel rôle laisse-t-on à l'administration ?

Comment aurait-il pu en être autrement ? Comment ne pas organiser la circulation, l'éducation, le travail, la rémunération, le logement de ces milliers d'individus ? La survie de ces enfants qui travaillent à douze ans ! Et douze heures par jour ! Pour 75 centimes !

En leur donnant des maîtres, en les obligeant à étudier – on n'emploiera au Creusot aucun ouvrier qui ne sache lire ni écrire ; en les enrégimentant – uniforme obligatoire dans les écoles, interdiction de chanter dans les usines ; en créant des clubs de belote, en favorisant l'accession à la propriété, un sentiment d'appartenance à une même « famille »; en installant partout des pendules et des pancartes que j'ai vues toute mon enfance : « De l'ordre ! De l'ordre ! De l'ordre ! Une place pour chaque chose et chaque chose à sa place. » Comment agir autrement ?

Pour ce faire, il faut siéger au conseil municipal – l'usine c'est la ville, la ville c'est l'usine –, devenir maire de la ville (les maires ne sont pas élus, mais nommés en ce temps-là par le pouvoir central), s'en aller au chef-lieu de canton, puis de là au Palais-Bourbon. Car ils n'en ratent pas une, nos dirigeants, ils n'ont pas les pieds sur terre, ils ne sont pas responsables de la vie quotidienne d'une population dont il faut assurer le plein emploi et la paye. Beaucoup d'entre eux ne savent que très approximativement ce qu'est l'économie, ce que sont les crises, les marchés. Certains, comme Lamartine, vont jusqu'à dire : « La coalition du capital est-elle innocente quand celle des salaires est coupable et punie ? » Ou bien, en 1839 : « La France est une nation qui s'ennuie. »

Les frères Schneider n'ont pas le temps de s'ennuyer ! 1839 : Adolphe est battu au conseil général ; il y rentre trois ans plus tard et devient député la même année. « Victoire ! écrit-on aussitôt à Eugène, à Bazeilles. [...] Le télégraphe nous a appris aujourd'hui à midi que votre frère était élu député d'Autun ! » (Juillet 1842.) Entre-temps, il est devenu maire du Creusot.

Depuis plusieurs années, Lamartine dénonce l'argent comme une puissance « menaçante » et « envahissante » et voici que s'installent au cœur même de sa Bourgogne natale, comme des guerriers sortis de l'arène, deux capitaines d'industrie qui briguent le suffrage de ses électeurs !

Adolphe Schneider décède accidentellement en 1845. Après une courte hésitation, Eugène Schneider reprend le flambeau politique. Il écrit donc à Lamartine pour lui demander son appui. Celui-ci lui répond par une de ces lettres dont les hommes politiques ont le secret : « Une rechute de mon rhumatisme me tient au lit, sans pieds et sans mains. C'est l'unique motif de mon silence. Je le romps en deux mots aujourd'hui pour vous avertir que je réponds à vos électeurs qui m'ont consulté, et que je vous témoigne hautement une préférence justifiée par un vrai et éclatant mérite. Je le ferai autant que le permettent les drapeaux divers, dans quelques mots au *Bien public*[1]. Soyez[-en] instruit et recevez l'expression de ma haute estime et de mon cordial attachement. Quand un département vous a trouvé sous la main, il ne doit ni chercher ni espérer mieux[2]. »

Eugène Schneider a bien besoin de ce soutien ; la mort d'Adolphe l'a laissé comme fondu. Avec une surprenante

1. *Le Bien public*, journal créé par Lamartine à Mâcon, en 1842.
2. Lettre du 6 juillet 1846.

sincérité, il fait état auprès de ses électeurs de cette « douce et étroite communauté de vie et d'intérêt qui me liait à toutes les pensées de mon frère ». Sa famille l'a encouragé à poursuivre la carrière politique commencée par Adolphe : « Ça te placerait bien vis-à-vis de la marine et de la famille Seillière », lui écrit sa femme. Son vieux cousin Virgile Schneider n'est pas en reste : « Acceptez, mon cher ami, et le Conseil général et la députation. C'est un abri nécessaire. » Sa sœur mêle sa voix aux autres : « Ma mère est bien agitée du conseil que tu lui demandes. »

Eugène accepte : à quarante ans, il est chargé de toute la famille, de la veuve de son frère, de ses orphelins. Aucun de ses commanditaires n'ose lui adjoindre un autre gérant : Schneider reste seul maître du Creusot, avec la prime des deux. Malgré ce chagrin au cœur, il court à Autun, il court à Paris, pense à faire distribuer du bois aux indigents, se lie avec les maires de sa circonscription et spécialement avec Victor Rey, maire d'Autun, entretient des agents électoraux qui le renseignent sur l'état d'esprit de la population. A la Chambre, il s'habitue aux cris, aux vociférations, aux interruptions de séances, à ceux de ses collègues qui siègent emmitouflés, parce qu'ils ont froid, ou parce qu'ils ont besoin de beaucoup de sommeil, comme M. Guizot. Personne ne se souvient de l'avoir vu prendre la parole jusqu'à la chute de la monarchie de Juillet. Eugène Schneider monte un escalier tout ce qu'il y a de glissant, sur lequel il va réussir à se maintenir pendant vingt-cinq ans, pendant presque un quart de ce XIXe siècle !

Ils sont deux maintenant à représenter la Saône-et-Loire à Paris, avec des états d'esprit opposés. En 1831, Lamartine a assisté aux émeutes de Lyon en qualité de lieutenant-colonel de la Garde nationale : les canuts en grève dévalant de la Croix-Rousse avaient occupé la ville deux jours durant. Vingt mille hommes avaient été dépêchés pour les en déloger, le préfet avait été révoqué, la population désarmée. Depuis ce temps-là, des émeutes sporadiques secouent Mâcon. Lamartine pense au fond de lui-même que tout ça finira mal. « La classe prolétaire est dans une situation pire qu'elle n'a jamais été, déclare-t-il à la Chambre; elle a reconquis des droits stériles sans avoir le nécessaire, et remuera la société jusqu'à ce que le socialisme ait succédé à l'odieux individualisme. »

« L'odieux individualiste », Eugène Schneider, ne dit rien : il écoute son collègue se plaindre de ses rhumatismes, traiter Louis-Philippe « d'étourderie en cheveux blancs »; ne pas traiter mieux son entourage : « Ils n'ont compris de la révolution de Juillet que des places à prendre et une nation à remuseler »; préparer peu à peu sa rupture avec le régime : « On dirait à les entendre [...] que le génie des hommes politiques ne consiste qu'en une seule chose : à se poser là, sur une situation que le hasard ou une révolution leur a faite, et à y rester immobiles, inertes, implacables, oui, implacables à toute amélioration » (1842).

Lamartine vieillirait-il triste, comme dit Victor Hugo ? Il a largement dépassé la cinquantaine, la certitude que la situation s'aggrave le hante; c'est comme si les grandes conditions de santé de son pays, la France, n'étaient plus réunies, comme si le siècle allait changer de visage. « Moi j'attends », dit Lamartine. Tout peut tomber du ciel.

CHAPITRE IX

Une part de nous

C'est un chagrin de chaque viscère. Il y a cinq jours, Julia regardait le gilet de mousseline de soie blanche que son père lui avait donné – elle était comme sur un nuage, son père à ses pieds. Depuis dix ans et demi, depuis qu'elle est née, son père est à ses pieds. Lamartine s'est laissé pousser les moustaches pendant leur voyage en Orient. « Elles sont blondes, dit-il... comme du cresson. » Quel taquin, ce papa ! Il est pourtant si inquiet de l'état de santé de sa fille. Quand elle tousse, Julia pense qu'elle va mourir, quand elle ne tousse pas, la nature, bonne princesse, reprend le dessus et Julia redevient une petite fille comme les autres. « Des deux *moi* qui cherchent à vivre, l'un dit à l'autre : – Mais éprouve donc quelque chose, sapristi ! – Et l'autre qui essaie de s'attendrir est toujours dominé par le premier, par le moi-spectateur qui est là en observation et absorbe l'autre[1]. »

Exquise enfant que Julia de Lamartine, dont le père et la mère ne peuvent se séparer. Ils l'ont emmenée, bien sûr, à bord de l'*Alceste*, dans ce voyage dont son père

1. Marie Bashkirtseff, *Journal*.

parle depuis si longtemps : « Boire au puits d'Hébron, vivre sous la tente dans le désert, rêver les rêves de Jacob... » Quatre mois avant le départ, il s'est demandé s'il ne fallait pas tout annuler. « Julia a repris des crachements de sang à pleine bouche », écrit-il à Virieu. Si ce n'était qu'un voyage, mais c'est aussi un pèlerinage en Terre sainte ! Dans les lieux où le Christ a marché sur les eaux, sauvé la fille de Jaïre. Pourquoi Julia ne serait-elle pas sauvée à son tour ?

Marianne de Lamartine ne cesse de la peindre ou de la dessiner : mains jointes, joues rondes, l'image même de la santé ! Ses petits pantalons, son chignon, son bout de nez : tout est à croquer. La réalité est bien différente : par moments, Julia est une vieille petite fille dont on sent l'os sous l'épaule, à qui il faut administrer de l'huile de foie de morue, de l'arsenic et du lait pour la maintenir en vie.

« Je lui ai fait construire une étable à vaches donnant sur une fenêtre et ouvrant sur son lit », écrit son père qui la regarde « coiffée du turban d'Alep, avec la calotte d'or ciselé, d'où tombaient des franges de perles et des chaînes de sequins d'or. » Avec les poitrinaires, on ne sait jamais : ils peuvent avoir bonne mine, jouer comme si de rien n'était, ou bien dormir une partie de la journée, sembler ne pas vous voir. Ou encore, comme Marie Bashkirsteff, penser aux choses les plus surprenantes : « J'admire aussi les gens qui mangent par bons gros morceaux des côtelettes de mouton composées de graisse et de sang », écrit-elle dans son *Journal*.

Que de poussières de larmes se sont échappées des yeux de Lamartine depuis qu'il a reconnu les signes de cette consomption qui a emporté Graziella, à peine plus âgée que sa fille, et Julie Charles, son Elvire, et le petit Alphonse, son fils, mort en bas âge d'un « catarrhe suffoquant » après qu'on l'a trimballé en Angleterre ! Mais pourquoi croire au pire, ne pas profiter de cet été 1832, des jours sans vent, avec cette petite main qui serre la sienne ? « Ses traits sont un reflet simultané des miens... qu'elle est belle ainsi ! » Parfois c'est à lui que Julia ressemble, parfois à sa mère à lui, qui fut la marraine de l'enfant. Des dauphins bondissent hors de l'eau en escortant le bateau : ils font cesser ce goût de sang que Julia ressent dans la gorge ; des consuls et des amiraux les reçoivent partout où ils font escale et les escortent. On appelle Lamartine « l'émir Frangi » ou « le prince des Francs ». « Ses yeux [ceux de Julia], écrit-il, flottent avec les nôtres sur toutes les scènes dont les drames merveilleux lui sont connus. » Le poète sait tout des dieux, des légendes, des nymphes qui se sont transformées en source, des taureaux qui arpentent le ciel, il a tout raconté à Julia de cette Grèce qu'ils traversent : à cinq heures du matin, seuls en plein mois d'août, guidés par le bon et érudit M. Gropius, consul d'Autriche[1], ils visitent le Parthénon : « Espèce de révélation divine de la beauté idéale reçue un jour par le peuple artiste par excellence et transmise par lui à la postérité [...] Ses colonnes en blocs immenses touchant ses pavés, ses chapiteaux écroulés, ses triglyphes brisés par les agents de Lord Elgin, ses statues emportées par des vaisseaux anglais ; – ce qu'il en reste est suffisant pour que je sente que c'est le plus parfait poème écrit en pierre sur la face de la terre. »

Rhodes, Chypre, Beyrouth enfin, où Lamartine laisse sa femme et sa fille entourées de servantes, d'oiseaux, de domestiques grecs et arabes. Il va poursuivre seul son voyage jusqu'au tombeau du Christ, mais il ne part pas tranquille, il sait que sa fille s'isole souvent, que toutes sortes d'idées lui traversent la tête : « D'abord j'ai été

1. Nauplie est alors la capitale provisoire de la Grèce.

danseuse, danseuse célèbre [...] Tous les soirs je me faisais mettre une robe décolletée, des fleurs sur la tête et je dansais dans le salon, très grave, pendant que toute la maison me regardait. Puis j'ai été la première chanteuse du monde. Je jouais de la harpe en chantant et on me portait en triomphe [...] L'empereur de Russie m'épousait[1]. »

Pendant ce temps-là, papa est à genoux dans la poussière de Nazareth, accroupi au bord du Jourdain, en train de remplir d'eau des bouteilles, assis en tailleur, en costume turc, en train de suçoter des sorbets ; arrivé en vue de Jérusalem, il est obligé de se faufiler comme un voleur dans la Ville sainte où sévissent peste et typhus. « Ce n'était que morts sortant continuellement de la porte de Bethléem », constate son valet de chambre. A quoi pense Lamartine ? Le Christ, qui est la figure dominante de sa vie, sur les lieux mêmes de son supplice, reste-t-il insaisissable ? Et lui Lamartine qui écrivait il y a trois ans jour pour jour *Novissima verba*[2] est-il toujours triste jusqu'à la mort ?

Triste comme la mort ? Et la mort souffre-t-elle ?
Le néant se plaint-il à la nuit éternelle ?
Ah ! plus triste cent fois que cet heureux néant
Qui n'a point à mourir et ne meurt pas vivant !

1. Marie Bashkirtseff, *op. cit.*
2. « J'ai écrit cette longue harmonie en seize heures, le 3 novembre 1829, à Montculot. »

Un rêve à l'opium

Julia continue à bondir en imagination comme une danseuse : « Et j'ai aimé. L'homme aimé m'a trahie et, s'il ne m'a pas trahie, il est mort d'un accident quelconque, d'une chute de cheval pour la plupart du temps, juste à l'instant où je sentais que je l'aimais moins. » Quand on a si peu de temps à vivre, il faut bien deviser avec tous ceux qu'on ne connaîtra pas, s'inventer des amoureux, visiter la mer de Chine infestée de pirates. Mais ce papa parti depuis trois mois, qui doit ensuite se rendre en Egypte où le sultan Méhémet Ali va le recevoir d'égal à égal, est parti depuis trop longtemps ! Il lui manque malgré le nombre incroyable d'amoureux qu'elle se retrouve depuis que les précédents sont morts. « Alors j'en aimais un autre, mais tout s'arrangeait toujours très bien, très moralement, puisqu'ils mouraient ou me trahissaient[1]. »

Julia fait savoir à son père qu'elle s'ennuie de lui. Il accourt sur son cheval Liban, lui ramène une jument et tous les jours, jusqu'à la veille de sa mort, ils montent côte à côte, sans qu'elle lui avoue que la tête parfois lui tourne et que pendant quelques secondes elle n'y voit plus. La nuit, elle se réveille terrifiée : « Mais si je ne crois pas en Dieu ? [...] Oui, c'est la peur de tomber malade. » Elle sait où elle veut qu'on l'enterre, à Saint-Point, à côté de ses deux grands-mères et de ce petit frère qu'elle n'a pour ainsi dire pas connu. Souffre-t-elle ? Où sont les

1. Marie Bashkirtseff, *op. cit.*

amoureux ? Et où est Fido, le lévrier de papa qui, bien sûr, fait partie du voyage ? Et ce papa aux moustaches blondes qui la juche sur son épaule comme s'il voulait l'engloutir, pourquoi ses yeux brillent-ils tant ? Comment dit-on mourir en arabe ? Et puis, qu'est-ce que ça peut bien faire ? « Il y a des jours où je me sens ainsi. On voit des gens, ils vous parlent, on répond, mais on n'est plus à la terre ; – une indifférence tranquille, pas douloureuse, comme un rêve à l'opium... On m'enterrera en 183... »

On l'embaumera plutôt et on la déposera dans un caveau provisoire, dans la crypte du couvent des Capucins, à Beyrouth. Ce n'est que onze mois plus tard, en novembre 1833, que son père ira à Marseille chercher son corps revenu sur un autre brick que celui de ses parents, un brick nommé la *Bonne-Sophie*.

Comme d'habitude, Lamartine ne dit pas tout à fait la vérité quand il écrit à Mme de Girardin : « J'ai été chercher, moi seul, à Marseille, mes précieuses et chères reliques. » Marianne, certes, ne l'a pas accompagné, mais il n'était pas « moi seul » ; Léon de Pierreclau, son fils, le demi-frère de Julia par la main gauche, était du voyage ; moins de dix ans après, il mourra de la même maladie qu'elle, la tuberculose. « J'admire encore ceux qui peuvent manger toutes sortes de choses hachées, farcies et dont la composition m'échappe », écrit encore Marie Bashkirtseff. L'une est enterrée au cimetière de Passy, à Paris, l'autre entre son père et sa mère, à Saint-Point. L'une et l'autre auraient voulu devenir de grands peintres, ne pleurer qu'en toute petite quantité pour ne pas s'enlaidir, tomber amoureuses pour de vrai et ne pas se dire : « Et, au bout, l'oubli !... l'oubli... comme si je n'avais jamais existé. »

*
* *

Eugène Schneider est à Paris; la veille au soir, sa femme lui a écrit du Creusot : « J'ai eu de la fatigue tous ces jours [...] Je suis privée d'aller entendre demain soir les chanteurs montagnards, mais en revanche je serai vaillante pour l'arrivée de Valérie[1]. » Sa belle-sœur, la femme d'Adolphe, est aux eaux, à Bade, avec ses trois jeunes enfants et doit rentrer d'un jour à l'autre au Creusot, demain sans doute, 4 août 1845. Constance est fatiguée, parce qu'elle est « dans le coup de feu des arrangements » de La Verrerie où elle termine de s'installer. C'est une grande bâtisse où il y a de tout, des écoles provisoires, un lieu de culte, des matériaux entreposés, dix arpents de jardin; elle n'a rien à voir avec La Verrerie d'aujourd'hui, ce château néoclassique, inspiré de l'hôtel des Invalides, qu'Eugène Schneider II, petit-fils du premier, redessinera avec l'architecte Sanson, au début du XXe siècle. Du temps d'Eugène Ier, ce sont des bâtiments composites dans lesquels il a décidé d'installer sa famille. « C'est une grande caserne plutôt qu'une maison d'habitation, l'a prévenu Armand Gautreau, l'un de ses collaborateurs [...] J'engage à en faire l'acquisition[2]. » On a suivi son avis mais, Dieu merci, on ne l'a pas suivi quand il conseillait de démolir les deux fours coniques de la cristallerie éteints depuis le début du règne de Louis-Philippe. Ils serviront de réservoirs d'eau jusqu'au

1. Archives privées.
2. Lettre adressée à E. Schneider le 25 octobre 1836, Archives de l'académie François-Bourdon.

moment où Eugène II les transformera en symboles mêmes du lieu : l'un abrite une chapelle, l'autre un théâtre ; la ville du Creusot en est propriétaire depuis 1969.

Une pierre tachée de sang

En 1845, l'avant-veille de ce 3 août, Constance Schneider s'installe : les chambres viennent d'être terminées – « les enfants étaient comme fous tant ils étaient contents » –, ils attendent leurs cousins germains avec impatience. Ce dimanche matin, ils ont été se promener avec leur oncle Adolphe, Félicité Schneider a six ans et Henri cinq. La messe a été expédiée plus vite que d'habitude pour laisser l'église se préparer à accueillir tout à l'heure les chanteurs béarnais. Avant le concert, il est prévu que les employés dîneront à La Verrerie.

Adolphe Schneider termine une lettre[1] : il s'agit de la prochaine ouverture au Creusot d'une succursale de la Caisse d'épargne ; il faut préciser au caissier d'Autun les détails de cette ouverture. Un grand nuage coiffe la ville, la chaleur est étouffante dans ces rues étroites ; même dans l'église qui n'a pas encore de clocher, les montagnards béarnais qui répètent, transpirent à grosses gouttes. Sa lettre cachetée – Adolphe Schneider est passé au bureau pour la rédiger – il se fait amener son cheval pour se rendre au village voisin du Breuil où la fête patronale bat son plein : il a la même forme de crâne que

1. Ces détails sont partiellement empruntés au récit d'un employé à la comptabilité du Creusot, Félix Courtois. Lettre de l'académie François-Bourdon n° 4, octobre 1997.

son frère, les cheveux plantés de la même manière, des favoris ; il a quarante-trois ans et en paraît davantage. S'est-il passé le visage sous l'eau avant de quitter son bureau ? A-t-il regardé par la fenêtre ces fumées dont les spirales, prétend Dickens, n'arrivent jamais au bout de leur course ? S'est-il réjoui de revoir sa femme et ses enfants dans vingt-quatre heures ?

Son cheval à la main – celui-ci souffle, encense, par ces temps d'orage les taons s'en donnent à cœur joie –, Adolphe Schneider descend l'étroit sentier qui mène de ses bureaux à la route du Breuil, plus large et moins dangereuse, où il se mettra en selle ; il dit un mot à l'un, un mot à l'autre, en passant ; son cheval lui mordille l'épaule ; il est gris pommelé, ombrageux. A la croisée des chemins, Adolphe vérifie sa sangle et le voici en selle : il sort de la vie sans autre témoin que cette herbe qui poudroie et cette pierre sur laquelle il tombe, son cheval ayant fait un écart, et se fracasse le crâne. Il est six heures et demie du soir, les spirales des fumées n'arrivent toujours pas au bout de leur course.

« Personne n'a pu dire ni les détails de la chûte *[sic]*, ni les minutes écoulées entre cette chûte et les secours, ni même le nom du premier arrivant, tant Le Creusot s'empressa d'accourir comme un seul homme [...] Le blessé gisait encore sur cette pierre tachée de son sang [...] M. A. Schneider est transporté chez son frère, qui habite la direction dans le centre de l'Usine ; le docteur Dureuil, de Montcenis, l'y a précédé. Le blessé agonisant se plaint à lui d'un violent mal de tête ; du regard et de la main, il essaie des adieux à la famille présente et à quelques-uns de ses employés. C'est une scène navrante pour ces témoins de l'intérieur, c'est une longue série d'angoisses pour ceux de l'extérieur. »

On est allé chercher en hâte Constance Schneider, sa

belle-sœur; autour du blessé s'affairent des cafetiers, des brasseurs, des gendarmes, des corroyeurs; on lui fait des points de suture. A dix heures et demie du soir, Adolphe Schneider meurt. « Ton pauvre frère a souffert bien peu de temps, écrit dans la nuit Constance à Eugène Schneider, son mari, il a levé deux fois les yeux sur moi et a paru satisfait que je fusse auprès de lui, car il a avancé la main pour serrer la mienne, et peu de temps après, il était auprès du bon Dieu[1]. »

Quelle étrange chose ce cœur qui ne bat plus, cette chair qui va se corroder à toute allure, à cause de la chaleur. Marconnet, chef ouvrier à la forge, part pour Autun chercher ce qu'il faut pour embaumer le corps, on envoie des émissaires dans toutes les directions, le directeur des mines de Montchanin, le chef comptable, le caissier, le directeur de l'école, pour attendre la veuve qui ne se doute de rien; le caissier s'égare dans la nuit, on le retrouve sanglotant au bord d'un fossé. Constance « retourne de toutes les manières le projet d'aller au-devant de Valérie [sa belle-sœur] [...] mais on est dans l'incertitude sur la route qu'elle prendra ». Il y a du monde sur tous les chemins qui mènent au Creusot, à tous les relais de poste; la nuit se passe; le lendemain, 4 août, la chaleur fait encore un bond en avant. A cinq heures du soir, à l'hôtel des Trois Faisans, à Chalon, une chaise de poste entre dans la cour : Mme Adolphe Schneider et ses trois enfants... Pendant ce temps-là, Le Creusot est sous le choc : « Dans chaque famille, sur tous les chemins et jusqu'au Breuil, écrit Félix Courtois, la nouvelle avait répandu le deuil et la consternation. »

Constance pense, prie. « Je pense surtout à ta mère, écrit-elle à son mari. Quel affreux coup pour elle à son

1. Archives privées.

âge de perdre son excellent fils. » Chaque bruit la fait tressaillir, la pluie, comme un pus noirâtre, s'est mise à tomber. « Valérie est arrivée hier soir vers dix heures [...] il ne lui est plus possible de voir son mari » – c'est ça le plus affreux, ne pas garder de lui une dernière image, se dire que bientôt on ne saura plus de quel blond était son blond... Tout le désigne comme mort, l'enterrement qui va suivre, son frère qu'on attend d'un instant à l'autre, ses trois petits enfants qui pleurent et qui pleurent. Comprennent-ils que leur père est déjà loin ? Aucun tombeau n'est préparé pour le recevoir – les Schneider ont pensé à tout depuis leur installation au Creusot, mais pas encore à leur sépulture. Le caveau des Boigues est au Père-Lachaise, à Paris, où Adolphe finira par être inhumé. « Adieu, l'heure sonne, écrit Constance à son mari, compte toujours sur le faible appui de ton bon ange[1]. »

Voici Eugène Schneider entouré de veuves : sa mère, sa belle-mère, sa sœur, sa belle-sœur – « Puisse la troisième, s'exclame Constance, en parlant d'elle-même, conserver la famille au complet ! » Il est le seul soutien de ces femmes. « Tu seras bien utile à tout le monde, lui écrit sa femme et tu puiseras de la force dans l'accomplissement de tes devoirs. » Le voici seul aussi devant tous ces hommes qui défilent en transpirant : les premiers à s'avancer sont les commanditaires, les actionnaires, les banquiers, les hommes politiques ; puis tous les collaborateurs qu'Adolphe et lui ont choisis ensemble ; leurs clients, leurs fournisseurs, les envieux qui bavent comme des verres mal lavés ; les ouvriers enfin, d'un pas moins assuré. « On pleure en famille », écrit Félix Courtois. Et comme s'il voulait devancer les objections – condoléances factices, larmes de crocodile ! – il ajoute :

1. *Ibid.*

« Pas un des Creusotins d'alors ne nous démentira cette dernière expression. »

La succession s'ouvre. Il faut occuper la place, toute la place, malgré ce chagrin qui vous écrase le cœur, Catherine Schneider anéantie – « l'arrivée [au Creusot] a été terrible pour la pauvre Maman Schneider », écrit Constance. Tout de suite après la cérémonie, la veuve d'Adolphe Schneider quitte Le Creusot avec ses enfants pour ne plus y revenir. Le corps de son mari la suit. La famille du défunt s'installe à Paris – pourquoi Paris ? Parce que les deux filles d'Adolphe « se marieront bien plutôt à Paris qu'ailleurs », écrit Constance à son mari.

Quelques jours après les obsèques, le maire d'Autun remercie Eugène Schneider : « J'ai reçu par l'intermédiaire de M.P., votre banquier correspondant à Autin *[sic]* la lettre par laquelle vous m'annoncez qu'une somme de deux mille francs est mise par vous et par Mme votre belle-sœur à ma disposition pour être distribuée aux indigents de notre ville. » La campagne électorale commence, le maire est prudent : « Dans ce moment où la misère ne se fait pas trop généralement sentir, la somme entière distribuée immédiatement irait se perdre dans les cabarets et ne soulagerait que peu de souffrance. Je prends donc la liberté, Monsieur[1]... » Dans la même enveloppe annotée de la main d'Eugène Schneider « correspondance à l'occasion de la mort de mon frère » figure la liste – toujours de sa main – des personnes à remercier : médecins, banquiers, avocats, le lieutenant de gendarmerie Fornet et M. Labille « vérificateur du point de suture ».

Recoudre quoi ? L'âme éberluée d'Eugène Schneider ? Tout ça parce qu'un cheval s'est cabré, parce que les

1. *Ibid.*

taons, à six heures du soir, un soir d'orage, se gorgent de sang ? Quel est ce destin qui vous expose à une piqûre d'insecte ? A quitter à l'heure dite cette terre, après l'avoir parcourue en tous sens – que d'inspirations a eues Adolphe, que de marchés raflés, de soumissions arrachées de haute lutte, de portes ouvertes, d'entregent ! Comme il a su se débrouiller avec le père Seillière, jusqu'à devenir son bras droit et son associé ! Quel est ce destin qui vous arrache votre autre moi, ce frère qui a deviné toutes vos pensées, vous a écrit presque tous les jours de sa vie, n'a eu de cesse, comme Catherine Schneider, de vous faire revenir auprès de lui ? Auquel vous étiez adossé comme à une maison ? Celui qui vous oblige néanmoins à continuer à vivre, à distribuer de l'argent, à parler de lui à l'imparfait ou au conditionnel – il souhaitait, il voulait, il aurait désiré... Comment imaginer qu'on lui survivra trente ans, jusqu'à ce qu'une (ou plutôt plusieurs) attaque vous envoie dans l'au-delà ?

A l'endroit même de l'accident d'Adolphe Schneider, s'est élevée pendant longtemps une colonne de fonte, sans doute coulée à l'usine, portant la mention : A A. Schneider, député, 3 août 1845. Elle a été déplacée pour des problèmes de voirie dans l'ombre d'un square où plus personne ne la voit.

*
* *

Une pierre, un bacille... Après Julia, sa fille et Léon de Pierreclau, son fils, c'est Aymon de Virieu emporté, lui aussi, par la tuberculose, que Lamartine enterre en 1841. Ils s'étaient connus au collège de Belley, Lamartine avait treize ans, Virieu quinze. Dès lors, ils seront comme des frères, Lamartine enverra « les bateaux féeriques » de son imagination poétique à Virieu, se déchargera sur lui de ses dettes, de ses amours, de ses chimères. Virieu viendra le rejoindre en Italie, écoutera toutes les élucubrations qui sortent du crâne de son ami, ses martingales qui gagnent à tout coup ; il lui rapportera ses lettres à Julie Charles, les derniers instants de la vie de sa bien-aimée, ce visage de cendres, ces yeux ouverts comme un portail de cathédrale... Les rêves politiques tourneront plus vite et plus fort s'ils sont deux à les partager. « Nous serons donc un jour ministres, lui écrit Lamartine en 1838, dirigeant notre pays pendant une route de cinq à six ans [...] Tu garderas la boussole, et je tiendrai le gouvernail. »

Tant de fois Virieu a accueilli Lamartine au Grand-Lemps[1] ! Stéphanie, sa sœur, dessinait le jeune captif et peut-être se sentait-elle émue de se trouver seule avec lui dans une pièce – Lamartine lui confiait combien il était malheureux en pension et quand le jour s'effaçait ils n'avaient plus de secrets l'un pour l'autre. « J'ai dans le cœur mille abîmes qui se couvrent de silence et d'indifférence, écrit-il à Delphine de Girardin, l'été de la mort de Virieu, et je sens les dernières années se raccourcir et couvrir de l'ombre suprême les dernières choses éclatantes que j'aurais aimé cueillir. Et puis voilà ! comment on dit ici. »

1. Le Grand-Lemps, propriété des Virieu dans l'Isère.

DEUXIÈME PARTIE

L'ordre de l'événement

L'ordre de l'événement et l'ordre de la justice ont en eux et entre eux une contrariété native, une incompatibilité, une inconciliabilité [...] une répulsion, si profonde, si intérieure pour ainsi dire [...] que nulle entente, que nul recouvrement n'est à chercher, n'est à espérer entre eux.

CHARLES PÉGUY
Clio, dialogue de l'histoire et de l'âme païenne.

CHAPITRE X

Dieu est-il un bon conseiller politique ?

« Ne vous inquiétez pas de la profondeur des cieux », conseille Feuerbach à Proudhon. La question est pourtant cruciale, tout le XIXe se la pose, Lamartine en premier. Cette espèce de soleil qui va écraser toute sa vie – Dieu – commence à briller lorsque, sur les genoux de sa mère, il l'écoute lire la Bible. Comment se forme une conscience ? Qu'est-ce que la foi ? L'arbre du bien et du mal existe-t-il ? Parle-t-il ? Comme des poussées de tonnerre vers le sol, ce que l'enfance, la jeunesse, ses maîtres lui ont appris ne cessera d'aller et de venir au cours de son existence, tantôt explosant, tantôt faisant long feu et l'abandonnant.

La mort de Julia a tranché sa vie en deux. Il y a eu le Lamartine qui courait devant, envoyait sa fille par-dessus son épaule, et puis le Lamartine mordu par le chagrin et par le doute. Il ne se reproduira plus, il n'aura plus que des enfants politiques – sont-ce des enfants ou des démons ? Se saisissent-ils d'un décor ? Lamartine est-il un décor ? Ou un envoyé de Dieu ? « Il me semble, répond Proudhon, que le bon et le mauvais ange se tirent. »

Au printemps 1833, alors qu'il se trouvait au Liban devant le cadavre embaumé de sa fille, Lamartine a appris son élection à la Chambre. « J'irai, écrit-il, je n'ai plus d'avenir personnel dans ce drame du monde politique et social. [...] Le seul intérêt que je porterai à ces délibérations passionnées sera l'intérêt de la patrie et de l'humanité. » Tout de suite il se désincarne. Evoquant ceux qu'il a aimés, il chante le décès de lui-même, de la partie de lui-même qui aurait pu agir. Il part, dit-il, à bout de souffle. « Aujourd'hui, l'action ne me sollicite plus. J'ai trop perdu de tous les êtres auxquels ma vie active pouvait répondre pour ne pas être dégoûté de toute personnalité dans l'action. »

Marianne, sa femme, pense le contraire. « Cette vie intérieure qui dispense de toute autre et qui fait qu'on ne redescend sur cette terre que pour manger son dîner », soupire-t-elle. A ses amis très chers, les Aimé Martin, elle confie : « Alphonse a une seconde vie et une seconde âme ; il ne sent pas le vide affreux qui se creuse davantage sous mes pas, l'avenir d'une femme sans enfants. » Le ménage ne s'est pas brisé là, peut-être à cause de cette seconde vie que sa femme lui reproche.

Puisqu'il n'est pas à lui-même, il sera à Dieu, il bêchera cette terre ingrate de la politique pour le compte de Dieu, il s'inquiétera jusqu'au bout, jusqu'au moment où coulera le sang, de la « profondeur des cieux ». Marx l'accusera d'être l'instrument de la bourgeoisie – « ce traître aux belles phrases » –, lui se présente comme l'instrument de Dieu. « J'ai un but, personne ne sait lequel, excepté moi. J'y marche au pas que le temps comporte, et pas plus vite [...] Ce but est impersonnel et uniquement divin. Il se dévoilera plus tard. » (A M. Arlès-Dufour, juillet 1843.)

« Personne ne sait lequel... » C'est bien là où le bât blesse. Une fois élu député, consacré comme orateur, l'homme fort de la Bourgogne voudrait fonder un parti.

Il lui a trouvé un nom, le parti social; une devise, liberté, égalité, charité; un programme: « L'homme égal à l'homme, l'homme frère de l'homme, la société comme un fraternel échange de services et de devoirs réciproques, régularisés et garantis par la loi; le christianisme législaté! » Il ne lui a jamais trouvé plus de six députés!

Quand Lamartine monte à la tribune, Thiers dit en aparté à son voisin: « Voilà le parti social qui entre! » Lamartine le nomme aussi le parti de la réserve et le définit comme « un parti qui ne fait alliance ni avec les passions rétrogrades du passé, ni avec les passions subversives du moment [...] qui ne s'occupe que des idées, qui ne voit que les choses en elles-mêmes ».

Derrière ce bla-bla-bla se cache pourtant une torture: celle de l'incommunicabilité, du langage qui bute sur l'indicible. « Je meurs de ne pouvoir nommer ce que j'adore! » Lamartine n'arrive pas à discerner Dieu. D'un côté lui, sa bonne volonté, sa volonté tout court: « Je le prie [...] comme un aveugle qui parle à quelqu'un qu'il ne voit pas »; de l'autre cette divinité de pierre qui dispense châtiment ou indifférence. Pourquoi Dieu est-il si opaque? Pourquoi ne peut-on se fabriquer à sa guise le dogme idéal? Est-on obligé d'en passer par l'Eglise?

Jocelyn

L'abbé Dumont, quand il était vicaire à Bussières, a connu le jeune Lamartine. Il vient souvent dîner à Milly; les mauvaises langues disent qu'il est le fils naturel du curé de Bussières. C'est un bel homme, toujours flanqué de ses chiens, chasseur et collectionneur enragé; on lui attribue des bonnes fortunes, des enfants illégitimes, tout ce qu'on attribuera ensuite à son fils spirituel, Lamartine.

La Révolution cueille l'abbé Dumont au plexus. Il est prêtre jureur, mais aussi fervent royaliste, mais encore secrétaire républicain de la mairie de son village, tous les paradoxes à la fois. Homme à femmes, homme à passions, homme à idées, il communiquera à Lamartine celle qu'on ne jouit pas de son reste. On le flanque en l'air et on recommence. On repart de rien, s'il le faut ! Ou de Dieu ! L'ordre de surface, celui de la monarchie de Juillet, par exemple, comme le dira plus tard Péguy, est « un ordre gangrené, mort, mortifère, mort, une chair morte ». C'est à cet abbé contestataire que Lamartine doit son besoin de « l'infaillibilité et de l'intensité d'une religion nouvelle ». A ce prêtre jureur qu'il doit en partie sa foi – à qui d'autre qu'à lui, à cet ami de la cure la plus obscure et la plus reculée de Saône-et-Loire, Lamartine aurait-il pu parler de sa passion pour Elvire, pour une femme mariée ? Du poids de sa mort dans sa conscience ? Des poèmes qu'il écrit ? De son fils naturel ?

Jocelyn, c'est lui, l'abbé Dumont, coulé dans huit mille vers ! C'est le dépôt sonore de leurs deux âmes, le maître et l'élève ! En janvier 1838, deux ans après la parution de ce poème, Lamartine écrit à son cousin Carra de Vaux : « Tu partages donc à tort l'erreur commune qui m'attribue l'intention d'hostilité envers le christianisme comme dans *Jocelyn*. Je suis chrétien à bien peu d'interprétation près. Le peu de bien qui est en nous vient de là, et je vénérerai toujours la source où nos âmes ont tout puisé. Maintenant, le christianisme à la lettre est-il le christianisme en esprit ? Le christianisme qui a traversé, en s'en imprégnant, les ténèbres des âges les plus honteux de l'esprit humain est-il le christianisme de ses âges de développement et de lumière ? »

Lamartine pose la question de la religion maniée (manipulée ?) par les hommes. C'est dire tout simplement qu'il s'inquiète. Une armée attend de naître.

Le troisième dessous

Sous le siècle et sous les yeux de chacun gronde un volcan. C'est le volcan des tristes sorts, de la vie dure, de la misère, des femmes qui triment et qui s'usent, des hommes qui remplacent l'amour par l'absinthe ; de temps en temps, ils se révoltent, quittent leurs ateliers, mais le gouvernement les a à l'œil.

A Lyon, les canuts, en 1831, mais aussi à Paris, et pas qu'en 31 ! Les prisons dans lesquelles on enferme les meneurs servent à en fabriquer d'autres. A faire se connaître les ouvriers arrêtés lors des troubles, les vieux de la vieille, Buonarroti, disciple de Babeuf, et les jeunes bourgeois à la fibre républicaine, Cavaignac, Raspail, Cabet, Marrast, Carrel, d'autres encore. 1834 : nouvelle insurrection à Lyon ; à Paris, Thiers, ministre de l'Intérieur, a pris ses précautions pour maintenir l'ordre, mais il y a des « bavures », comme au 12 de la rue Transnonain où les soldats égorgent tous les habitants d'une maison d'où est parti un coup de feu. 1839 encore : en mai, l'émeute parisienne, dite des Saisons, menée par Barbès et Blanqui condamnés à mort, puis, leur peine ayant été commuée en détention à perpétuité, envoyés à la prison du Mont-Saint-Michel d'où la révolution de 48 les tirera.

Contre quoi se battent-ils ? Contre l'inégalité, la misère qui s'éternise, le sort des plus pauvres auxquels rien n'est plus proposé depuis qu'ils ont quitté leur campagne. En

1832, l'académie de Mâcon a demandé à Lamartine de choisir un sujet de concours. Le voici : « Déterminer les principales causes qui rendent les populations manufacturières généralement moins heureuses et moins morales que les populations agricoles. » Ce n'est pas le sujet de concours de l'académie de Dijon, en 1753 : « Quelle est l'origine de l'inégalité parmi les hommes et si elle est autorisée par la loi naturelle ? » et la célèbre réponse de Rousseau : « L'homme est bon naturellement... » Cette réponse hante le XIXe siècle. Si l'homme est bon, l'âge d'homme ou, si l'on veut, l'âge d'or est devant lui.

Proletarius[1]

« Je suis né au Creusot le 10 septembre 1841, fils posthume de Sébastien Dumay, décédé accidentellement dans les mines du Creusot le 26 février 1841 à l'âge de 33 ans », écrit Jean-Baptiste Dumay en 1870[2]. Rendez-vous sous la Commune... « Placé tout en bas de l'édifice social au sein de la masse ouvrière, moi-même l'un des premiers mineurs qui en sapaient les fondements » : c'est Proudhon, parlant de lui-même dans ses *Souvenirs*... C'est Caussidière, futur préfet de police de Paris en 1848, évoquant la mémoire de son frère « assassiné » à Lyon, en 1834, qui écrit : « Les Tuileries devinrent le tombeau de ma haine[3]. » C'est clair, Dieu n'a pas exaucé tout le

1. « *Proletarius*, citoyen de la dernière classe, qui ne fournit à la cité d'autre ressource que sa progéniture. » (Littré.)
2. *Mémoires d'un militant ouvrier au Creusot (1841-1905)*, François Maspero, Presses universitaires de Grenoble, 1976.
3. *Mémoires*, Michel Lévy Frères, 1849.

monde, des soirs de révolte se préparent, le « troisième dessous » existe.

Ainsi le décrit Victor Hugo : « Les sociétés humaines ont toutes ce qu'on appelle dans les théâtres *un troisième dessous.* Le sol social est partout miné, tantôt pour le bien, tantôt pour le mal [...] Il y a la mine religieuse, la mine philosophique, la mine politique, la mine économique, la mine révolutionnaire. Tel pioche avec l'idée, tel pioche avec le chiffre, tel pioche avec la colère [...] Les utopies cheminent sous terre dans les conduits. Elles s'y ramifient en tous sens. Elles s'y rencontrent parfois, et y fraternisent [...] La société se doute à peine de ce creusement qui lui laisse sa surface et lui change les entrailles. Autant d'étages souterrains, autant de travaux différents, autant d'extractions diverses. Que sort-il de toutes ces fouilles profondes ? L'avenir[1]. »

Est-ce l'avenir qui fait bouger Lamartine, et qu'est-ce que l'avenir ? Pour quelles raisons ce royaliste de tradition, mis à la mode par les bien-pensants et par les ultras[2], prend-il ses distances avec eux ? S'inquiète-t-il de questions dont on ne s'inquiète pas d'habitude autour de lui, les Noirs, la paix, le sort des prolétaires, la peine de mort, l'émancipation des peuples ? Qui le met de plus en plus en désaccord avec son milieu, avec la classe politique, avec les partis ? Dieu, l'Evangile. « Si nous ne sommes pas les serviteurs de la pensée divine qui parle en nous, que sommes-nous ? »

Mais la pensée divine parle-t-elle ? Ou bien vous échappe-t-elle ? « La langue directe me manque », avoue

1. *Les Misérables.*
2. Qu'est-ce qu'un ultra ? « C'est, dit Victor Hugo, être partisan des choses au point d'en devenir l'ennemi ; c'est être si fort pour, qu'on est contre. »

Lamartine. Et Lamennais de ricaner : « Laissez-le faire comme il l'entendra son parti social, qui ne sera jamais qu'un arrière-bâtard de vieux parti doctrinaire. »

Lamennais a raison : il n'y aura pas de parti social, mais il se trompe sur l'homme. Tout ce qu'on croyait bien digéré dans son ventre d'homme, ne l'est pas ! De Robespierre, Lamartine dit : « Il a le vertige de l'humanité » ; quand son entourage l'agace, il s'écrie que le catholicisme est une religion d'esclaves ! Le droit de la blouse, comme on disait alors, l'obsède. Qui servir ? Qui est Dieu et qui est César ? « L'infidélité à la patrie, écrit-il dans l'*Histoire des Girondins*, s'appelait fidélité au roi. La désertion s'appelait honneur. Le devoir des patriotes était la patrie. Le devoir des émigrés, c'était le trône. L'un des deux partis se trompait de devoir, mais tous les deux croyaient l'accomplir. » D'un siècle l'autre...

Depuis que Lamartine a vu, de ses yeux vu, la révolte des canuts à Lyon, en 1831, qu'il a assisté, sinon participé, à sa répression, il se pose des questions. La monarchie de Juillet n'a pas un an d'âge, elle va faire durer le plaisir de la tranquillité pendant encore dix-sept ans, mais le ver n'est-il pas dans le fruit ? C'est aussi l'avis de Daniel Halévy : « 1848 n'inventera rien. 1830, au contraire, et les trois années qui suivirent, marquent la vraie crise, l'invention des idées, l'initiative des mouvements. Alors le saint-simonisme, le fouriérisme et le blanquisme se forment à Paris dans les cénacles et dans les clubs ; et le syndicalisme plante son drapeau noir sur la colline de la Croix-Rousse[1]. »

Décembre 1834, Lamartine n'est pas élu depuis d'un an qu'il déclare à la Chambre : « Les Républicains ? Vous n'avez qu'un moyen sûr de les vaincre, et vous n'en avez

1. Préface à *La Vie de Proudhon*, Editions Stock, 1948.

qu'un. Prenez d'avance leur position, devancez-les; donnez au pays ce qu'ils promettent. » Mars 1835 : « La question des prolétaires est celle qui fera l'explosion la plus terrible dans la société actuelle, si les gouvernements se refusent à la sonder et à la résoudre. » Il redoute la violence, pense à plusieurs reprises à mettre à l'abri en Angleterre les quelques biens que possède sa femme, non qu'il ait peur, personne n'est plus courageux que Lamartine, mais parce que ses oreilles de tout petit enfant ont déjà entendu craquer un monde, le sang devenir contagieux comme l'air. Cependant, qui oserait écrire ce qu'il écrit de Robespierre : « De toutes les missions qu'il croyait sentir en lui, la plus haute et la plus sainte à ses yeux était la régénération du sentiment religieux chez le peuple [...] Relier le ciel à la terre, par ce lien d'une foi et d'un culte rationnel que la république avait rompu, était pour lui l'accomplissement de la révolution »?

Relier le ciel à la terre : toute une partie des penseurs de ce siècle s'attelle à ce problème sans réussir à le résoudre, c'est pourquoi, n'en déplaise à M. Feuerbach[1], la question de la profondeur des cieux est si importante; Lamartine fait partie de ces penseurs-là. Une autre partie a jeté l'éponge : le ciel n'existe pas, l'angoisse, le pardon, la charité n'ont donc aucune raison d'être. « Les prolétaires n'ont rien à sauvegarder, proclame le *Manifeste du parti communiste* publié à Londres en 1848 [...] ils ont à détruire toute sécurité privée, toutes garanties privées antérieures. » On ne peut pas être plus clair. L'Etat de droit n'existe pas, puisqu'il est l'apanage des bourgeois.

1. Ludwig Feuerbach, penseur allemand de la gauche hégélienne, « philosophe et écrivain remarquable, dit de lui D. Halévy, quoique de proportions non monumentales [...] La pensée de Proudhon en restera longtemps marquée ».

Y a-t-il un problème à poser ?

Pendant treize ans, Lamartine va essayer d'infléchir le régime. « A quoi sert d'avoir été le premier poète de son pays si l'on n'en devient pas le premier homme d'action ? » déclare-t-il à son ami Louis Ulbach. Il est rapporteur de la commission des Affaires étrangères – sa première intervention à la tribune, le 4 janvier 1834, concerne la question d'Orient : Lamartine n'a de cesse de prêcher la paix, de faire en sorte que l'Europe ne se retrouve pas à feu et à sang à cause de Méhémet Ali. « M. Thiers, c'est la guerre, c'est la fin du monde, écrit-il à Delphine de Girardin en 1840. Il faut qu'il tombe ou que nous y restions tous, pas de milieu. »

Cette même année 1840 est fatale pour l'ego des Français : c'est l'année du retour des cendres de Napoléon Ier ! L'empereur est inhumé aux Invalides ; le fait de voter le retour des cendres dévaste de plaisir cette assemblée louis-philipparde. Lamartine est l'un des seuls à ne pas perdre la tête : « Je ne suis pas de cette religion napoléonienne, de ce culte de la force que l'on veut depuis quelque temps substituer dans l'esprit de la nation à la religion sérieuse de la liberté », déclare-t-il avant de voter néanmoins le retour.

Attaque-t-on la presse qu'il la défend : « La grande passion de ce temps-ci, c'est la passion du perfectionnement social [...] Eh bien, l'instrument de cette passion, c'est la presse. » Lamartine a vite compris qu'en l'absence d'opposition, c'est dans les salles de rédaction que les esprits s'échauffent.

Y a-t-il ou n'y a-t-il pas de solutions aux problèmes qui se posent ? Au problème, dites-vous, mais quel problème ? Pour Hegel comme pour Marx, écrit Daniel Halévy, il n'y a pas de problème à poser. « Marx avait une juste notion du caractère fatal de la révolution industrielle, avec toutes ses conséquences dont l'une était la formation d'un prolétariat. » Lamartine, lui, tourne autour du pot, parle de « malentendu qui sépare les classes », jugement que Sartre qualifie de « mensonge optimiste », de l'union de l'homme à la terre : « Plus le travail approche l'homme de la terre, objet de son travail primitif, plus il moralise l'homme qui s'y livre. »

Eugène Schneider, lui, a compris que le champ du duel n'était plus dans ce travail qui unit l'homme à la terre. Le XIXe siècle sera nouveau, il verra la barbe des siècles passés blanchir. Lui, comme Marx, sait que le nouvel instrument de cette révolution s'appelle le prolétariat, que l'électricité va se faire. Croient-ils au ciel, comme Lamartine, ou croient-ils qu'un tumulte d'événements peut remplacer le ciel ? Aux aristocrates et à leurs avatars, les romantiques, dit Sartre, il faut un ciel. Car qui dit ciel dit pyramide humaine et sociale, dit nécessité d'une classe dominante, c'est-à-dire d'eux-mêmes, les aristocrates. « Ainsi la foi fait partie du système [de la noblesse]. Afin que l'ordre soit entièrement rétabli, il faut un ciel[1]. » Avec Lamartine, il est gâté : du ciel, il en met partout !

Tocqueville est encore plus sévère à l'égard de son contemporain : « Je ne sais si j'ai rencontré [...] un esprit plus vide de la pensée du bien public que le sien[2]. » Lamartine sera toujours traité d'amateur par les gens sérieux, on dirait, à les entendre, qu'il regarde le monde

1. *L'Idiot de la famille.*
2. *Souvenirs.*

couché sur un nuage. Pourtant ses écrits vont tous dans le même sens : *Ode contre la peine de mort* (1830), *Sur la politique rationnelle* (1831), *Ode sur les révolutions* (1832), *Toast aux Gallois et aux Bretons* (1838), *Les Noirs* (futur *Toussaint Louverture*) (1840), *La Marseillaise de la paix* (1841) et enfin l'*Histoire des Girondins* (1847). Comment l'accuser d'être prêt « à bouleverser le monde pour se distraire » ?

Il fonde son journal, *Le Bien public*, qui lui coûte une fortune – « Alphonse de loin en loin dirige le rédacteur et non la rédaction », soupire Marianne –, s'offre à présider la Chambre – sa candidature est piteusement éconduite. « Le rôle de cariatide n'est pas mon rôle », constate-t-il, amer.

En janvier 1843, il vote contre l'Adresse au roi. « Je viens la combattre dans son esprit et dans ses termes. Pourquoi ? Parce qu'elle renferme un certain sentiment de bien-être politique, un certain sentiment de congratulation au pays et à la couronne, auquel il m'est consciencieusement interdit de m'associer. » Cependant il ne quitte pas encore les lieux : la question de la religion d'Etat – « une religion n'a que faire du souffle profane et souvent mortel du pouvoir » – l'occupe ; il plaide en faveur de la liberté des cultes, de la nationalisation des chemins de fer, attaque de front M. Thiers qui propose d'entourer Paris de fortifications – « Une pierre sépulcrale des idées modernes ». Quand quelque chose ne lui plaît pas, il a l'oreille un peu dure : « Ce n'est pas moi qui ai passé dans l'opposition, c'est le gouvernement qui s'est écarté graduellement de la ligne où j'aurais été heureux de le suivre », déclare-t-il.

Il refuse ambassades, ministères, pairie ; Thiers, Guizot, les ministres de Louis-Philippe, ont tantôt essayé de l'appâter avec des fonctions honorifiques, tantôt de le discréditer en faisant courir le bruit qu'il est ruiné. C'est en partie vrai, mais Lamartine a plus d'un tour dans son sac. En Saône-et-Loire, tout le monde le connaît ; son perroquet sur l'épaule, il reçoit les poètes bourguignons qui se répandent ensuite en louanges sur son hospitalité, s'occupe de régler le conflit des tonneliers et des dockers sur le port de Mâcon, d'élever le collège municipal de la ville au rang de collège royal, de garder le « tour[1] » de Chalon que le préfet veut fermer par mesure d'économie. Il a le cœur sensible, l'impôt sur les chiens le révolte : « Impôt presque immoral, sans miséricorde et sans entrailles, un véritable impôt sur le sentiment, qu'on pourrait appeler, sans vous faire injure, une dîme sur le cœur du peuple... »

Que dit Eugène Schneider pendant ce temps-là ? Le cœur du peuple est-il au cœur de ses préoccupations ? Lamartine et lui se parlent-ils, et, si oui, de quoi ? De « l'hypothèse Dieu », comme dit Proudhon, la seule qui préoccupe véritablement Lamartine ? Parfois, celui-ci est à bout de souffle – sa femme le soupçonne d'hérésie, ses sœurs et certains de ses beaux-frères aussi, ses livres sont mis à l'index ; lassé de cette suspicion, il s'entiche de Mahomet : « On dirait, par moments, un dévot de l'islamisme ! » s'écrie son entourage. Comment échapper au conformisme de ses proches ? A ses compatriotes qui se conduisent comme des veaux ? A Virieu qui fait, lui aussi, la grimace ? « Ton fils ne pensera plus comme toi, et son fils comme lui... »

Que veut-il ? La France lui monterait-elle à la tête, cette France de 1789 que Lamartine décrit avec des accents à la Péguy : « Le Verbe s'est fait peuple [...] et ce

1. « Armoire ronde à pivot qui se trouve à la porte des hospices et où l'on dépose les enfants que l'on veut abandonner à la charité publique. » (Littré.)

peuple était la France [...] La France était la tragédienne en action du monde moderne », et dont il dit maintenant, dix ans avant tout le monde, qu'elle s'ennuie !

CHAPITRE XI

Ah ! Le flot monte, monte, monte !

La Chambre est dissoute ; le roi a abdiqué ; il est sur le chemin de Saint-Cloud, Mme la duchesse d'Orléans est régente. Ah ! Le flot monte, monte, monte !

VICTOR HUGO, *Choses vues,* 24 février 1848.

« Et maintenant, sur le portrait [...] au-dessus de la vaste cheminée tombe de quelque vieil arbre une ombre fantastique qui le fait pâlir et frémir et donne l'impression qu'un bras immense tient un voile ou un capuchon et guette l'occasion de l'en recouvrir[1]. »

La révolution de 1848 est cette ombre fantastique ; ce portrait, celui de Lamartine. Il est dans sa cinquante-huitième année, « droit, ferme, un peu raide [...] Sur son front accompagné de cheveux courts et grisonnants, la pensée apparaît fortement empreinte dans une pâleur marbrée [...] L'éclair du génie est tempéré par une douceur bienveillante ; la figure est empreinte de souffrance et de gravité ; la voix sonore [...] vibre avec sentiment ».

Le 24 juin 1847, Lamartine a quitté Paris en pleine

1. Charles Dickens, *Bleak House.*

gloire – la gloire de l'*Histoire des Girondins* – juste avant que ne s'ouvre, malgré l'opposition de la Chambre, la campagne des Banquets. Elle a pour but de soutenir la réforme électorale réclamée par l'opposition. Puisque l'on ne peut changer le régime de l'intérieur, roi, gouvernement et majorité s'opposant à tout, élargissons sa base électorale. Davantage d'électeurs donneront peut-être davantage de carrure à l'Assemblée.

Lamartine est favorable à la campagne des Banquets. Son *Histoire des Girondins* qu'il appelle son « tocsin de guerre » a sonné le branle-bas dans les coins les plus reculés de France. Michelet, Lamennais, Thiers, tous ces messieurs qui écrivent au même moment sur la Révolution française, cherchent à redonner du tonus aux Français. « Ce qui manquait le plus, surtout vers la fin, c'était la vie politique elle-même », écrit Tocqueville dans ses *Souvenirs*.

Redonner du tonus aux Français ? Le moyen d'y parvenir est surprenant : on s'attable. Et pourquoi s'attable-t-on ? Pour tourner la loi sur les réunions publiques. « Cette séance de 9 heures passées devant du dindon froid et du cochon de lait et dans la compagnie de mon serrurier qui me tapait sur l'épaule aux beaux endroits », ironise Flaubert dans une lettre adressée à Louise Colet en décembre 1847. Personne ne s'attend à rencontrer entre le dindon froid et la salade ce sale gibier, l'événement ! « L'événement, l'histoire est toujours injuste, dit Péguy-Clio, je le sais, moi l'histoire. »

« Tuileries de mes soucis »

« Le Roi est fou, a déclaré Lamartine en décembre dernier ; M. Guizot est d'une vanité enflée ; M. Thiers, une girouette ; l'opposition, une fille publique ; la nation, une géronte. » Et Chateaubriand, dans ses *Mémoires* qui ne paraîtront qu'après la chute du régime[1], parle de « royauté-cadavre [...] Philippe est un sergent de ville ; l'Europe peut lui cracher au visage, il s'essuie, remercie, et montre sa patente de Roi... »

La monarchie bat de l'aile sans se douter qu'elle bat de l'aile. « Huit mortelles années le même homme [Guizot] dans un fauteuil ministériel où 300 députés ont le désir éperdu de s'asseoir à leur tour », soupire Maxime Du Camp[2].

Juillet 1847, « par les routes et par la Saône, des milliers de souscripteurs descendent des voitures et débarquent de bateaux à vapeur (moteurs Schneider, dis-je) [...] Un dôme de toile a été dressé dans une enceinte de près d'un hectare. Les tables ont été disposées comme les rayons d'une immense roue dont le centre est formé par la table de M. de Lamartine[3] ». Pour ne pas risquer d'avoir des ennuis avec les autorités, on acclame « le merveilleux génie » qui préside cette réunion ; les femmes, en

1. La publication des *Mémoires d'outre-tombe* sera posthume ; elle commencera le 21 octobre 1848 (Chateaubriand est mort le 4 juillet) dans *La Presse*, sous forme de feuilleton.

2. *Souvenirs de l'année 1848*.

3. Maurice Toesca, *op. cit.*

costume du pays, applaudissent à tout rompre, mais qu'on ne s'y trompe pas, ce n'est pas le poète qu'on célèbre ici, c'est « le grand citoyen ». Lamartine se lève, les éclairs se succèdent – « Vous bravez les éléments pour entendre quelques mots de probité et de liberté » –, le dôme est arraché, le public stoïque reste debout sous des trombes d'eau jusqu'à la péroraison. Sans doute Eugène Schneider n'est-il pas dans cette foule...

L'automne et l'hiver se passent. Dame Rumeur veut que toutes les monarchies d'Europe aillent plutôt mal – non seulement la nôtre, la « monarchie-municipale », comme l'a baptisée Chateaubriand, mais la Prussienne, l'Autrichienne, la Bavaroise, même la Pontificale; rois, empereurs, grands-ducs sont de plus en plus souvent caricaturés en ânes ou en chiens, entourés de corbeaux; atteints de surdité, ils tournent le dos ou rebroussent chemin. Même la Suisse, qui est une république, va mal : elle donne asile aux révolutionnaires de tout poil, des querelles religieuses la déchirent[1], ses montagnes prennent une petite allure de volcans...

L'édifice du Congrès de Vienne branle dans le manche. Trente ans, ça suffit! *Les Hauts de Hurlevent* paraissent cette année-là en Angleterre, mais Proudhon écrit: « La littérature ne produit plus rien; la France dégringole à tire-d'aile; elle est comme l'animal qu'on vient de faire saillir... il se couche et il s'endort. »

Aux prises avec la « grande idée de l'infini », la France mange du dindon froid! Du moins celle qui mange, parce qu'il y a aussi celle qui ne mange pas! Qui ne vote pas.

---

1. 1847-1848, guerre dite du Sonderbund opposant les cantons catholiques aux cantons protestants. L'Europe et plus particulièrement la France interviennent en armant les partisans du parti catholique et conservateur du Sonderbund.

Qui bat de la semelle ou qui croupit en prison. « La Seine est prise, note Victor Hugo. On patine sous le pont des Arts. » Dans les salles de rédaction, on discute politique à en perdre haleine. Armand Marrast dirige *Le National*, Flocon *La Réforme*, tout le futur Gouvernement provisoire est là. Il y a eu soixante-dix banquets pendant les trois derniers mois de 1847 ; on a parfois refusé de porter un toast au roi et aux institutions ; on a beaucoup parlé de la duchesse de Praslin « déchiquetée, tailladée par le couteau, assommée par la crosse du pistolet »... du duc, son mari, qui a fait ensuite du feu pour brûler sa robe de chambre. Je lui ai dit (c'est Victor Hugo qui s'adresse au comte de Noé) : « – Il avait quelque chose à brûler, ce n'était pas sa robe de chambre, c'était sa cervelle[1]. »

La Chambre s'est réunie le 28 décembre 1847, Lamartine siège à sa place habituelle, la première place du premier banc, à l'extrême droite. Le roi a fustigé les organisateurs des banquets, les a traités d'hommes excités par des passions « aveugles » ou « ennemies ». Justement, le comité central des électeurs de la Seine a décidé de clore la campagne en faveur de la Réforme en organisant, le 19 janvier 1848, un dernier banquet à Paris, dans le douzième arrondissement. C'est celui-ci, reporté, changé d'arrondissement, puis interdit, qui figure dans les dictionnaires comme étant le détonateur de la révolution de 1848. Lamartine déclare : « La place de la Concorde dût-elle être déserte [en raison de l'interdiction du banquet], tous les députés dussent-ils se retirer de leur devoir, j'irai seul au banquet avec mon ombre derrière moi. » Le bras immense qui tient le voile ou le capuchon au-dessus de son portrait est brandi.

1. *Choses vues*, 20 août 1847. Le duc de Praslin s'empoisonnera.

Schneider d'Autun

C'est la troisième fois qu'il écoute le roi s'adresser aux élus. Chaque année, au mois de janvier, il reçoit une invitation ainsi conçue : « Palais des Tuileries, le... L'Aide-de-Camp de service près du *Roi*, et Mme la Mise de Dolomieu, dame d'honneur de la *Reine*, ont l'honneur de prévenir monsieur Schneider d'Autun qu'il est invité au Bal qui aura lieu au Palais des Tuileries le mercredi [...], à 8 heures. Les hommes seront en uniforme ou en habit habillé. Ce billet devra être remis à l'huissier de service. »

Nul doute qu'il ne s'y rende, comme son frère s'y rendait avant lui, lui faisant parfois un compte-rendu surprenant de cette fête : « Au bal de la Cour, j'ai fait un effet merveilleux... » Ce jour-là, le roi se montre à ses députés ; si on lui parlait – mais on ne parle jamais à un roi, c'est lui qui adresse la parole à ses sujets – on lui parlerait de ce qui agite en ce moment l'opinion, les mariages espagnols, la mort de l'impératrice Marie-Louise à Parme, la campagne des Banquets et lui répondrait ce qu'il répond toujours quand il ne sait pas quoi dire, qu'il « mène son fiacre ».

Tocqueville n'a pourtant pas mâché ses mots à la tribune en ce début d'année 1848 : « Messieurs, permettez-moi de vous dire que je crois que vous vous trompez. Sans doute, le désordre n'est pas dans les faits, mais il est entré bien profondément dans les esprits. Regardez ce qui se passe au sein de ces classes ouvrières [Eugène Schneider tend l'oreille] qui, aujourd'hui, je le reconnais, sont tranquilles. [Eugène Schneider se replonge dans la lecture de l'*Eduen*] [...] ne voyez-vous pas que leurs passions, de politiques, sont devenues sociales ? Ne voyez-vous qu'il se répand peu à peu dans leur sein des opinions, des idées, qui ne vont point seulement à renverser telles lois, tel ministère, tel gouvernement même, mais la société [...] ? N'entendez-vous pas qu'on y répète sans cesse que tout ce qui se trouve au-dessus d'elles est incapable et indigne de les gouverner ; que la division des biens faite jusqu'à présent dans le monde est injuste ; que la propriété repose sur des bases qui ne sont pas les bases équitables ? Et ne croyez-vous pas que, quand de telles opinions prennent racine, quand elles se répandent d'une manière presque générale [...] elles doivent amener tôt ou tard [...] les révolutions les plus redoutables ? [...] Je crois que nous nous endormons à l'heure qu'il est sur un volcan [...][1]. »

Les députés de la majorité ont haussé les épaules en écoutant l'orateur ; ceux de l'opposition ont applaudi ; aucun n'a changé de conviction. A chaque session, on leur chante la chanson de la catastrophe, de la grande conjonction de l'injustice, de l'absence de droits civiques et du mécontentement populaire. Comment le feu prendrait-il alors qu'ils occupent la maison ? Il n'y a que 200 000 électeurs en France et 436 députés aux « pensées amenuisées »...

Après le bal de la Cour et malgré le froid de loup, Eugène Schneider a regagné Le Creusot. Est-il soucieux ? Oui, sans doute, la mort de son frère lui a laissé toute sa famille sur les bras et sans cesse on lui rappelle ses charges et ses devoirs. Quand Eugène Schneider emprunte ce triste chemin sur lequel son frère s'est tué, il a

1. *Souvenirs*, Discours prononcé le 27 janvier 1848 à la Chambre.

le cœur déchiré. Pourquoi cette chute ? Pourquoi cette pierre placée en travers de sa vie ? Un an avant sa mort, Adolphe lui avait écrit : « Quant aux plaisirs j'en ai peu en voyage, toujours pressé, toujours en courses, je ne jouis ni du pays, ni des habitants, mais patience il arrivera un temps j'espère où je pourrai un peu me reposer[1]. »

A la raison sociale Schneider Frères a succédé Schneider et Compagnie. Très vite, Eugène Schneider s'affirme capable de rester seul maître à bord. Dix ans plus tôt, son frère et lui ont pris la direction de cette affaire avec 10 % du capital (8 des 80 actions initiales) et 15 % de rémunération pour eux deux, les gérants. Eugène Schneider ne voit aucune raison pour que la mort d'Adolphe modifie la situation et pour mieux en imposer aux Seillière, il chausse tout de suite ses bottes de député. Il a tout juste quarante ans.

En 1846, l'économie se met à trembler de fatigue. Comme un vieux cheval ! L'hiver a été calamiteux : trop de pluie, trop de neige, le vent qui souffle ; le printemps est pourri, les épis ne mûrissent pas, les pommes de terre sont malades. Les prix s'envolent. Les gens ont faim et accourent à la ville. A la ville, on débauche : dans l'industrie textile, dans les chantiers de chemins de fer, dans les charbonnages et la métallurgie. Le gouvernement est obligé d'emprunter à M. de Rothschild, le particulier s'endette et la Garde nationale, composée majoritairement de petits bourgeois, s'indigne de ne pas voter.

Adolphe Blanqui, économiste libéral, frère d'Auguste, rédige un traité sur les classes ouvrières qui effraye tant l'Académie des sciences morales et politiques, dont il est

1. 1er septembre 1834, *La Banque Seillière-Demachy. Une dynastie familiale au centre du négoce, de la finance et des arts. 1798-1998.*

l'un des membres, qu'elle refuse de le publier. En Saône-et-Loire, la situation n'est pas plus brillante qu'ailleurs. Eugène Schneider se collette à des faits : il a beau traîner un « amour énorme » pour son Creusot, son sol est pauvre en matières premières ; il faut faire venir d'ailleurs fer et charbon, d'Algérie même ; les gens s'empilent – avec la crise, ils inondent les rues. Comment arriver à faire disparaître ou à tenir en lisière les patronnes de bistrots, les bordels, tout ce qui accompagne le Far West et qui peut se révéler un vrai fumier en cas de famine. On en est encore à construire des « casernes » pour loger les ouvriers et ce n'est que depuis 1841 que les enfants de moins de huit ans n'ont théoriquement plus le droit de travailler...

Lamartine, lui, voit haut, il voit toujours haut : « Dieu un et parfait pour dogme, la morale éternelle pour symbole, l'adoration et la charité pour culte. » Après les vivats du banquet de Mâcon offert à l'auteur des *Girondins*, il se rend aux bains de mer, à Marseille ; des ouvriers le couvrent de fleurs et le portent en triomphe jusqu'à son hôtel. Le poète est nerveux, il jette par terre la gerbe qu'on lui a remise : « Voilà pourtant à quel prix s'achète la popularité ! » soupire-t-il devant le poète Autran qui l'accompagne[1].

Le 5 janvier 1848, Abd el-Kader rend son sabre au général Lamoricière. « Quand il s'est rendu, note Victor Hugo, il avait les jambes écorchées par les broussailles. »

1. Maurice Toesca, *op. cit.*

Illuminez ! Illuminez !

Le banquet de Paris destiné à clore la campagne des Banquets est comme un monstre dont on bourre les narines de persil. Comme une gigantesque tête de veau que les rédactions décorent, que les défilés et les pétitions entourent ; autour de laquelle les enfants des écoles sont conviés à danser sous l'œil bienveillant de la Garde nationale.

Ce tohu-bohu semble effrayer davantage l'opposition que le gouvernement. Les journalistes du *National*, de *La Réforme*, ceux de *La Presse* rajoutent à qui mieux mieux thym, oignons, rumeurs, tant et si bien que le banquet est annulé, stoppé net dans son envol, ce qui est regrettable quand on a autant de discours à prononcer et de fourmis dans les jambes.

Il pleuvote et il vente ce mardi 22 février, date à laquelle le monstre devait sortir. La Garde nationale[1] s'est mollement habillée ; cependant Paris est plein de soldats. « M. Decazes a été opéré hier de la pierre, note Victor Hugo, dans *Choses vues*. Il n'a pas voulu de chloroforme. » Les Parisiens non plus ne veulent pas de chloroforme, ils veulent la Réforme. « La veille même des événements, écrit Tocqueville dans ses *Souvenirs*, madame de Lamartine étant venue voir madame de Tocqueville, lui montra une anxiété extraordinaire [...]. » On quitte Paris, toutes

1. La loi appelle tous les citoyens valides de 20 à 60 ans, payant une contribution foncière, à en faire partie.

sortes de canailles y rentrent, murmure-t-on. Flaubert, en compagnie de Louis Bouilhet, accourt de sa Normandie pour voir l'émeute « du point de vue de l'art ». Car le bruit court déjà qu'il y a du rififi dans l'air : des municipaux à cheval s'énervent, chargent des barricades qui se construisent, le feu prend à des corps de garde. La princesse de Ligne donne un grand bal ce soir-là ; toute l'après-midi, le colonel des cuirassiers-chasseurs qui gardent le Palais-Bourbon a fait jouer de la musique ; on entend de drôles de pétarades du côté des Batignolles.

La nuit se glisse entre le 22 et le 23 février, Courbet et Baudelaire se moquent bien des municipaux qui chargent à cheval – ils ont vingt-sept ans, comme Flaubert[1] –, ils jettent des pierres sur tout ce qui porte un uniforme ; à côté d'eux, un soldat passe sa baïonnette dans le corps d'un fuyard, ce qui ralentit un peu leur ardeur. La nuit est à peu près calme ; le roi dort, l'encre des journaux sèche à peine, les fiacres sont remisés – les cochers ont peur qu'ils soient renversés ; les troupes, elles, sont sur les dents, car le gouvernement a décidé de jouer demain le grand jeu de la répression.

Trop tard ! On dirait qu'un dieu a tout détruit dans la nuit : la Garde se réveille réformiste lorsque les invités de la princesse de Ligne vont se coucher ; les femmes nourrissent les soldats, le tambour bat dans tous les quartiers. Atterré par la volte-face de sa Garde, le roi demande à Guizot de s'en aller. « Huit mortelles années du même homme » s'en vont. On lui trouve un successeur, Molé. Le général Aupick, commandant de l'Ecole polytechnique, consigne ses élèves ; son beau-fils, Charles Baudelaire, arpente les rues, un fusil à la main, en hurlant qu'il veut le tuer. On met le feu aux chaises des Tuileries

1. Baudelaire et Flaubert sont nés en 1821, Courbet en 1819.

– on a déjà fait ça en 1830, lors des Trois Glorieuses[1] ; quand le jour tombe, on allume des lampions aux fenêtres en criant : « Illuminez ! Illuminez ! »

Tout le monde est dehors, le dieu aussi ; il est au bout du fusil d'un sergent corse, du nom de Giacomoni[2], qui fait feu sur un cortège de manifestants se dirigeant vers le ministère des Affaires étrangères, boulevard des Capucines, qu'habite Guizot. Il y a une histoire de lanterne qu'on aurait approchée du visage d'un colonel, le sergent corse a-t-il cru qu'on voulait attenter à la vie de son supérieur, toujours est-il qu'au premier coup de feu tiré, les deux compagnies du 14e de ligne qui barrent le boulevard ripostent. « C'est un feu de peloton, dit Flaubert. Es-tu fou, lui répond Maxime Du Camp, ce sont des enfants qui font partir des pétards. » Quelques secondes plus tard, il y a quarante morts sur le pavé, qui ne s'inquiètent plus de rien. Vingt ans après, dans *L'Education sentimentale*, Flaubert revit la scène : « Pareil au craquement d'une immense pièce de soie qu'on déchire » : c'est le bruit de la fusillade du boulevard des Capucines entendu par Frédéric Moreau qui se promène rue Caumartin, la Maréchale à son bras.

La promenade des cadavres

Ces morts, on les dessine aussitôt, nus, saignants, empilés dans des charrettes qu'on tirera toute la nuit à la

---

1. 27, 28, 29 juillet 1830. Cette insurrection parisienne mit fin au règne des Bourbons.

2. Maxime Du Camp dans *Souvenirs de l'année 1848* prétend l'avoir identifié comme l'auteur du coup de feu qui déclencha la fusillade du boulevard des Capucines.

lueur des torches. C'est le très nécessaire enfantement d'une révolution. Le lendemain, Louis-Philippe est en fuite – « il fut terrassé avant d'avoir compris », dit Tocqueville ; on tire au fusil les ramiers du jardin des Tuileries, les domestiques jettent leurs livrées par les lucarnes du palais ; dans un formidable brouhaha, la régence de la duchesse d'Orléans est refusée par la Chambre. Lamartine lui dit courtoisement que les Orléans ont suffisamment peuplé comme ça les rêves des Français. Toujours dans la plus grande confusion, un gouvernement provisoire est proclamé, Lamartine lit à la tribune le nom des sept députés qui le composent – il y détient le portefeuille clé, celui des Affaires étrangères – puis se précipite à l'Hôtel de Ville où le volcan de la révolution fait des siennes, crache des noms (qui ne sont pas ceux déjà retenus), des idées, des tractations sans queue ni tête, des empoignades, des candidatures fantaisistes. La République est proclamée « sauf ratification par le peuple qui sera immédiatement consulté ». Le peuple est partout, aux Tuileries, au Palais-Bourbon, dans les rues, il regarde choir la royauté d'un œil guilleret, il a soif, il a faim, il n'a jamais sommeil. A l'Hôtel de Ville, on dort quelques heures dans la poussière, à même le sol, le pistolet sous la tête.

Le lendemain, 25 janvier, la foule se charge de réveiller l'inspiration. On marche sur des milliers de morceaux de verre et de porcelaine brisés lors du pillage des Tuileries – ça craque comme du givre ; Victor Hugo cherche son fils, Hussonnet compose un compte-rendu lyrique des événements pour le *Journal de Troyes*, Frédéric Moreau veut en être et plante là Rosanette. Sur la place de l'Hôtel de Ville, tout est rouge : un drapeau rouge enveloppe la statue d'Henri IV, les foulards des manifestants sont rouges, leurs bonnets, leurs cocardes, leurs brassards, leurs ceintures ; les esprits sont portés à l'incandescence. Lamartine bondit, c'est son heure, lui seul est blanc devant cent mille personnes. Que fait-il ? Il les embrasse, il les caresse, il leur passe sur la tronche des mots retentissants, il leur donne, dit-il, quelque chose d'indépassé et qu'il brandit à bout de bras dans la brume rougeâtre, elle aussi, de ce matin d'hiver : le drapeau tricolore ! Ce drapeau qui « a fait le tour du monde, contrairement au drapeau rouge qui n'a fait que le tour du Champ-de-Mars, traîné dans le sang ! » Ce drapeau tricolore « avec le nom, la gloire et la liberté de la patrie ! »

Voici comment un an après, il se décrit – parlant de lui-même à la troisième personne : « Il avait ses vêtements en lambeaux ; col nu, les cheveux ruisselants de sueur, souillé de la poussière et de la fumée ; plus porté qu'escorté par des groupes de citoyens, d'élèves des écoles, qui s'étaient attachés à ses pas sans qu'il les connût[1]. »

Ça y est, le pont de l'immortalité est franchi ! Les croquis pleuvent, les tableaux peignent le poète qui vient de l'enjamber, le bras tendu, devant cent mille personnes d'un seul coup noyées d'amour. « Vingt fois, pendant ces heures critiques, écrit Daniel Stern, la vie de Lamartine dépendit d'un mot, d'un regard. L'électricité révolutionnaire dont son organisation nerveuse s'était tant imprégnée depuis vingt-quatre heures, son attitude fière, l'abondance et la souplesse de sa parole, tour à tour impérieuse et caressante, exerçait sur le peuple une séduction à laquelle les plus endurcis cherchaient vainement à se soustraire[2]. »

---

1. *Histoire de la Révolution de 1848*, Bruxelles, F. Michel, libraire éditeur, 1849.
2. *Histoire de la Révolution de 1848*, par Daniel Stern, alias Marie d'Agoult, Charpentier, 1862.

Pendant ce temps-là, boulevard des Capucines, une main a entouré à la craie les flaques de sang de la fusillade de l'avant-veille et écrit ces mots : sang des victimes du despotisme.

CHAPITRE XII

Toute la terre libre !

« Plus de rois, comprenez-vous ! Toute la terre libre ! Toute la terre libre ! » s'écrie Dussardier dans *L'Education sentimentale.* Toute la terre libre ! reprennent en chœur des milliers d'individus cachés derrière le rideau tiré à Vienne en 1815 et qui se relève à Vienne en mars 1848, avec le même homme au pouvoir – Metternich –, avec une vie toujours semblable, alors que les Français ont pris le mors aux dents ! « Que dut penser l'Europe monarchique et aristocratique, s'exclame Daniel Stern, en entendant tout à coup résonner à ses oreilles cette nouvelle incroyable : les Français viennent de chasser la dynastie d'Orléans et ils ont choisi pour les gouverner un poète lyrique, un avocat radical, un astronome et un prolétaire[1] ! »

Le feu d'artifice éclate partout à la fois, en Sicile, à Venise, Budapest, Milan, Dublin, Munich, Berlin, Vienne. L'Europe est comme ivre en ce printemps 48, tout le monde reprend en chœur le mot constitution destiné à terrasser le despotisme. Wagner, qui est *Hofkapellmeister*, à

1. Lamartine, Ledru-Rollin, Arago, Albert.

trente-cinq ans, à la cour de Dresde, dirige son orchestre avec une baguette dangereusement contestatrice !

Lamartine n'a réussi à gagner son ministère des Affaires étrangères qu'au bout de six jours. Le boulevard des Capucines est à la fois le Quai d'Orsay et Matignon ; Guizot, qui y habitait jusqu'à sa destitution, cumulait les fonctions de Premier ministre et de ministre des Affaires étrangères ; il y a laissé toutes ses affaires en s'enfuyant. La première semaine de la révolution a été confuse, on campait à l'Hôtel de Ville ; quand on tentait de s'en éloigner, tout le monde se jetait sur vous, vous faisait passer un billet, vous suppliait à propos de ci ou de ça. Les attributions n'étaient pas claires : Caussidière, le préfet de police, s'est emparé de sa préfecture « le fusil en main, le pistolet à la ceinture, le sabre retenu au côté par une grosse corde rouge » ; quand le ministre de la Guerre – il s'agit quand même du général Subervie, ancien officier de l'Empire – a voulu s'installer dans son fauteuil ministériel, il y a trouvé assis un certain M. Esprit, fournisseur aux Armées, qui refusait de lui laisser la place !

Gouvernement provisoire ou gouvernement improvisé ? Entre les salles de rédaction qui ont désigné certains de ses membres comme Caussidière ou Sobrier dépêchés par *La Réforme* pour occuper la préfecture de police, d'autres qui se sont servis tout seuls, tel Etienne Arago, frère de l'astronome, qui s'est approprié les Postes et, dès le premier soir de la nouvelle république, a envoyé à l'Hôtel de Ville le billet suivant : « Citoyens, gouvernants, le service de la poste pour les départements sera fait ce soir comme à l'ordinaire[1] », et « différentes personnes proposées par je ne sais qui, écrit Tocqueville, pour faire partie du Gouvernement provisoire qui venait

1. Inès Murat, *La Deuxième République*, Fayard, 1987.

d'être décrété on ne sait comment », la confusion est extrême. C'est à qui s'emparera des places, des armes, des journaux, occupera le devant de la scène – l'Hôtel de Ville sert d'opéra, de mur des lamentations, d'urinoir, de bal populaire : les collégiens manifestent parce qu'ils ne veulent plus apprendre le grec, les maraîchers travailler les jours de pluie, les cochers de fiacre vivre fraternellement avec leurs collègues étrangers ; les épiciers désirent être désormais appelés dépositaires de denrées coloniales, les porteurs des Halles ne peuvent plus voir en peinture les forts des Halles et les huissiers exigent d'être promus officiers ministériels ; en outre, les protestations affluent de toutes parts, parce que les demoiselles de petite vertu fleurissent sur le pavé parisien comme de la lavande en juillet ! Et nous ne sommes qu'en février !

M. de Lamartine est au-dessus de cette mêlée ; il est le *primus inter pares*, l'inspirateur de ce nouveau régime, sa caution morale ; l'ami de l'ambassadeur d'Angleterre à Paris, lord Normanby[1], qu'il rassure de son mieux, de Rodolphe Apponyi, le secrétaire de l'ambassade d'Autriche, de l'ambassadeur de Belgique, le prince de Ligne ; sous les fenêtres de son ambassade, les manifestants qui défendent la cause des indépendantistes belges dansent tous les soirs la carmagnole[2].

Car la France a maintenant l'Europe sur les bras ! Des milliers de réfugiés rongent leur frein à Paris, des centaines de Savoyards font de même à Lyon, des individus qui se baptisent « les volontaires de la Légion démo-

1. « Lord Normanby est un homme d'une cinquantaine d'années, de haute taille, blond [...] Il a été vice-roi d'Irlande et ministre de l'Intérieur en Angleterre. Il est auteur de deux ou trois romans de *high-life* [...] Il parle français avec difficulté et avec esprit. » (Victor Hugo, *Choses vues*.)

2. En Belgique règne Léopold Ier, gendre de Louis-Philippe.

cratique » enrôlent d'autres volontaires pour Berlin, Bakounine vole au secours de la Pologne, les colons des colonies françaises demandent confirmation de la possible émancipation des Nègres et, en cas de confirmation, qui les indemnisera de leurs esclaves. « Lamartine ne se faisait aucune illusion sur l'avenir, écrit-il, parlant comme d'habitude de lui-même à la troisième personne [...] Il tenait seul les fils de l'Europe. »

Les fils de l'Europe

Car tout ne va pas pour le mieux dans le meilleur des mondes possibles. Le tsar, apprenant les nouvelles de France, aurait jeté à ses aides de camp : « A cheval, Messieurs ! » Des généraux prestigieux, comme Windischgraetz ou Radetsky, ne demandent pas mieux que d'en découdre avec les excités des idées nouvelles, les mouvements slaves de se jeter sur les Magyars, les Polonais sur les Allemands de Posnanie, les Croates sur les Hongrois. Dans l'Europe de ce milieu du XIXe siècle, peu de pays sont géographiquement dessinés, la plupart ont changé de frontières au gré des guerres, des mariages, des traités ; l'histoire a dispersé la géographie, c'est-à-dire les minorités, à tous vents ; religions, races, langues passent par des états successifs d'espoirs et de répressions ; parfois une étincelle suffit pour mettre le feu aux poudres. Ces pays qui n'en sont pas, ces provinces qui veulent être davantage, tournent autour de deux pôles : la monarchie de Vienne à l'ouest, la Russie et l'Empire ottoman à l'est.

Que fait Lamartine ? Il écrit aux agents de la République française en poste à l'étranger une lettre circulaire rendue publique le 4 mars. De la Sibérie à l'Angleterre, il déploie son panache blanc et il déclare : « La République a prononcé en naissant et au milieu de la chaleur d'une lutte non provoquée par le peuple, trois mots qui ont révélé son âme et qui appelleront sur son berceau les bénédictions de Dieu et des hommes : liberté, égalité, fraternité. »

Qu'est-ce qu'il nous baille là ? Sa circulaire est-elle une plante irréelle de paix ? Un éclat du cerveau évangélique du ministre ? Ou bien, comme l'écrira plus tard Odilon Barrot : « Une grande pompe de mots et d'images pour masquer au fond beaucoup de prudence[1] » ?

Car la France est isolée : la mue européenne s'effectue grâce à elle, soit, elle fait danser jusqu'aux Ruthènes, soit, mais la diplomatie n'agit pas qu'au son des violons. Lamartine a rencontré lord Normanby à plusieurs reprises ; sans doute ont-ils concocté ce texte ensemble. Il a pour but de rompre l'isolement de la France – tous les gouvernements n'ont pas envie de bals populaires à gogo – et de lui obtenir la neutralité bienveillante de l'Angleterre, malgré la présence de Louis-Philippe à Londres, bientôt rejoint par Guizot et Metternich.

Les traités de 1815 n'existent plus aux yeux de la République, déclare la circulaire, cependant on ne touchera pas aux circonscriptions territoriales de ces traités. La République française ne brillera que par l'exemple et ne se livrera à aucune propagande chez ses voisins – l'avertissement est clair. Si les rapports franco-anglais se sont détériorés ces derniers temps, la faute en revient au précédent gouvernement. « Je veux la paix ! Je voudrai la paix, je mettrai la paix dans la République, ou je périrai ! » déclare le nouveau ministre.

1. *Mémoires posthumes.*

Vous qui lisez dans le sein de Dieu

Tout le monde se mêle de tout dans cette jeune république, ce qui ne facilite pas la tâche des gouvernants. Ledru-Rollin, ministre de l'Intérieur, se mêle de financer les volontaires pour Berlin, tandis que Marx, que le Gouvernement provisoire a invité à revenir en France, interdit aux siens de s'enrôler dans la Légion démocratique de ces riens du tout ! Mme Sand fait la pluie et le beau temps à l'Intérieur ; elle a jeté ses gants aux orties – « Je ne porte jamais de gants parce que, étant fille du peuple, j'en ai les habitudes » – et multiplie lettres à la population, bulletins aux maires, adresses au ministère de l'Instruction publique. Balzac dit d'elle, en s'adressant à Mme Hanska et sans prendre, lui non plus, de gants : « Avouez que quand un con gouverne (pardonnez-moi cette énergie), il est plus affreux qu'une tête. »

George Sand est plutôt en bons termes avec Lamartine, mais elle le trouve mou : « Vous ne songez qu'à éviter une révolution, lui écrit-elle, l'effusion de sang, les violences, un avènement trop prompt de la démocratie aveugle et barbare sous bien des rapports. Je crois que vous vous exagérez, d'une part, l'état d'enfance de cette démocratie, et que, d'autre part, vous doutez des rapides et divins progrès que ses convulsions lui feraient faire. Pourquoi en doutez-vous, vous qui lisez dans le sein de Dieu ? »

Lamartine a bien étudié les Girondins poussant « toujours sans savoir à quoi ». Il refuse l'aventurisme ;

l'Italie et la Suisse sont les deux seules aires géographiques où il se soit gardé la possibilité d'intervenir (jusqu'en 1871 l'Italie empoisonnera les rapports de la France avec le reste de l'Europe). Et comme tout le monde dit et fait n'importe quoi, il convient d'incarner la prudence. Hetzel, son directeur de cabinet, exige des ordres écrits ; Charles Hugo, fils de Victor Hugo, que Lamartine a engagé comme attaché de cabinet, est chargé de recevoir une nuée de plaideurs qui défendent tous la bonne cause. Pour le compte du ministère de la Marine et des Colonies, Victor Schœlcher prépare l'acte d'émancipation immédiate, « considérant que nulle terre française ne peut plus porter d'esclaves », mais, des caïds arabes d'Alger aux Maures du Sénégal, en passant par les parents de Leconte de Lisle à la Réunion, beaucoup d'intérêts sont en jeu et les planteurs ne l'entendent pas de cette oreille.

« La République, écrit Lamartine dans sa *Lettre aux puissances européennes*, n'a pas besoin d'être reconnue pour exister. Elle est de droit naturel [...] Elle est la volonté d'un grand peuple qui ne demande ses titres qu'à lui-même. » Voici de quoi clouer le bec à ses adversaires du dedans comme du dehors !

Qui sont-ils, ces adversaires du dehors ? Une quantité de cours, de courettes, de petits et de grands duchés, de royautés de toutes pointures, certaines attendant de prendre le pas sur les autres, comme la Prusse ou le Piémont, d'autres de la taille d'une loge d'opéra... Jugez un peu de l'Italie en ce temps-là : trois royaumes, un grand-duché, deux duchés, des Etats pontificaux ! Et si vous ne me croyez pas, relisez *La Chartreuse de Parme*, Fabrice passant son temps à franchir des frontières, à fuir les sbires de celui-ci et les préfets de police de celui-là ! L'Allemagne de 1848 c'est trente-huit Etats monarchiques et villes libres, fleurons de l'art hanséatique, une panique d'arcs-en-ciel, et dans l'Empire austro-hongrois, quel embrouillamini de fuseaux horaires !

Derrière cette confusion apparente, peu de mains, mais des mains de fer ! En Russie, les prisons ne sont pas accueillantes ; à Vienne, le prince de Metternich ressemble de plus en plus à la statue du Commandeur – il a soixante-quinze ans ; à Berlin, « les choses vont au plus mal », se plaint le critique d'art Friedrich Theodor Fischer qui parle de l'Allemagne comme du « pays qui donne le plus de prise à la satire et par conséquent la prohibe avec d'autant plus de sévérité ».

La Grande-Bretagne est la plus moderne de toutes les nations, elle a libéré ses esclaves depuis dix-huit ans (mais les Irlandais meurent de faim et s'exilent en masse). Elle a coupé l'herbe sous le pied de ses contestataires chartistes en effectuant à temps des réformes, elle est gouvernée par une reine, la reine Victoria, qui, en 1848, n'a pas trente ans ! Lord Normanby, son ambassadeur, ne cessera d'arpenter les rues de Paris pendant la révolution ; son mollet élastique nous vaudra des mémoires ; il est l'ami de Lamartine qu'il laissera choir avec grâce, le temps venu : « Honnête homme, doué de talents extraordinaires, d'un courage personnel indomptable [...] qui, à un moment critique, a commis une erreur [...] en compromettant pour toujours la position que son nom occupe dans l'histoire de son pays[1]. »

Richard Rush (on dirait un nom inventé !), le ministre américain à Paris, porte toujours sur son cœur un portrait de La Fayette ; aussi embrasse-t-il la Seconde République naissante sur les deux joues avant même que son gouvernement à Washington ne soit informé de son exis-

1. *Une année de révolution*, Paris, Plon, 1858.

tence ! Il présentera officiellement ses lettres de créance au nouveau gouvernement français, le 26 avril, boulevard des Capucines, alors qu'il l'a reconnu de sa propre autorité le 26 février, soit deux mois avant !

Le progrès-sorcière

Pendant ce temps, Eugène Schneider fabrique des rails, il vend même les trois quarts de sa production de fers sous cette forme. Mais, depuis quelque temps, il se demande si fabriquer des rails, ce n'est pas aussi fabriquer des révolutions, des exils ! Si les coques en fer des bateaux qu'il construit à Chalon-sur-Saône ne vont pas servir à des fins moins pacifiques que le transport des passagers d'Arles à Lyon ! Insurrections, proclamations, constitutions, qu'est-ce qui leur prend à tous de se coucher sur des rails ou de les déboulonner ? D'ériger en barricade tout ce qui leur tombe sous la main ? De se laisser pousser la barbe ?

Ce qui leur prend, c'est la soif de progrès ! « Le progrès-sorcière », comme dit Queneau. Le besoin de marcher jusqu'à mi-jambe dans les débris de porcelaine et dans les cristaux de l'Ancien Régime ; de briser des statues, de défenestrer des ministres, mais aussi de s'étriper. « L'Europe était un chaos, écrit Henri Martin, les partis et les peuples se ruaient de toutes parts les uns sur les autres, ceux-ci pour conquérir leur liberté, ceux-là pour maintenir ou usurper la domination sur autrui, tout en s'affranchissant de leurs propres maîtres[1]. »

1. *Histoire de France,* Paris, Furne, Jouvet et Cie éditeurs, 1881.

Les uns sont en blouse grise, coiffés d'un chapeau à la Robin des bois, les autres arborent un plumet et une cocarde, ils brandissent des drapeaux, des balais, des fusils ; grâce à la lithographie qui colorie tout maintenant, on sait que les troupes du général Windischgraetz sont en uniforme rouge et grâce à la presse qui répète tout, que ce même général a dit : « Les Tchèques ont la tête dure, on doit donc leur taper dessus ! »

Qui sont ces gens qui s'appellent Mickiewicz, Mazzini, Garibaldi, Daniele Manin, Kossuth, Hecker, Robert Blum dont les visages (tous barbus) s'encadrent dans les fenêtres à ogives ou à meneaux de Palerme, de Rome, de Milan, de Prague, de Bucarest ou de Berlin ? Qui, comme dans le *Magnificat*, dispersent les superbes, renversent les puissants de leur trône, élèvent les humbles et renvoient les riches les mains vides ? Et qui est ce Louis-Napoléon Bonaparte vivant en Angleterre qui débarque à Boulogne-sur-Mer le 27 février et saute dans un train pour Paris ?

Tout cela est en partie de la faute d'Eugène Schneider, de l'accord qu'il a signé avec les Wendel en 1844 pour vendre du rail, et du rail, et du rail ! De son lobbying intense pour relier Paris à Leipzig, Strasbourg à Bâle, Vienne à Bruxelles. Non seulement les individus voyagent, mais les images voyagent, les caricatures voyagent. Partout c'est la même déculottée des rois, la même fraternité des mains usées par le travail, la même gorge enrouée par les chants patriotiques. Comment arrive-t-on à savoir aussi vite que les républicains de Neuchâtel ont chassé du pouvoir les conservateurs, que le prince de Metternich s'est enfui de Vienne dans une voiture de blanchisseuse, que le Christ Rédempteur arbore désormais les traits de Garibaldi ?

Les monarchies ont beau faire, l'information, comme

un jubé, enjambe désormais l'Europe. Le télégraphe existe, le vieux, celui de Chappe, que l'humoriste genevois Töpffer s'ingénie à détraquer en faisant grimper son chien sur l'une de ses tours, et l'autre, le télégraphe électrique, qui fonctionne déjà dans des pays modernes comme l'Angleterre ou l'Amérique. L'ère du monde fini commence. Se dit-il, Eugène Schneider, qu'il fait partie de ces apprentis sorciers qui ont invité l'Europe à scier ses barreaux ? Regrette-t-il la monarchie de Juillet ? Croit-il, comme Caussidière, que « la maladie de l'intérêt matériel a été inoculée aux Français par cette monarchie » ? Mais comment pourrait-il le croire, puisque sa femme lui reproche de souffrir de cette même maladie et d'en faire souffrir les autres !

Des émeutes d'amour

Les notaires ont retiré leurs écussons des entrées d'immeuble, les files de chômeurs s'allongent comme si les premiers rangs restaient coincés dans les portes des mairies, on saccage des gares faute d'avoir autre chose à se mettre sous la main. Lamartine fait face à la confusion quotidienne avec sang-froid. Il est végétarien, ne pas manger lui est égal, ne pas dormir, il s'y habitue, la seule chose dont il ne peut pas se passer, c'est de l'adoration des foules. « Je ne puis être aperçu nulle part sans une émeute d'amour », écrit-il le 20 mars à sa nièce Cessiat. Sa popularité lui donne du courage, ce courage qui lui a permis le 24 février d'écarter d'une main la régence de la duchesse d'Orléans et de l'autre de fournir à la famille royale de l'argent pour s'enfuir ; de placer des hommes à lui dans toute l'Europe, Circourt à Berlin, Jussieu de Senevier à Livourne, Emmanuel de Cessiat à Varsovie, Charles Didier à Rome. Dans ce gouvernement d'amateurs, Lamartine est un professionnel. Il connaît le personnel diplomatique, le mécanisme des préséances et des susceptibilités ; il a lu les papiers que Guizot a laissés boulevard des Capucines et les a remis en main propre au duc de Broglie pour qu'il les rende à leur propriétaire ; Lamartine a même délivré un passeport au fils de Guizot.

Sans doute faut-il agripper les sensations premières, capter, pendant qu'il est temps, les effluves de la célébrité, car 48 s'embrouille dans les turbulences. Les mots n'ont pas le même sens à Budapest et à l'Hôtel de Ville de Paris : frontières, identité nationale, question ouvrière, démocratisation de la vie publique, émancipation agraire n'ont ni la même densité ni le même passé ni le même espace, selon que l'on se trouve d'un côté des Alpes ou de l'autre côté des Carpates. Si Lamartine était sage, il suivrait le conseil de Confucius : « Si j'étais empereur, je commencerais par faire un dictionnaire, afin de rendre aux mots leur sens... »

D'où bon nombre de malentendus, de bourdes ! Avec les Savoyards à qui l'on promet tout : « Avant six semaines, la Savoie demandera sa réunion à la France[1] ! » Avec Charles-Albert, roi de Sardaigne qui réplique sèchement à la main tendue de la France : *« Italia fara da se ! »* Avec les Irlandais – lord Normanby, ancien vice-roi d'Irlande, a vite fait faire marche arrière à Lamartine ! Avec le pape qui veut et qui ne veut pas. Vite, il faut respirer la célébrité à pleins naseaux, car elle s'apprête à le déserter. « L'année des révolutions demeure seule, écrit E.J. Hobsbawm, telle une ouverture d'opéra coupée de

1. La réunion ne sera effective qu'en 1866.

l'œuvre qu'elle annonce, comme une porte d'entrée dont le style architectural ne correspond pas à celui qu'on s'attend à trouver une fois qu'on l'a franchie[1]. »

Tendres et blanches neiges du printemps des peuples, gardez-vous de fondre trop vite. Seriez-vous le linceul d'un poète qu'on va bientôt traiter d'assassin ?

1. *L'Ere du capital*, Paris, Hachette littérature, 1997.

CHAPITRE XIII

La Sociale

> L'Etat penche – Le trésor vide – La banqueroute approche – L'argent a disparu – Faillite sur faillite.
>
> VICTOR HUGO
> *Choses vues,* mars 1848.

Il pleut, il neige même au Creusot, à 348 mètres d'altitude, en ce début du mois de mars 1848, et les bouts des doigts se tendent vers les poêles ; les rues sont lamentables, l'eau fait mauvais ménage avec le bas des robes, avec les affiches placardées depuis quelques jours sur les murs ; les « salut et fraternité » se sont transformés en chiffons de toutes les couleurs et les « citoyens, citoyennes » partent en lambeaux ; des chiens lèvent la patte, ils font toujours ça aux mauvais endroits.

Le citoyen Schneider a les sourcils froncés. Ce ciel qui crache, ce grésil qui tombe, qu'est-ce que ça a à voir avec les accusations dont il est l'objet ? Schneider a tué la lumière ! Aspire l'enfant comme un vampire ! Pour toute la poussière qui est son œuvre en ville, il devrait être pendu ! Transforme l'homme en taupe ! S'en met plein les poches ! Ne songe même pas à augmenter ses ouvriers !

Ça s'appelle être en république. Pour la première fois, Le Creusot de M. Schneider est en république, on courtise la blouse. « Les puissants alors flagornaient la basse classe. Tout passait après les ouvriers. On briguait l'avantage de leur appartenir. Ils devenaient des nobles[1]. »

N'exagérons rien, la place du Creusot n'est pas la place de l'Hôtel de Ville de Paris, même si l'on y a planté un peuplier de huit mètres de haut ! Cependant les interlocuteurs d'Eugène Schneider ont changé : tous les préfets ont été révoqués, et tous les sous-préfets, sauf douze. Un coup de balai comme on en a rarement vu dans l'administration ! Le ministre de l'Intérieur, Ledru-Rollin – « M. Ledru-Rollin disait M. Ledru-Rollin comme César disait César », écrit Victor Hugo – est le chef des radicaux, c'est-à-dire de ceux qui veulent changer jusqu'à la racine des institutions[2]. Il nomme des commissaires et des sous-commissaires du gouvernement pour remplacer la défunte administration.

Celui de Saône-et-Loire s'appelle Clément Sauvage ; il a Le Creusot sous sa coupe et se trouve rapidement confronté au même problème que ses collègues : la France est à court d'argent. Et à court d'idées pour en fabriquer. Le ministre des Finances, un agent de change, spécialiste des questions financières au *National,* nommé Michel Goudchaux, refuse que le pays fasse banqueroute. L'encaisse fond à vue d'œil, les impôts se volatilisent et toutes les autres questions sont comme assombries par ce manque d'argent.

Que font les caisses d'épargne quand les épargnants demandent tous à la fois d'être remboursés ? Et que fait Eugène Schneider quand il faut payer les salaires, et plus

1. G. Flaubert, *Bouvard et Pécuchet.*
2. Inès Murat, *op. cit.*

encore, des augmentations de salaires ? Et que fait l'ouvrier, si ce n'est jurer, les yeux fixés sur la révolution de Paris, quand il n'est pas payé ?

Piller les Tuileries, promener un enfant juché sur le trône du roi, faisant le singe pour ridiculiser les Orléans, c'est distrayant, un temps, mais que fabrique la commission pour les Travailleurs, installée au palais du Luxembourg et présidée par Albert, seul ouvrier membre du Gouvernement provisoire ? Comme a dit Proudhon, le premier jour de la révolution, à un visiteur venu le voir à l'hôtel de la Côte-d'Or, rue Mazarine, à Paris : « Et comment des gens comme nous vont-ils vivre ? »

Le citoyen Schneider pose la question au citoyen Sauvage.

La partie nouvelle du tableau

Ni l'un ni l'autre n'ont l'habitude d'un conflit de cette envergure. Un conflit de la sueur humaine. Un conflit historique et salué comme tel par Marx et par Engels. Le premier conflit des temps modernes. « La révolution sociale surgissait, écrit Proudhon, sans que nul, ni en haut, ni en bas, parût en avoir l'intelligence. »

Des coups durs, on en avait connu à Lyon, à Marseille, dans le Nord et dans la région parisienne : les ouvriers n'avaient ni le droit de grève, ni le droit de se réunir ; ils passaient outre. Quand le conflit s'éternisait, on appelait la force armée et on leur rentrait dedans. Depuis deux ans, le mal est plus insidieux car il n'y a plus de travail. Plus de travail signifie ne plus manger, ne vivre que de soupirs et de reproches, être prêt à tout. A taper sur les ouvriers étrangers en disant qu'ils volent l'ouvrage des Français, à taper sur les machines, à taper sur les patrons si on vous prouve, en fin de compte, que tout ça est de leur faute ; que si on les remplace par l'Etat ou par des phalanstères ou par des coopératives ouvrières, finis la toux, les pleurs et l'insomnie ! « On aspirait à fonder une science sociale, écrit Tocqueville, une philosophie, je pourrais presque dire une religion commune qu'on pût enseigner et faire suivre à tous les hommes. C'était la partie réellement nouvelle du tableau. »

Mais là encore, la division règne : combien de prêtres pour cette religion sociale ? A foison ! S'espionnant, s'excluant, Marx détestant Proudhon, et d'ailleurs toute personne qui n'est pas Marx[1] ; le père Enfantin allant dans un sens et Pierre Leroux, l'ami de George Sand, dans un autre : « C'est moi qui le premier me suis servi du mot *socialisme*, affirme-t-il. C'était un néologisme alors, un néologisme nécessaire pour faire opposition à l'individualisme. »

Saint-Simon est mort depuis près d'un quart de siècle[2], mais qui n'est, n'a été ou ne sera saint-simonien (Eugène Schneider comme les autres) ? Marx l'a rangé dans la catégorie du socialisme critico-utopique, en compagnie de Fourier, Cabet, Owen. Fourier avait trouvé la solution : le phalanstère ; Cabet croyait à des colonies inspirées par... lui-même ; Louis Blanc en tenait pour l'Etat-providence.

Dans la Creuse, au Texas, à Ménilmontant, sous les

1. Dans le *Manifeste*, il cite parmi les ennemis du communisme le socialisme féodal, le socialisme petit-bourgeois, le socialisme allemand, le socialisme conservateur, le socialisme et le communisme critico-utopiques.

2. Claude Henri de Rouvroy, comte de Saint-Simon, philosophe et économiste, 1760-1825.

traits de frères convers, de polytechniciens, de typographes, de petits employés de commerce, d'écrivains comme George Sand, et avec beaucoup d'autres, allemands, russes, italiens, polonais, classables ou inclassables, avec des chrétiens comme Lamennais, Veuillot, Montalembert, Lacordaire, Ozanam, Buchez, ou avec des athées, « le monstre démocratique et social », comme dit Proudhon, est en marche. Non seulement il est en marche, mais ses naseaux fument et le commissaire du gouvernement, Clément Sauvage, est chargé de trouver un terrain d'entente entre un vocabulaire de patron et un vocabulaire d'ouvriers unis pour la première fois de leur histoire, entre un monde où l'on ne sait pas toujours s'exprimer et un monde où l'on pèse chaque mot, entre un tout petit peu plus à chacun et l'addition au bout du compte, dans le bureau de la direction !

On ne sait rien de ce Clément Sauvage, ni comment il est bâti, ni pourquoi on l'a choisi pour occuper ce poste dans ce département, ni si c'est un bourgeois – « La plupart sont des notables qui appartiennent à des milieux bourgeois, écrit Inès Murat[1] [...] Beaucoup d'entre eux sont soit les chefs du parti républicain, soit les animateurs de l'ancienne opposition dynastique. » Clément Sauvage a sûrement des affinités avec le nouveau régime. En a-t-il aussi avec cette région de Bourgogne, avec l'industrie ? A-t-il été en prison comme Barbès, Blanqui, Flotte ? Poursuivi comme François Raspail pour conspirations diverses ? Expulsé de France comme Marx ? Fait-il au contraire partie des sans-grade de cette révolution et se retrouve-t-il dans cette région dominée par cet individu grand, roux, ses mains froides posées sur son bureau, en position d'infériorité ? Remet-il en cause la pro-

1. *Op. cit.*

priété, le capital ? Est-il là comme agitateur ou comme conciliateur ? La pluie qui ne cesse pas lui porte-t-elle à lui aussi sur les nerfs ? Est-il obnubilé par l'exercice de tous ces droits nouveaux qui tombent sur les travailleurs, le droit de grève, la liberté d'expression, de se réunir, le droit au travail, ou bien se rend-il compte qu'un haut-fourneau qui s'éteint pendant que l'on discute ne se rallume pas comme une chandelle ? « Or que faire en révolution, écrit Proudhon, que devenir, quand on n'en possède pas le secret, l'idée ? »

Eugène Schneider a croisé les bras. Si vous glissiez la main sous l'étoffe de son gilet et que vous tâtiez ses cervicales, son sternum, vous le sentiriez tendu comme une corde à violon. Voici la situation telle que la lui décrit Victor Rey, le maire d'Autun : « Le Creusot donne des inquiétudes à Autun ; des bruits fâcheux ont couru aujourd'hui, on a annoncé que beaucoup d'ouvriers, demandant une diminution de temps de travail, demandaient une augmentation de salaire ; qu'ils chômaient et restaient en révolte [...] on est fort inquiet[1]. »

Et le patron donc ! Devant ces oiseaux assoiffés, les grévistes, il ne suffit pas de dire qu'on est leur père, qu'on les aime. On est au cœur de quelque chose de tout à fait nouveau, qui n'est pas une grève, mais une situation révolutionnaire insurrectionnelle. Tout se délite, tout se décroche, le trône s'est décroché du pouvoir, une quarantaine de morts sont tombés des barricades parisiennes et le Gouvernement provisoire est issu d'un droit tout ce qu'il y a de plus fumeux, « du droit, dit Lamartine, de ceux qui livrent les premiers leurs âmes au soupçon, leur tête à la vengeance des peuples ou des rois pour sauver leur nation ». Tout cela n'est guère rassurant. « On

1. Archives privées, 2 mars 1848.

me dit, poursuit Victor Rey, que M. de Lamartine, après avoir eu des préventions contre vous quand vous êtes arrivé au Conseil général, vous a témoigné les sentiments les plus bienveillants [...] Vous auriez auprès de lui, tout puissant aujourd'hui, une influence certaine. »

Eugène Schneider doute d'exercer la moindre influence sur son compatriote ; sans doute celui-ci ne connaît-il même pas le nom de Clément Sauvage qui disparaît chaque soir pour se rendre à la salle des spectacles d'Autun où il s'adresse à la foule. « Ici, comme ailleurs, écrit M. Cuzin, le 9 mars 1848, à Eugène Schneider, il s'est formé une société politique qui réunit les ouvriers [...] et les entretient de politique et d'élection. » Le discours est brûlant, il se pourrait bien que ce M. Sauvage soit un commissaire politique ! Un agit-prop ! « De trop nombreuses promesses ont été faites [par le gouvernement] depuis quelque temps, entre autres cette loi sur l'organisation du travail [...] Des esprits inquiets [...] remuent les passions des masses et portent la plus sérieuse atteinte aux lois d'ordre et de liberté[1]. »

Face à l'orage

En attendant, il faut que les gens mangent et dorment la nuit. D'où ce besoin d'argent, cette denrée rare ! D'un côté il y a ce théâtre où l'on cherche « la pierre philosophale[2] », le palais du Luxembourg, où la commission présidée par Louis Blanc et Albert fait ouvrir de grands

1. *Ibid.*
2. L'expression est de Karl Marx.

yeux à l'Europe entière : « Ce fut un spectacle d'une nouveauté étrange pour la France et pour l'Europe [...] de voir le palais de Marie de Médicis, ses cours, ses escaliers, ses galeries de marbre, ses vastes et majestueuses enceintes, chaque jour traversés par de longues files de prolétaires inattentifs à ces magnificences de l'art florentin et de la royauté française, recueillis en eux-mêmes, absorbés par une pensée unique et qui poursuivaient avec une ardeur concentrée, digne d'un succès meilleur, un but qui ne leur était pas donné d'atteindre[1]. » De l'autre, il y a l'estomac, comme dirait Hugo. La peur du lendemain. Ceux qui ont mal au ventre de cette peur. La république s'est engagée à leur fournir du travail ; dès le 26 février, elle a créé à cet effet les Ateliers nationaux : tout individu âgé de vingt et un ans peut s'y enrôler et percevoir un salaire de 2 francs par jour. Le problème est lugubre parce qu'insoluble.

Enfin il y a ce qui se passe en coulisse, à la Banque de France, où le citoyen James de Rothschild a des entrevues (évidemment secrètes) avec tel ou tel membre du Gouvernement provisoire[2]. On augmente les impôts – impôt sur les chiens, sur les domestiques mâles, impôt supplémentaire de 45 centimes sur chaque franc à payer au titre des contributions directes – ce qui a pour effet de les faire rentrer encore moins.

Le 15 mars, le gouvernement décrète le cours forcé des billets de banque, mais, malgré l'extrême désir d'Eugène Schneider et de ses semblables d'en voir la couleur, il n'y a plus de billets de banque ! « Tous nos ef-

1. Daniel Stern, *op. cit.*

2. Il a soumissionné la totalité de l'emprunt français d'août 1847, soit 250 millions de francs, sans parler des emprunts autrichien, prussien, anglais, etc.

forts ont été inutiles pour vous procurer des espèces, avec beaucoup de peine j'ai pu parvenir jusqu'au gouverneur de la banque [...] Il m'a répondu que votre sort serait commun à celui de toutes les industries qui rayonnent à cent lieues de Paris », lui écrit M. Renouard, fondé de pouvoir de M. F.A. Seillière à Paris[1].

Plus de redingote de rechange – les domestiques sont tous dans la rue, on adopte contraint et forcé le veston –, plus de titres nobiliaires, plus de spectateurs dans les théâtres – seule Rachel fait encore courir les foules –, mais des factures et des quittances impayées autant qu'on en veut et un ministre des Finances « rose, énorme, joufflu, l'air naïf », écrit Victor Hugo, mis là pour rassurer et qui, devant l'imminence de la catastrophe, démissionne le 5 mars[2].

17 mars 1848 : « Je suis allé moi-même [...] pour voir le chef des délivrances d'espèces, écrit le fondé de pouvoir de la banque Seillière à Eugène Schneider. J'avais fait préparer des sacoches, mais je ne garantis rien. » Le lendemain : « Je demandais qu'on écrivît aux Receveurs Généraux qui ordinairement nous alimentent d'espèces [...] J'ai vu une lettre qui allait être envoyée au Receveur Général de Bezançon par laquelle on lui refusait les écus qu'il demandait lui-même, puis on m'a assuré que toutes les autres recettes étaient absorbées par les caisses d'épargne, les [un mot illisible] de vente et l'armée. Je n'ai plus d'autre moyen que de vous envoyer des billets de banque en petits appoints quand ils seront faits [...] Vous tâcherez de faire patienter vos ouvriers. »

Comme il y va, M. Renouard ! Eugène Schneider ne

1. Archives privées.

2. Il sera remplacé par Garnier-Pagès qui quitte la mairie de Paris où lui succède Armand Marrast.

peut tout de même pas se conduire comme le patron des porcelaines Fouque, à Toulouse, qui distribue les assiettes qu'il fabrique à ses employés afin que ceux-ci les mettent aux enchères pour manger ! Si les caisses de la Banque de France sont vides, les ventres des prolétaires sont vides aussi ! Le chien d'Eugène Schneider risque de se faire manger au coin de la rue et Mme Schneider, malgré sa charité et tous les secours qu'elle prodigue, avec l'aide de Mme Bourdon et de toutes les dames de bonne volonté du Creusot, peut se faire conspuer ! La faim brise tout, à commencer par le respect.

20 mars, M. Renouard est de plus en plus alarmiste : « Nous ferons face à l'orage, mais ensuite, si rien ne nous rentre, comment continuerons-nous ? » 21 mars : « J'attends en ce moment un agent de change [...] mais je crains fort que ça ne soit un feu follet [...] Il est des miniers qui pour faire prendre patience à leurs ouvriers les fournissent de pain et de viande. C'est une idée que vous devriez employer pour quelque temps. »

Comment ces lettres parviennent-elles à Eugène Schneider ? Comment François Bourdon assume-t-il son rôle de conciliateur – il est très aimé de la population qui l'écoute ? Et pourquoi les hirondelles arrivent-elles un beau matin, comme pour redonner du moral aux Creusotins, les chemins sont-ils tout à coup moins boueux et les collines se couvrent-elles de fleurs ?

Conclure, signer la paix : c'est chose faite le 17 mars au Creusot. Un accord a été trouvé entre direction et grévistes. Il sera connu de la population quelques jours plus tard. « Liberté, Egalité, Fraternité. Les ouvriers miniers du Creusot, voulant autant qu'il est en eux, contribuer à l'affermissement de la République et au maintien du bon ordre, ont unanimement résolu de reprendre immédiatement leurs travaux. A cet effet, une convention est intervenue entre le directeur représentant la société Schneider et Compagnie, le citoyen Désiré Lemonnie et les mandataires des ouvriers sous-signés[1]. Cette convention a été sanctionnée par le citoyen Clément Sauvage nommé commissaire spécial du Gouvernement provisoire en vertu du décret du 13 mars 1848. La journée du mineur est portée à 2,40 F. »

Suit un tarif des prix à la tâche et des prix de journée du rouleur de chariot et du rouleur de brouette dans les grands et dans les petits puits ; des prix de journée du gamin (0,75 F) ; des prix de journée dans le travail au charbon et dans le travail au rocher.

Et comme une bonne nouvelle n'arrive jamais seule, le 22 mars, M. Renouard écrit à Eugène Schneider : « Mon cher Monsieur, il ne faut jamais jurer de rien puisque, malgré toutes mes appréhensions et toutes vos perplexités, vous pouvez payer vos ouvriers [...] Si M. Soultrait tient parole, vous serez plus riche qu'aucun établissement de France. Nonobstant cette prospérité monétaire, je vous engage fortement à la ménager comme la prunelle de vos yeux pour le courant et peut-être le mois prochain... » Et le lendemain, 23 mars, une autre lettre arrive à la direction : « Je vous ai envoyé par les berlines-postes 40 000 aujourd'hui [...] l'ensemble de nos envois et versements vous produisant 160 000 écus (du 13 au 23 mars), c'est pour le moment un appoint énorme en espèces. P.S. Vous avez bien raison d'envoyer aux calendes grecques les Chagot et [un mot illisible]. Mais des économies, des économies, puis encore des économies ! »

Maintenant que la paix règne à nouveau au Creusot, que la bonne odeur de poussière a repris ses droits sur la ville, que le chien du patron peut traverser la rue sans ris-

1. Ils sont au nombre de dix.

quer de finir en gibelotte, Eugène Schneider a enfin le loisir de s'intéresser à ce qui se passe à Paris. Des élections au suffrage universel sont prévues les 23 et 24 avril. François Bourdon se présentera sur la liste républicaine de Lamartine. On n'a pas osé proposer la candidature d'Eugène Schneider. « Moi, je ne hais pas la République », a-t-il déclaré au *National de Saône-et-Loire*, avant d'ajouter qu'il ne l'a appelée ni de ses vœux ni de ses actes.

CHAPITRE XIV

A l'assaut du ciel

Finette est la fille de Fido, le lévrier de Lamartine – « Il est mort entre mes pieds, après 13 ans d'amour et de fidélité, après avoir été le compagnon de toutes les heures de mes années de bonheur, de voyages, de larmes... La vie est affreuse[1] ». Finette a le même âge que son père en ce printemps 1848 ; une espèce de taie sur l'œil, comme une cataracte, la rend presque aveugle. Les pieds de Lamartine sont sa maison ; le boulevard des Capucines n'est pas sa maison. Les gens n'y font que courir, les visiteurs affluent à des heures où même un chien ne les recevrait pas. On voit par exemple apparaître M. Blanqui à six heures et demie du matin ; ou M. Ledru-Rollin, à minuit, qui vient demander à son collègue son avis sur *Comédiens et bouffons arabes*, la toile que M. Delacroix se propose d'envoyer au Salon de peinture ; ou bien sur les timbres gravés qui concourent pour représenter la figure symbolique de la République : lui faut-il un casque comme à Helvetia ou un glaive comme à Germania ? Des lions pour faire le tour du monde ou un arc-en-ciel ?

1. A Virieu, 25 avril 1837.

Marianne de Lamartine est comme une pile électrique ; sa robe balaye à tout instant le pavé. Elle court là où son mari court, c'est-à-dire partout. De l'Hôtel de Ville à la Chambre, de la Chambre au ministère, du palais du Luxembourg chez les La Grange, leurs amis intimes. Pour la première fois de sa vie, elle a vu des morts – des morts politiques, s'entend –, une révolution qui effraye même ses plus chauds partisans. « Républicain de la veille et de l'avant-veille, républicain de collège, d'atelier, de cabinet, je frissonnais de terreur de ce que je voyais approcher la République ! » Même Proudhon tremble ! Devant ces cadavres du boulevard des Capucines promenés dans Paris sur un chariot tiré par un cheval blanc, Marianne de Lamartine ne s'est-elle pas demandé dans quel traquenard de l'histoire son mari était allé se fourrer et si le sang des victimes ne retomberait pas un jour sur lui ?

« Beau, fantastique, nuageux comme une théorie, pensif comme un système, triste comme un pressentiment... » Ce n'est pas de lui que Lamartine fait le portrait, mais de Saint-Just, dans l'*Histoire des Girondins*. Lui ne se voit pas, il s'écoute ! Et avec lui, toute la France s'écoute. Quand le ciel blanchit, quand vient le jour, combien d'individus y a-t-il encore rassemblés, la gorge sèche, la voix éraillée, dans un club de ci ou un club de ça ? Même les murs couverts d'affiches parlent ! On est possédé par les mots, saoulé par les mots : ils éclatent, hurlent, restent en travers de la gorge.

Depuis quinze ans, Alphonse de Lamartine s'entraîne : il a posé sa voix, charmé la Chambre, il ne l'a jamais convaincue de prendre son parti, d'adopter son programme, le christianisme législaté, et maintenant on est là : sur un volcan ! Désormais Lamartine s'adresse au pays entier, à tous ceux qui jouent des coudes sur la place de l'Hôtel de Ville. Ça fait combien de personnes ? Cent mille, peut-être ? Non, trente-cinq millions. Car Lamartine n'est plus Lamartine, il est une image : l'image même de l'orateur.

Une main sur la balustrade

Le citoyen Pécuchet ne s'y trompe pas : « Il avait pris adroitement l'escalier de service [de la mairie de Chavignolles] – et voulant faire comme Lamartine, il se mit à haranguer le peuple [...] » Chez les Athéniens... Chez les Athéniens... Décentralisons... Décentralisons ! L'homme peut avoir plusieurs épouses... Le bouddhisme... Comment, le bouddhisme !

Neuf millions d'individus, un peu moins si l'on ôte les sourds-muets, les aphones et les timides, se prennent pour Lamartine et discourent une main sur la balustrade. On leur promet le suffrage universel, on les écoute discuter de l'émancipation des femmes, de la religion amie ou ennemie du peuple, s'enrouer en faveur de la Pologne. Pour ces assoiffés de mots, Lamartine est un modèle. « Il n'était jusqu'ici qu'illustre, écrit Victor Hugo, il est devenu populaire et l'on peut dire qu'il tient dans sa main Paris. »

Marianne de Lamartine lui court après avec des pastilles, avec des cache-nez – il ne devrait pas tant priser, mais quand il parle, c'est comme s'il « pressait le torse de la foule ». La nuit, des quintes de toux déchirent le dormeur, Finette, le museau posé sur les longues jambes de son maître, rêve aussi et jappe.

L'inscription humaine

Derrière le verbe, il y a l'œuvre à laisser. Celle-ci donne tous les courages à Lamartine : même si l'avenir va retirer de l'inscription humaine (pour un temps) la plupart des mesures du Gouvernement provisoire – ce marathon d'à peine deux mois ! – toutes ne s'évanouiront pas. La république est proclamée : elle en a pour quatre ans et dix mois d'existence. A grand renfort de feux de Bengale, de hourras, d'injures. Le découronnement de la monarchie, avec tout son rituel d'exécution en effigie, de pillage, de brûlage, de trônes caricaturés et ridiculisés dans l'Europe entière n'a causé aucun plaisir à Lamartine. Il a beau s'être opposé à la Régence, le travailleur déguisé en roi, il n'y croit pas ! Et la liberté habillée en peuplier, non plus !

Le rituel de planter des arbres de la liberté remonterait à la guerre d'Indépendance américaine. Lord Normanby qui arpente les rues de Paris de son pas anglais, doute de leur survie. « J'ai fréquemment rôdé à pied dans les faubourgs éloignés et populeux, suivant d'un œil observateur, à quelque distance, quelques-uns de ces étranges cortèges qui portent des peupliers dépouillés et maladifs pour les planter dans les endroits les moins convenables et les transformer en arbres de la liberté. » Chaque hôtel de ville en a un, chaque mairie, celle du Creusot comme celle de Chavignolles. Ils survivront trois ans, quatre ans au plus. « On voyait encore, écrit Pierre de La Gorce, à l'angle des carrefours et sur les places, les arbres de la liberté plantés en février, sorte de peupliers sacrés, aussi languissants que le régime dont ils avaient été le symbole [...] Le préfet de police [...] sous prétexte qu'ils gênaient la circulation, en fit abattre un grand nombre, et il le fit avec un étalage de zèle qui semblait presque un défi[1]. » Cela se passe en 1850 : la république n'a plus longtemps à vivre.

Exécrant la mort, Lamartine réussit à faire décréter l'abolition de la peine de mort en matière politique. Il l'avait combattue dès 1830, à propos des ministres de Charles X emprisonnés après le coup d'Etat.

Souviens-toi du jeune poète,
Chénier ! dont sous tes pas le sang est encore chaud,
Dont l'histoire en pleurant répète
Le salut triste à l'échafaud [...].

» Jette à tes ennemis des lois plus magnanimes,
Ou si tu veux punir, inflige à tes victimes
Le supplice de t'admirer !...
Que le genre humain dise en bénissant tes pages :
» C'est ici que la France a de ses lois sauvages
» Fermé le livre ensanglanté[2]...

Le 26 février, le livre est fermé. En août 1849, la Haute Cour réunie à Bourges pour juger les « coupables » des événements de juin 1848 ne prononcera aucune condamnation à mort.

1. *Histoire de la Seconde République française.*
2. *Contre la peine de mort.* Lamartine s'adresse « au peuple du 19 octobre 1830 ».

La commission du Luxembourg

C'est la ruche. La ruche de toutes les idées, de tous les systèmes, de toutes les frustrations, des torts de tout le monde. Louis Blanc rêvait d'un ministère du Progrès : la commission du Luxembourg est le ministère qu'il n'a pas obtenu au sein du Gouvernement provisoire. « Ministère de l'Impuissance », « Ministère des Vains Désirs », ricanera Marx[1]. C'est atterrir sur ce qu'il y a de plus brûlant à l'époque, sur la question sociale. Son président ne mâche pas ses mots : « Je n'oublierai jamais, déclare-t-il à la Commission, que j'ai été un des plus malheureux enfants du peuple ; que la société a pesé sur moi. J'ai fait contre cet ordre social le serment d'Annibal. » Louis Blanc est haut comme trois pommes[2], mais il veut, de ces trois pommes, faire surgir l'arbre des conquêtes sociales. Les gens ne mangent pas à leur faim, ils n'ont pas de travail. Rien qu'à Paris, ces dernières années, 184 000 ouvriers ont été congédiés. Que faire d'eux en dehors de leur reconnaître à l'unanimité le droit au travail ?

Dès le 25 février a été créée à Paris la Garde nationale mobile : on y recrute pour un an des volontaires de 16 à 30 ans ; ils sont habillés aux frais de l'Etat et payés 1,50 franc la journée. Depuis le coup d'Etat, l'armée a quitté Paris où la Garde nationale tout court assure l'ordre tant bien que mal et ne voit pas arriver d'un bon œil cette milice de boxeurs et de bons à rien !

---

1. *Les Luttes de classes en France.*
2. Faisant allusion à sa petite taille et à la haute taille de Lamartine, Viennet écrit que « l'un avait l'air de sortir de la poche de l'autre ».

Mais que faire des autres ? De ceux qui sortent de tous les coins du mouchoir ? Ils sont 14 000 inscrits en mars dans les Ateliers nationaux et payés 2 francs par jour, 40 000 en avril, 110 000 en juin ; entre-temps le salaire journalier est tombé à 1 franc.

En province, la situation n'est guère meilleure. En Saône-et-Loire, Eugène Schneider, qui est toujours membre du conseil général, reçoit à ce titre les instructions de Clément Sauvage – décidément ils ne se quittent plus ! « Citoyen, lui écrit ce dernier, le membre du gouvernement provisoire, ministre de l'intérieur [alias Ledru-Rollin], ayant reconnu l'urgence de subvenir promptement et partout à la subsistance des classes ouvrières dont les travaux habituels sont en ce moment suspendus, a pensé qu'il serait utile d'établir sur les routes départementales, sur les chemins vicinaux de grande communication, même sur les simples chemins vicinaux, des ateliers où seront occupés tous les Citoyens qui demanderont de l'ouvrage. Il invite les commissaires à convoquer les conseils généraux [...] le 1er avril prochain, à l'hôtel du commissariat de Mâcon. P.S. [A la main :] Je compte sur votre exactitude. Salut et fraternité[1]. »

Le citoyen Schneider a déjà 4 000 ouvriers, soit environ 12 000 personnes sur les bras, rien qu'au Creusot et à Chalon-sur-Saône ! Il ne sait pas comment les nourrir. Il doute qu'avec ce genre de déclaration, on puisse procurer autre chose qu'un faux-semblant compatissant aux indigents ! Car une fois que la machine est grippée, elle l'est. Pour combien de temps ? Jusqu'aux élections promises, remises, puis fixées les 23 et 24 avril, c'est-à-dire jusqu'à Pâques ?

Pendant ce temps-là Flocon, membre du Gou-

1. Archives privées.

vernement provisoire, écrit à Marx sur un papier à en-tête de la République : « Brave et loyal Marx, le sol de la République française est un champ d'asile pour les amis de la liberté. La tyrannie vous a banni[1], la France libre vous rouvre ses portes, à vous et à tous ceux qui combattent pour la cause sainte, la cause fraternelle de tous les peuples. »

La cause sainte est un casse-tête. Marx a beau parler des « conquêtes tragi-comiques » de la révolution de février, que propose-t-il ? « C'est seulement en faisant surgir une contre-révolution compacte, puissante, en se créant un adversaire et en le combattant... » Qu'il attende deux mois ; dans deux mois, les événements lui donneront, hélas ! raison. En attendant, que faire ?

Chanter

Chanter *Au clair de la lune*, même si l'on n'y voit goutte ! Dénoncer ! « Les dénonciations anonymes [...] semblaient tomber incessamment du plafond de mon cabinet sur mon bureau », constate le préfet de police. Ne pas rater une de ces multiples fêtes qu'on organise à grands coups de roulements de tambour, danser la capucine des deux côtés de la Seine, dans un Paris qui n'a rien de commun avec celui d'aujourd'hui. « Nous imaginons mal, écrit Daniel Halévy, ce vieux Paris, étroit, serré, peuple et bourgeois mêlés, posé comme un énorme bourg au milieu des cultures, au bas des pentes de Ménilmontant et de Montmartre, où le vigneron faubourien [...] faisait sa vendange et son vin. »

1. Marx a été expulsé de France en 1845.

On déguise les statues, les marchands de journaux annoncent à tue-tête le mariage de la duchesse d'Orléans et d'Abd el-Kader[1], on chante la *Charlotte républicaine* :

C'est moi qu'on nomme avec orgueil
Charlotte la républicaine ;
Je suis la rose plébéienne
Du quartier Montorgueil !

Cartomanciennes, jongleurs, nains, femmes à barbe, montreurs d'ours, ont pris le pavé comme boutique ; « on est *démoc-soc*, *réac*, *aristo*[2] ». On n'a surtout pas d'argent : « On me croit couvert d'or, mais je n'ai que du papier », proteste le citoyen Rothschild qui a envoyé sa femme en Angleterre depuis qu'on a essayé d'incendier sa maison à Suresnes. On a des enfants méritants, et si possible ouvriers. Garnier-Pagès, maire de Paris, déclare aux Montagnards (qui sont la garde prétorienne du préfet de police), dans « un de ces discours exotiques dont lui seul a le secret » : « Mon fils, mon propre fils est garçon épicier, rue de La Verrerie ! Le fils de votre maire, garçon-épicier !!! Nous sommes tous travailleurs. Mon fils est travailleur en épicerie ! »

On rêve qu'on recommence la Révolution française – la plupart des contemporains de ces événements, quand ils écriront leurs souvenirs, diront combien ils ont été frappés par le côté « remake » de la révolution de 1848. Victor Hugo n'y va pas de main morte : « J'aime mieux 93 que 48. J'aime mieux voir patauger les titans dans le chaos que les jocrisses dans le gâchis. » Pis encore : « 93 a

1. Détenu au fort Lamalgue, près de Toulon.
2. Maxime Du Camp.

eu ses hommes, il y a de cela cinquante-cinq ans, et maintenant elle aurait ses singes. »

L'oisiveté forcée des bourgeois se consume dans les clubs. Frédéric Moreau qui songe, comme tout un chacun, à se présenter aux élections[1], fait son tour en compagnie de la Maréchale : « Ils les visitèrent tous ou presque tous, les rouges et les bleus, les furibonds et les tranquilles, les puritains, les débraillés, les mystiques et les pochards, ceux où l'on décrétait la mort des Rois, ceux où l'on dénonçait les fraudes de l'Epicerie ; et, partout, les locataires maudissaient les propriétaires, la blouse s'en prenait à l'habit, et les riches conspiraient contre les pauvres[2]. »

Les pauvres s'entassent. Contrairement à George Sand qui nage dans la félicité – « on est heureux de s'être endormi dans la fange et de se réveiller dans les cieux » – les pauvres restent dans la fange en compagnie de Jésus-Christ devenu « le prolétaire de Nazareth ».

« Hier, rue de Bellechasse, raconte Victor Hugo, à une affiche des Ateliers nationaux, un passant avait ajouté au crayon un R. Cela faisait RATELIERS NATIONAUX. » Pour se désennuyer, les chômeurs jouent aux cartes, organisent des quêtes. En avait-on eu, pourtant, des idées pour eux lors de la création de ces Ateliers ! La mise en chantier d'une gare à l'Ouest ! l'amélioration de la navigation sur l'Oise ! le prolongement du chemin de fer de Sceaux à Orsay ! Mais pourquoi faire quelque chose, si l'on peut ne rien faire, jouer au bouchon ? L'afflux et le désordre sont tels

1. « Le nombre de candidats était fabuleux, écrit Caussidière [...] Il y eut jusqu'à un sourd-muet qui demanda les suffrages de Paris, pour parler par signes à la Constituante. »

2. G. Flaubert, *L'Education sentimentale*.

qu'on finit par baisser les bras devant cette pagaille. « Le gouvernement, écrit Odilon Redon, était ainsi parvenu à faire des Ateliers nationaux tout à la fois une grève universelle, encouragée et soldée par l'Etat, un club de déclamation violente et une armée sans discipline de plus de cent mille hommes. »

La préparation des élections va beaucoup occuper les esprits. « Le "vote universel", comme on dit alors, est une véritable première mondiale[1]. » Le bleu, couleur du ciel, sera la couleur de Lamartine. Pour une fois, tout le monde va voter, les pauvres comme les riches. En attendant, le Gouvernement provisoire se fissure.

Le 16 mars, lors de la journée dite des « bonnets à poil », les gardes nationaux manifestent. Un mois plus tard, le 16 avril, il s'en faut d'un cheveu que les républicains de gauche ne forment un triumvirat dictateur (Raspail, Cabet, Blanqui) ; le putsch avorte grâce à une volte-face de Ledru-Rollin et au sang-froid de Lamartine « plus grand et plus sec que jamais, le profil noble et raide, bien portant malgré sa fatigue et sa maigreur, soutenant à merveille ce rôle de chef populaire, avec cet œil d'oiseau de haut vol qui plane et qui discerne toutes choses de sa hauteur[2] ».

Le 20 avril a lieu la fête de la Fraternité dont George Sand laisse une description dithyrambique : « Une masse profonde, étincelante, bizarre, superbe, plaisante, inouïe, de casquettes usées et de casques brillants, de baïonnettes et de bouquets, de bonnets de femme et de blondes têtes d'enfant, de chapeaux et de parapluies. Car il pleut, mais qu'importe[3] ? »

1. Inès Murat, *op. cit.*
2. Sainte-Beuve, *Portraits contemporains.*
3. *Souvenirs de 1848.*

A chaque manifestation le préfet Caussidière s'attend au pire : « Ces immenses réunions se tenaient toujours dans l'inquiétude de l'imprévu. » Il n'y a pas d'eau à boire, les manifestants tombent comme des mouches ; ou bien il pleut à seaux. Qu'importe, Lamartine est au comble du bonheur : « C'est plus beau que les revues de l'Empereur ! » s'écrie-t-il le lendemain de la fête. Il a vu, de ses yeux vu, le peuple de Paris, un million d'âmes, monter avec lui à l'assaut du ciel !

CHAPITRE XV

L'heure de gloire

D'abord le président, avec la grande clé
S'avance. Il est suivi d'un char bariolé.
C'est le char de l'Estime, attelé d'un digne homme
Qui marche avec lenteur. C'est bien permis, en somme[1] *!*

Imaginez Dupont de l'Eure en président : il a quatre-vingt-un ans, il s'avance sous une ombrelle destinée à le protéger des ardeurs du soleil. Il veut remettre la clé du Gouvernement provisoire qu'il présidait en tant que doyen – il est né sous Louis XV – à l'Assemblée constituante qui se réunit, pour la première fois, le 4 mai dans l'enceinte du Palais-Bourbon. Marcher avec lenteur, c'est peu dire : Dupont de l'Eure est cacochyme, porté par une vieille servante, et sa grande clé ressemble à une éponge : il jette l'éponge du Gouvernement provisoire. Quitus entier et définitif, comme disent les commissaires aux comptes... Puis vient Caussidière, le seul à porter l'uniforme – les uniformes, il adore ça ! Habit noir, gilet blanc rabattu sur le revers, pantalon noir, ceinture en soie

1. Alfred Jarry, *Grande Procession du chœur d'estime*, 1886.

tricolore garnie d'une frange en or à grains d'épinard : « Mais c'est une enluminure de 93 ! » s'exclame un journaliste. Au théâtre, c'est en effet dans ce costume qu'on a l'habitude de représenter Robespierre.

S'avancent ensuite, comme une armée, 880 députés de la France tout entière ; ils ont été élus les 23 et 24 avril, le dimanche et le lundi de Pâques, voici donc trois semaines. Choisir sa place pour ces néophytes – les trois quarts d'entre eux n'ont jamais siégé – n'est pas simple. On a construit un bâtiment tout exprès pour eux, « une grande boîte en papier peint », dit George Sand. « La salle était d'une laideur rare, écrit Victor Hugo qui y siégera un mois plus tard, lorsqu'il sera élu à la faveur d'élections partielles. Des poutres au lieu de colonnes, des cloisons au lieu de murailles, de la détrempe au lieu de marbre, quelque chose comme la salle de spectacle de Carpentras élevée à des proportions gigantesques. »

Les voici donc chez eux – en fait, à côté du Palais-Bourbon trop petit pour les contenir – ces élus du vote universel. Tout homme âgé de 21 ans et résidant depuis six mois dans sa commune a voté – en tout 9 millions d'individus. C'est au chef-lieu de canton que les électeurs ont été conviés, alors que les cloches de Pâques sonnaient et que l'air embaumait ; il pleuvait ce dimanche-là, comme si la pluie devait accompagner presque tous les événements de ce printemps. Son christianisme législaté, Lamartine le voit enfin appliqué : tous les hommes égaux devant l'urne ! « L'élite patricienne fait, dans la stupeur, écrit Sartre, cette expérience déroutante : le droit de vote *ne se mérite pas*[1] ; ou bien la classe dominante se l'arroge et le conserve par la force ou bien il appartient à n'importe qui. »

1. C'est l'auteur qui souligne.

Ce « n'importe qui » a envoyé à l'Assemblée des « gendarmicornes », comme dirait Jarry, c'est-à-dire des gens qui préfèrent les gendarmes aux voleurs, l'ordre aux barbus et le chant de l'alouette à la musique de foire. Que la chienlit parisienne – ce sont des provinciaux – effraye. Et au fil des jours effrayera de plus en plus. Paris est « un grand oiseau dans les rumeurs ». Valérie Schneider, veuve d'Adolphe Schneider, écrit le 4 mai à Clémence Deseilligny, sa belle-sœur : « M. Bourdon (élu de Saône-et-Loire) doit être arrivé pour l'ouverture de l'Assemblée, nous serions bien aises de le voir et d'avoir par lui les détails sur Le Creusot. Il y avait hier des craintes de troubles et un peu d'agitation dans la capitale, mais la garde nationale veille et nous rassure pour le présent et pour l'avenir. »

Au fait, comment Paris est-il gardé ? Qui le protège ? Caussidière, toujours préfet de police ? La Garde nationale mobile créée en février par le Gouvernement provisoire et dans laquelle on n'embauche plus depuis le 25 avril ? La Garde nationale tout court, décrite par Maxime Du Camp comme un « mélange de discipline militaire et de comportement civil ». On effectue son tour de garde ou on ne l'effectue pas, selon son humeur, les riches payent les pauvres pour assurer les corvées. « Lorsqu'on commande 12 000 hommes, dira Lamartine, l'année suivante, au procès des accusés de Bourges, il n'en vient guère que 4 000. »

L'armée est revenue dans la capitale sur la pointe des pieds. « Le 21 [avril], deux jours avant les élections, le gouvernement, malgré l'opposition d'Albert, fait rentrer dans la capitale trois régiments d'infanterie et deux de cavalerie[1]. » Les cadres de l'armée se sont ralliés sans en-

1. Inès Murat, *op. cit.*

thousiasme, mais dans leur majorité, à la République : seuls 25 officiers généraux ont été révoqués ; les jeunes officiers, eux, sont plutôt acquis aux idées de gauche. Quant aux conscrits, ils ont déserté massivement. Sept ans de service ! Beaucoup ont profité de l'avènement de la République pour se mutiner ou pour s'enfuir. Le général Cavaignac, qu'on avait envoyé à Alger pour remplacer le duc d'Aumale, fils de Louis-Philippe, rentre à Paris pour devenir ministre de la Guerre. De quoi rassurer les députés qui écoutent de toutes leurs oreilles et n'entendent de tous côtés que la même phrase : Donnez finance ! On n'a pas eu le temps de doter la nouvelle Chambre d'un crédit de fonctionnement qu'on leur demande de partout des côtelettes !

Les pentarques

Lamartine est entré dans cette assemblée comme le grand vainqueur de ces élections. Le mieux élu de tous (un million et demi de suffrages, élu dans dix départements) ; se tournant et saluant comme le futur président de la République. « Dans les lieux publics, dans les théâtres, partout où il se montrait, écrit P. de La Gorce, des cris d'enthousiasme l'accueillaient. » Et voici qu'il va tout démolir, sa popularité, l'espèce de fierté que ses paroles communiquent aux foules. Pourquoi ? Par indécision ? Par scrupule ? Parce que son conseiller politique, Dieu, l'a mal conseillé ? Parce qu'il circule dans une voiture à vent, la gloire, sans entendre l'orage qui gronde ?

Ses collègues sont jaloux, les caisses sont vides, ces messieurs les députés ne savent pas ce qu'ils veulent.

Veulent-ils un régime d'assemblée où neuf cents personnes feront la loi ? Ou un homme à poigne ? Comme dit Rosanette, la maîtresse de Frédéric Moreau : « Dans un pays comme dans une maison, il faut un maître ; autrement chacun fait danser l'anse du panier. » Le 10 mai, sans se douter un instant que cette mesure la dévorera en peu de temps, l'Assemblée a abrogé la loi du 10 avril 1832, dite loi d'exil, relative au bannissement de la famille Bonaparte.

Et maintenant qui va gouverner ? Cinq « sages » – on les appelle les pentarques – c'est-à-dire personne. Choisis par l'Assemblée au scrutin secret, ils formeront un gouvernement nommé commission exécutive qui n'aura pas six semaines d'existence. Le monde entier oubliera leur nom, hormis, peut-être, celui de Lamartine.

Quand ce dernier quitte le ministère des Affaires étrangères (aucun pentarque n'a le droit d'être ministre), il ne peut pas ne pas sentir ce bras immense qui brandit le voile ou le capuchon au-dessus de sa tête. Voici Finette transplantée au bois de Boulogne, à Castel Madrid, dans une maison louée : elle ne perd pas au change, l'air est plus pur, l'herbe est plus verte que boulevard des Capucines, mais son maître est amer. Lors du scrutin secret destiné à élire les pentarques, il est arrivé avant-dernier de la liste ! Seul Ledru-Rollin a fait plus mal !

Pourquoi ? Parce que les gens ont peur ? Parce qu'ils ont faim ? Parce que « paillardise, pillerie et démolition des demeures » se succèdent depuis février ? Les rangs de ceux qui ont quelque chose à perdre et les rangs de ceux qui n'ont rien grossissent. On a brisé des urnes lors des élections, menacé des propriétaires forestiers, des grainetiers, des receveurs des contributions indirectes, des châtelains, certains curés ; des voitures ont été jetées dans les rivières, des bois coupés, des villes comme Rouen ou

Limoges ont dansé la carmagnole, quelquefois même des départements entiers ! Sur les 880 députés, 800 environ pensent : ça suffit ! Et une centaine de républicains de gauche et de socialistes pensent le contraire : ça ne suffit pas ! C'est dire que personne n'est content.

Un sauveur

Que peut faire ce gouvernement ? A l'appel, personne ne vient. Aux ordres, on répond : tout le monde est libre ; à l'école, les écoliers se versent de l'encre sur la tête. Au Luxembourg et au Petit-Luxembourg, où se réunit la commission exécutive présidée par Arago, Lamartine fait preuve, selon Daniel Stern, d'un « optimisme négligent ».

Où donc est le pouvoir ? A l'Assemblée qui a pour tâche d'élaborer une constitution ? A Londres, où Louis-Napoléon Bonaparte écoute la rumeur de Paris, après son aller-retour dans la capitale ? Chez les laissés-pour-compte de ce scrutin de Pâques qui s'appellent les clubs socialistes, Louis Blanc et ses amis, les paysans – un seul élu à la Chambre ! Dans cette masse prête à n'importe quoi ?

Les pentarques donnent l'impression de ne plus y croire. Même pas au suffrage universel qui les a portés là où ils sont : « Personne ne sait plus sur quoi il se fonde dès que les ignorants et les pauvres, qui sont légion, viennent mêler leur bulletin de vote à ceux des ayants droit[1]. » Cela donne cette assemblée enflée, impuissante. Rédiger la Constitution : à la « horde déchaînée » des désirs, au-

1. J.-P. Sartre, *op. cit.*

cune constitution ne sera capable de répondre. Rebaptiser le palais du Louvre, l'appeler palais du Peuple, cela a déjà été fait le 4 mars. Fabriquer un dispositif ingénieux pour qu'il pleuve des billets de banque, ce sera difficile. Organiser, au moment où tout le monde est d'humeur à s'étriper, une fête de la Réconciliation, pourquoi pas ? Elle est prévue pour le 4 mai, puis reportée au 11, au 14 et enfin au 21 mai. « C'était le moment où Lamartine était au plus haut de sa renommée, écrit Tocqueville : il apparaissait à tous ceux auxquels la révolution avait fait mal ou avait fait peur, c'est-à-dire à la grande majorité de la nation, comme un sauveur [...] L'emportement de la faveur qu'on lui témoignait alors ne saurait se comparer à rien, sinon, peut-être, à l'excès de l'injustice dont on usa bientôt envers lui. »

On lui demande somme toute d'inverser la vapeur. De renier les acquis de février, tout ce à quoi il a cru. On veut l'écarteler. Ou l'écarter ? « La persuasion fortifiée par d'inouïs triomphes que son éloquence parerait à tout, suffirait à tout, en France et en Europe, dans l'Assemblée et sur la place publique, écrit Daniel Stern, s'ils aidèrent à son élévation, entraînèrent aussi sa chute rapide [...] Sa main distraite reposait sur le gouvernail sans le diriger. »

Mais y avait-il encore un gouvernail, en France, à la veille du 15 mai 1848 ? « Cette pauvre commission, qui siégeait au palais du Luxembourg en souvenir du Directoire, ne faisait ni bien ni mal, écrit Maxime Du Camp, elle ne faisait rien [...] Tout allait à vau-l'eau, comme disent les bonnes gens. »

Lamartine est ailleurs. Le soir du scrutin de Pâques, il raconte comment, marchant, « il vit la foule descendre et monter les marches d'une église [...] Il entra. Il se glissa inconnu dans les ténèbres parmi cette foule qui remplissait l'église. Il s'agenouilla à l'ombre d'une colonne et rendit grâce à Dieu. Son œuvre était accomplie[1] ».

Un an plus tard, en rédigeant ses souvenirs, à qui Lamartine veut-il faire prendre des vessies pour des lanternes ? Peut-être tout simplement à lui. « Je n'ai jamais connu [...] d'esprit moins sincère, ni qui eût un mépris plus complet pour la vérité, dit Tocqueville [...] En parlant et en écrivant, il sort du vrai et y rentre sans y prendre garde. » Daniel Stern n'est pas si loin de porter le même jugement : « Confiant toujours, oublieux, plein de sérénité, il attendait tout du temps et de son étoile. »

Son étoile pâlit, cette république qu'il a fondée lui saute à la figure comme un gaz ; il sait, quoi qu'on en dise, qu'il n'atteindra pas la taille des grands hommes politiques, des César, des Napoléon, il se moque du qu'en-dira-t-on. Un jour il rendra son âme à Dieu et Dieu lui prêtera un curieux livre : Comment réussir une révolution ? Par la croix ou par le feu ? Par les Comptoirs d'escompte ou par l'Evangile ? En assommant les passants ? En tuant l'espoir ? Ne dirait-on pas qu'on frappe à la porte ?

Ouvrez, sabre à finances, cornefinances, je viens chercher les impôts[2] *!*

Tout le monde veut de l'argent, faire mettre dans le journal : Toute la terre libre ! Vive la Sociale ! Vive ma précieuse personne ! Forcer les députés à partir à la recherche de l'Eldorado ! Ils ne font rien, ces 880 bonshommes ! Un bon cortège les réveillera !

Ce lundi 15 mai, ils sont 150 000 à s'encourager de la voix ; leurs pas et leurs meneurs les conduisent vers le

1. A. de Lamartine, *Histoire de la Révolution de 1848*.
2. A. Jarry, *Ubu roi*.

pont de la Concorde et de là vers « la grande boîte en papier peint » où siègent leurs élus. Ils n'éprouvent aucun mal à s'emparer de la sonnette du président de la séance, un certain Wolowski[1], qui est en train de parler de la Pologne à la tribune.

Il est midi, l'heure de la faim et de la soif. Nous sommes mi-mai, les fenêtres sont ouvertes : la pétition en faveur des « frères de la Vistule » a tôt fait d'être oubliée, tandis que des flots d'hommes déguenillés, selon Victor Hugo, descendent ou plutôt dégringolent le long des piliers des tribunes. « Partout des têtes, des épaules, des faces hurlantes, des bras tendus, des poings fermés ; personne ne parlant, tout le monde criant, les représentants immobiles ; cela durera trois heures [...] Les femmes tinrent bon pendant trois quarts d'heure, mais elles finirent par s'enfuir et elles disparurent toutes. Une seule resta quelque temps, jolie, parée, avec un chapeau rose, épouvantée... »

L'instant fatal

Quand celle-ci eut disparu à son tour, quand il n'y eut plus que des hommes, pieds nus ou en bottines, des drapeaux piqués de bonnets rouges, des gestes de faire foutre, des cris, des yeux injectés de sang, on put croire à la fin du monde. Tout au moins à celle de la commission exécutive.

La Chambre est sommée de lever une armée pour dé-

1. Economiste d'origine polonaise, installé en France en 1831, élu à la Constituante.

fendre la Pologne, de voter un impôt d'un milliard sur les riches, la sortie de Paris de toutes les troupes, l'interdiction de battre le rappel. On se bombarde d'idées plus folles les unes que les autres ; soudain les tribunes craquent et se mettent à pencher.

Commence le va-et-vient avec l'Hôtel de Ville. Est-ce la révolution qui traverse à nouveau la Seine, drapeau rouge en tête ? Est-ce la course au pouvoir de ceux à qui le pouvoir a échappé depuis les élections, Barbès, Albert, Sobrier, Blanqui, Raspail, Huber, et qui seront en fuite ou arrêtés le soir même ? Ou est-ce le « Vous n'avez jamais eu faim, monsieur Arago ! » qui va tout emporter ?

CHAPITRE XVI

Du pain ou du plomb !

Au coin, ou presque, du faubourg Saint-Antoine et de la place de la Bastille, à une hauteur où nul ne peut la voir, si ce n'est debout dans un autobus, une plaque rappelle aux Parisiens la mémoire de Mgr Affre, leur archevêque, tué sur la barricade Saint-Antoine, le 25 juin 1848, jour de la Fête-Dieu[1]. Victor Hugo ne le portait pas dans son cœur. « J'ai vu, écrit-il[2], l'archevêché de Paris sollicité comme un bureau de tabac, m'a dit un jour Cousin, alors ministre de l'Instruction publique (1840). Le solliciteur était M. Affre. »

Pour Lamartine qui se présente comme un envoyé de Dieu, réussir à faire tuer l'archevêque de Paris ne rend pas sûr de soi. Sa révolution a un trou dans le dos, ce jour-là; elle mourra presque en même temps que l'archevêque qui agonisera pendant deux jours. Et,

1. Cette plaque porte le texte suivant : « A la mémoire de Denis-Auguste Affre (1793-1848) archevêque de Paris tombé le 25 juin 1848 pour la concorde nationale, la fraternité humaine, la charité. »

2. *Choses vues.*

comme son archevêque, elle mourra dans les ténèbres et dans ses déjections.

Quiconque meurt, meurt à douleur
Telle qu'il perd vent et haleine :
Son fiel se crève sur son cœur,
Puis sue, Dieu sait quelle sueur[1] *!*

On ne sait pas combien de Parisiens disparaîtront au solstice de cet été 1848. On perdra la trace de beaucoup : environ 4 000 tués ou blessés, disent les historiens. Combien de blessés en réchapperont? Et les morts retourneront à « notre grand-mère la terre », comme dit Villon.

C'est d'ailleurs par les morts que tout commence. Chaque jour, une délégation de manifestants défile dans Paris et s'enroule autour de la colonne de Juillet en souvenir des victimes de la fusillade du boulevard des Capucines. C'était il y a cinq mois; depuis l'eau a coulé sous les ponts. « La France [...] ayant perdu l'autorité et tâchant de trouver le génie, écrit Hugo, en était à ne plus distinguer [...] le sexe du sexe, le jour de la nuit, entre cette femme qui s'appelait Lamartine et cet homme qui s'appelait George Sand. »

Dures paroles déjà démodées en juin, car ni Lamartine ni George Sand ne sont plus des acteurs principaux. La foule seule reste en lice. Le 15 mai Lamartine a blêmi – il y avait de quoi ! « Tous fous, Monsieur, disait ce jour-là Trélat, médecin aliéniste et ministre des Travaux publics, en secouant les mains de Tocqueville, qui devraient être à ma Salpêtrière et non ici [dans la salle de l'Assemblée] ! » Quatre heures au bord du gouffre !

1. Villon, *Le Testament.*

Quatre heures aux abois ! Lamartine est comme un fantôme ; soudain il quitte la salle et, avec lui, s'en vont ses chimères, son électricité nerveuse ; il succombe.

« C'est un terrible orage qui épurera l'air », écrit-il le lendemain à sa sœur. Tous les meneurs en fuite ou en taule ; plus de préfet de police, plus de Commission du Luxembourg ; l'Assemblée désigne un exécutif provisoire. Le 17 mai, le général Cavaignac arrive d'Alger. L'air n'est nullement épuré, il est empoisonné !

Raison de plus pour organiser une nouvelle fête de la Fraternité ! Cette fois, Mgr Affre se rebiffe : « J'ai voté pour vous[1], écrit-il à Marrast, le maire de Paris, mais je ne puis accepter que le clergé soit mêlé à une manifestation officielle sans que l'évêque en soit averti. Je dois vous dire qu'aucun prêtre ne paraîtra à la Fête de la Fraternité. »

On a encore appuyé sur le ventre de Paris, ce 21 mai et deux cent, deux cent cinquante, peut-être trois cent mille personnes en sont sorties ; le défilé a duré du matin au soir, les officiels épuisés, armés certains, car redoutant le pire, partent avant la fin de ce banquet fraternel où même l'eau manque ! Les légions défilent, mais selon que l'on marche en tête ou en queue, on scande des slogans opposés ; les gardes nationaux des beaux quartiers sont en uniforme, ceux des bas quartiers en guenilles ; les uns pensent à leur fière allure, les autres rêvent d'œufs frits. « Je prévoyais [...] que toutes ces baïonnettes que je voyais briller au soleil seraient bientôt levées les unes contre les autres, écrit Tocqueville, et je sentais que c'était la revue

1. Dès le mois de mars, Mgr Affre avait offert son argenterie à la commission chargée de recevoir les dons patriotiques faits à la nation, commission présidée par Lamennais dont Victor Hugo disait : « L'abbé de La Mennais. Première phrase : sans calotte. Deuxième phrase : sans culotte. »

des deux armées de la guerre civile que nous venions de faire. »

Lamartine est parti comme ses collègues avant la fin du défilé. Il a été embrassé par une géante, obligé de coller sur « deux grosses joues ruisselantes de sueur », dit Tocqueville, le bout de ses lèvres. Il ne se doute pas que ce Champ-de-Mars tout bruissant encore des bruits de la grande Révolution française accueillera dans moins de vingt ans... des locomotives[1] ! Que M. Schneider, qui n'est plus aujourd'hui ni député ni maire, sera alors président du Corps législatif, grand-croix de la Légion d'honneur, régent de la Banque de France, président du Comité des forges, et j'en passe.

Si Lamartine pouvait imaginer ceci – le mariage inéluctable de l'ancien et du moderne – il serait le génie que n'a pas trouvé la révolution de 1848. « Les ponts sont commencés, écrit Dickens, dont les piles encore séparées se regardent tristement d'un bord à l'autre des routes et des cours d'eau, comme des fiancés de brique et de mortier dont le mariage rencontrerait un obstacle[2]. » S'agit-il des deux armées de la guerre civile décrites par Tocqueville ? Ou l'antagonisme serait-il, selon l'admirable formule de Victor Hugo, entre « la vieillesse des choses avec la nouveauté des idées » ?

Idées noires

La nation est souveraine – plus de roi, il est parti depuis quatre mois ; le suffrage universel a succédé au droit

1. A l'Exposition universelle de 1867.
2. *Bleak House.*

divin, le principe de l'élection à celui de l'hérédité. La liberté de la presse est totale, celle de se réunir aussi; la liberté de parole croule sous les mots. « L'Europe avait peur d'un peuple, la France », dit Hugo. Les yeux sont braqués sur Paris et sur les Parisiens.

Et si tout ce que leur racontent Blanqui, Barbès, Louis Blanc, Raspail, Ledru-Rollin depuis tant d'années, au moins depuis dix ans, et en tout cas depuis quatre mois, n'avait pour but que de noyer le poisson, d'imposer le silence aux pauvres? Etait devenu non pas des idées neuves, mais des idées noires? Si ce que veulent ces gens qui défilent ce 21 mai, c'était autre chose? Manger, par exemple. Commencer la journée sans avoir à ne penser qu'à ça, à ce qu'on va se mettre sous la dent à midi, ce soir et demain? Et avec quel argent? A ce que ces enfants qui naissent à tout propos ne meurent pas comme des mouches, connaissent un sort moins malheureux que celui de leurs parents?

Les hommes jouent aux cartes en refaisant le monde. On leur serine depuis quatre mois le droit à Noël tous les jours : pourquoi ne pas tirer des bénéfices non pas de son travail ou de la charité publique, mais, comme les riches, de son oisiveté? Pourquoi les articles les plus divers tels que complets, chaussures, fromages ne sont-ils pas gratuits? Les portes des magasins ne s'ouvrent-elles pas toutes seules? Bref, pourquoi la puissance de l'argent se manifeste-t-elle toujours chez les riches et jamais chez les pauvres? Et pourquoi, malgré le suffrage universel, malgré la baraque des députés qui a coûté 336 000 francs, les boyaux continuent-ils à se tordre de faim?

Le 15 mai, pendant cette folle séance à l'Assemblée, tandis que les insurgés déclaraient la guerre à l'Allemagne et à la Russie – rien que cela! – si la Pologne n'était pas restaurée dans ses droits, où était Lamartine? « Je pense, écrit Tocqueville, qu'il fut saisi d'une de ces défaillances de cœur auxquelles sont sujets les hommes les plus braves (et il était du nombre de ceux-là) quand ils ont l'imagination mobile et vive. »

Le 21 mai, au Champ-de-Mars transformé en « un grand lac rempli d'acier liquide » par toutes ces baïonnettes à touche-touche, où est Lamartine ? « [Il] ne tarda pas à se soustraire lui-même à ce dernier rayon de son soleil; il se retira bien avant que la cérémonie ne fût terminée. Il avait l'air soucieux et las [...][1]. »

Le 13 juin, il donne sa démission de l'Assemblée qu'il reprend aussitôt. Cavaignac est maintenant vice-président de l'Assemblée et ministre de la Guerre. « Du nez dans du poil », disait de lui Chateaubriand. Paris est triste. Des élections complémentaires ont eu lieu début juin : elles ont encore renforcé la réaction, comme dit la rue. Louis-Napoléon Bonaparte (qui enverra sa démission quelques jours plus tard), Thiers, Victor Hugo (avec davantage de voix que Bonaparte) sont élus. Prix de consolation pour l'opposition : Proudhon, Leroux et Caussidière gagnent ou regagnent la Chambre. Lamartine est comme « écarté du débat », dit Daniel Stern. De quel débat ? Savoir ce que l'on va faire de ces 110 000 chômeurs inscrits dans les Ateliers nationaux qui coûtent 170 000 francs par jour à un Etat au bord de la faillite !

Les Parisiens voient arriver à une vitesse grandissante la fin des réjouissances et le début d'une famine carabinée ! La seule chose à laquelle ils ne s'attendent pas, c'est à ce qu'on les oblige à changer d'air ! 21 juin : la commission exécutive prend un arrêté, sans vote de l'Assemblée : cet arrêté expédie tous les ouvriers de 17 à 25 ans à l'armée ; et les autres sur les chantiers des Ponts

1. Tocqueville, *op. cit.*

et Chaussées, en province. C'est soit aller se faire trouer le bide en Algérie, soit aller casser des cailloux sur les routes ! Le décret paraît dans *Le Moniteur*[1] le matin du 22 juin. Qui veut d'un tel sort ?

Des formes monstrueuses et inconnues

Blanqui, sortant de prison en février, avait prévenu son frère : « Je sors une fourche de fer rouge à la main. » Paris a soudain une fourche de fer rouge à la main. Ce même 22 juin, jour de la parution du décret fermant les Ateliers nationaux, c'est au Panthéon que les cheveux se hérissent. Le cortège des manifestants a terminé son pèlerinage quotidien autour de la colonne de Juillet et le voici en fin de journée gravissant la montagne Sainte-Geneviève. « Un bruit singulier montait des profondeurs de la rue Saint-Jacques, noyée d'obscurité, écrit Maxime Du Camp : c'était une sorte de mélopée sourde [...] d'une incroyable tristesse [...] Du pain ou du plomb ! Du pain ou du plomb ! »

Des bandes chantent dans Paris : On ne partira pas ! On ne partira pas ! sur un ton qui ne laisse aucun doute sur leur intention de désobéir. Au Théâtre-Français, le rideau se lève sur *Il ne faut jurer de rien.* « Le lendemain, écrit Musset [...] nous avions le fusil au poing, avec le canon pour orchestre, l'incendie pour éclairage et un parterre de vandales enragés. » Le lendemain, rue Saint-Jacques, 68 barricades ont poussé dans la nuit !

Puisqu'il n'y a pas de pain, ce sera du plomb ! Du

1. L'équivalent du *Journal officiel.*

plomb dans les soldats, du plomb dans l'archevêque de Paris, dans le mollet de Maxime Du Camp, dans les chevaux (Lamoricière en aura trois de tués sous lui), dans les généraux (six au tapis). Dornès, un élu, est tué et son collègue Bixio blessé. En quatre jours, Paris se transforme en une cité de morts.

« Cette insurrection eut cela de particulier qu'elle fut et qu'elle est restée anonyme », écrit Maxime Du Camp. Partout des hommes assis pleurent, le Paris de l'Est est coupé du Paris de l'Ouest, des femmes frappent en vain à des portes qui ne s'ouvrent pas.

Le 23 juin, la commission exécutive s'est dissoute – « Elle ne sut rien prévoir, rien réparer ; elle ne sut même pas mourir, dit Maxime Du Camp, elle s'éboula. » Le lendemain, Victor Hugo arrive jusqu'à Lamartine dans le bureau qu'occupait encore la veille le cabinet de la commission exécutive. « Il était blême, défait, la barbe longue et tout poudreux [...] Où en sommes-nous, Lamartine ? – Nous sommes f... ! – Qu'est-ce que cela veut dire ? – Cela veut dire que dans un quart d'heure l'Assemblée sera envahie [...] Comment ! et les troupes ? – Il n'y en a pas – Mais vous m'avez dit mercredi, et répété hier, que vous aviez soixante mille hommes ! – Je le croyais [...] Je ne suis pas ministre de la Guerre ! »

L'Assemblée investit le général Cavaignac du pouvoir exécutif – c'est comme si on décongelait le spectre de la dictature, comme si, devant le long ruban des pauvres qui s'étire, on disposait une mitraillette. Lamartine enfourche son cheval Saphir ; celui-ci bondit de gaieté tandis qu'il emporte son maître vers la barrière du Temple hérissée de drapeaux noirs. L'insurrection de juin, écrit Tocqueville, « n'eut pas pour but de changer la forme du gouvernement, mais d'altérer l'ordre de la société. Elle ne fut pas, à vrai dire, une lutte politique [...], mais un combat de classe, une sorte de guerre servile [...] un effort brutal et aveugle, mais puissant des ouvriers pour échapper aux nécessités de leur condition qu'on leur avait dépeinte comme une oppression illégitime et pour s'ouvrir par le fer un chemin vers ce bien-être imaginaire dont on les avait bercés.[...] Les femmes y prirent autant de part que les hommes [...] Elles aimaient cette guerre comme elles eussent aimé une loterie[1] ».

La mort avance « nue jusqu'aux os »; le cheval de Lamartine s'écroule sous lui, blessé à l'épaule; Leconte de Lisle, futur roi du Parnasse, invente un explosif: le fulmicoton. Qu'on se voudrait comme Frédéric Moreau et Rosanette, loin de Paris, blottis l'un contre l'autre, s'endormant « au murmure du jet d'eau dans la cour »!

Les militaires, Lamoricière en tête[2], ne sont pas mécontents de laisser faire. Quand Lamartine réclame des troupes, Cavaignac lui répond : « En voilà assez pour aujourd'hui! » Plus l'insurrection se concentre et plus il sera facile de lui crever les poumons.

Du formidable au sinistre

Deux barricades, au milieu de centaines d'autres, sont ces poumons, la barricade du faubourg Saint-Antoine sur laquelle Mgr Affre va recevoir une balle dans les reins et la barricade du Temple. Victor Hugo décrit l'une et

1. *Souvenirs.*
2. « Je n'ai jamais vu une figure plus resplendissante de passions agressives », écrit Tocqueville.

l'autre dans *Les Misérables*[1] : « La barricade Saint-Antoine était le tumulte des tonnerres ; la barricade du Temple était le silence. Il y avait entre ces deux redoutes la différence du formidable au sinistre. L'une semblait une gueule, l'autre un masque. »

Le jour de la Fête-Dieu, ce dimanche 25 juin, est aussi le jour des généraux : Duvivier et Négrier sont tués, le général Bréa est fusillé. Et dès qu'on entend un son, on entend : Rechargez ! Combien de milliers de cartouches, combien d'étincelles, combien de chansons, combien d'interrogations muettes dans les yeux de ceux qui meurent sans savoir pourquoi ? Ou en croyant le savoir. Pour que la bourgeoisie soit dépucelée ? comme le dit Sartre qui se juche tel Dieu le Père au milieu du tympan et se met à trier les bons des méchants. Pour qu'elle s'atteigne par un crime dans sa réalité de classe ? Pour que les nantis et les capables soient chassés de l'innocence bourgeoise ?

Il raconte comment Arago, rue Soufflot, fait ouvrir le feu sur les défenseurs des barricades et suit en courant, sabre au clair, les soldats qui chargent à la baïonnette. Un témoin rapporte : « Une sorte de frénésie poussait en avant ce vieillard. » Arago a soixante-trois ans.

Il n'y a pas de « malentendu qui sépare les classes », mensonge optimiste de Lamartine, poursuit l'impitoyable Sartre. La honte et le désespoir sont les premières déterminations de la prise de conscience de l'exploité ; et la haine. De l'autre côté, la haine brille aussi dans ce soleil de juin : « Ce que les capables détestent dans ces ouvriers

1. « Les deux plus mémorables barricades que l'observateur des maladies sociales puisse mentionner n'appartiennent point à la période où est placée l'action de ce livre. Les deux barricades [...] sortirent de terre lors de la fatale insurrection de juin 1848... »

qu'ils massacrent, c'est moins le danger socialiste que l'impertinence de sous-hommes qui se sont déclarés leurs égaux [...] Les grands ténors n'y résisteront pas[1]. »

A 14 h 20, le lundi 26 juin, le général Cavaignac télégraphie à toutes les préfectures : « L'ordre a triomphé de l'anarchie. Vive la République. »

1. *L'Idiot de la famille.*

CHAPITRE XVII

Poléon, nous l'aurons !

Cet homme surgi de l'ombre, le teint pâle, avec des moustaches et une royale[1] noires, ressemble à un étranger. Il parle avec un léger accent allemand et cherche la place Vendôme, alors même qu'il lui tourne le dos.

Eugène Schneider fronce le sourcil et lui dit ça, qu'il tourne le dos à la place Vendôme. L'étranger a une raie dans les cheveux – il vient de se recoiffer, la raie est impeccable – et, chose curieuse, il sent l'iris. L'iris sous la neige qui commence à tomber...

Il est près de minuit. Quelque chose, chez cet inconnu, parle d'une bonne fortune ; de l'abominable système dont tout homme est fait : tout homme se transforme en loup-garou à cet instant de la nuit pour suivre une robe en velours noir qui se faufile sur les boulevards ; ou bien deux yeux pervenche au Palais-Royal ; ou un lapin blanc aux Buttes-Chaumont. « Et maintenant, aux Fesses ! » comme dit Verlaine.

L'inconnu sent l'iris et la soie brûlée comme si son ci-

1. Touffe de poils sous la lèvre inférieure mise à la mode par Louis XIII.

gare avait effleuré la robe qui passait par-dessus l'épaule de la fille qu'il a suivie. A-t-elle protesté ? Comment lui a-t-il compté ses billets ? L'a-t-il dédommagée de la brûlure de sa robe ? Aime-t-il le roussi ? Il paraît jeune encore – une quarantaine d'années. Il tire son chapeau avant de prendre congé : « La colonne, dit-il en parlant de la colonne Vendôme, je la regarde toute la journée. »

Place Vendôme

Ce qu'Eugène Schneider ne sait pas c'est qu'elle a été construite sur l'ordre de l'oncle de cet inconnu, qui fut aussi son parrain et le vainqueur d'Austerlitz. Et que ce monsieur qui revient d'une aventure galante se nomme Louis-Napoléon Bonaparte. Il est le troisième fils de Louis, roi de Hollande et d'Hortense de Beauharnais, fille de Joséphine. Il a passé une partie de son enfance en Thurgovie, un canton suisse alémanique situé près du lac de Constance, ce qui explique son léger accent allemand. Il a toujours vécu en exil, c'est pourquoi il ne sait pas, à deux pas de la place Vendôme, qu'il en est à deux pas ! Il ne connaît de Paris que l'Elysée et c'est à l'Elysée qu'il veut retourner.

Il le veut depuis l'âge de sept ans où, dans le grand salon du rez-de-chaussée, son oncle, parrain et empereur a posé sa main sur sa tête de petit garçon. Napoléon transmettait son bien sanglant, la France : c'était en mai 1815. De ce jour-là a commencé la maladie de Louis-Napoléon Bonaparte, la maladie du pouvoir. Pourtant il en est loin et les occasions de passer à côté ne manquent pas ! Notre empereur en herbe ne fait que des bêtises en attendant que son cousin germain, le duc de Reichstadt, meure, que son père meure, que ses frères meurent – il en a deux plus âgés que lui –, qu'il soit enfin l'héritier du trône.

Voici quinze ans ou presque maintenant que la voie est libre, mais les bêtises continuent : Strasbourg (1836), Boulogne (1840) : les tentatives de coups d'Etat se sont succédé ; leur échec a valu à Louis-Napoléon Bonaparte six ans d'emprisonnement au fort de Ham, dans la Somme. Il s'évade, gagne l'Angleterre et surveille de Londres ce qui se passe de l'autre côté de la Manche ; au Carlton Club, il lit avec beaucoup d'attention les journaux français ; de temps en temps, il s'appelle Sire pour s'habituer à ce qu'on s'adresse un jour à lui de cette manière. Il a une foi absolue dans son étoile. Le départ de Louis-Philippe le met sur orbite.

Le dimanche 27 février 1848 – la République a trois jours – Louis-Napoléon Bonaparte n'y tient plus, s'embarque pour Calais, non loin de ce Boulogne où, huit ans auparavant, il s'est ridiculisé par un débarquement manqué (1 mort, 47 prisonniers dont lui, traité non comme un prince, mais comme un aventurier – la presse anglaise parle de l'enfermer dans un asile de fous !). Louis-Napoléon Bonaparte se rend à Paris en chemin de fer, il ne sait pas ce qu'il va trouver dans la capitale, les nouvelles arrivent à Londres avec deux jours de retard. Un monde politique inconnu grouille sur les ruines de la monarchie de Juillet ; une seule figure s'en détache, celle de M. de Lamartine, ministre des Affaires étrangères et chef *ipso facto* du Gouvernement provisoire. Le prince a un passeport anglais, une moustache postiche (c'est un proscrit) ; deux fidèles l'accompagnent. Lors de ce premier voyage, il s'installe non pas en face de la colonne Vendôme dont chaque plaque de bronze provient des canons russes ou autrichiens pris par son oncle à Austerlitz, mais rue de Richelieu, à l'hôtel des Princes qui ne doit plus s'appeler de la sorte le 28 février 1848. Il y passe trois jours, pas un de plus.

Le lendemain de son arrivée, il fait porter par l'un des siens, le fidèle d'entre les fidèles, Persigny[1], une lettre à Lamartine. Celui-ci lui conseille de repasser illico la Manche. Bonaparte obtempère. « Vous verrez dans ce sacrifice, écrit-il, la pureté de mes intentions. »

Une égalité de bêtes brutes

Ce soir de novembre 1848 où Eugène Schneider a croisé cet inconnu qui lui demande où se trouve la place Vendôme, Louis-Napoléon Bonaparte est de retour à Paris pour la deuxième fois de l'année, mais cette fois il est rentré en France par la grande porte. La loi d'exil a été abrogée en mai ; il a été deux fois élu à des législatives partielles[2] ; la seconde élection a été validée par l'Assemblée où il siège depuis le 25 septembre et le voici maintenant candidat à la présidence de la République – les élections doivent avoir lieu au suffrage universel à la fin de l'année.

En effet comment l'appeler ? « Ce n'est pas une des moindres curiosités et un des faits les moins caractéristiques de la situation, écrit Victor Hugo, que cet homme auquel on peut dire, et on dit en même temps et de tous les côtés à la fois : prince, altesse, monsieur,

1. Victor Fialin, puis Fialin de Persigny, puis comte, puis duc.

2. La première fois, il a renoncé à siéger et s'est représenté en septembre.

monseigneur et citoyen. » Cette fois-ci, il loge place Vendôme, à l'hôtel du Rhin ; il occupe deux étages face à la colonne. Que s'est-il passé en sept mois, entre les moustaches postiches de février et le « Poléon, nous l'aurons ! » qu'on chante maintenant à tue-tête dans les rues ? Il s'est passé quelque chose d'horrible qui s'appelle une guerre civile. Et la république est la noyée silencieuse de cette guerre civile.

4 à 5 000 morts ou blessés, 11 000 prisonniers dont 4 000 « transportés » en Algérie. Paris est un monceau de ruines et de cendres après les journées de juin ; l'Europe ne vaut guère mieux. Il y a des soldats partout, un général au pouvoir, des baraquements dans les plus beaux carrefours de la capitale ; on célèbre des messes pour les victimes officielles ; pour celles qui ont disparu, pour les exilés, les emprisonnés, les morts clandestins, on ne célèbre rien du tout. Les tribunaux d'exception ne chôment pas.

Aux Tuileries, sous la terrasse qui borde la Seine, les perdants se tapent la tête contre les murs de leur prison. « Ils étaient là, neuf cents hommes, entassés dans l'ordure, pêle-mêle, noirs de poudre et de sang caillé, grelottant la fièvre, criant de rage [...] Quand les prisonniers s'approchaient d'un soupirail, les gardes nationaux qui étaient de faction – pour les empêcher d'ébranler les grilles –, fourraient des coups de baïonnette, au hasard, dans le tas [...] C'était un débordement de peur. [...] une égalité de bêtes brutes, un même niveau de turpitudes sanglantes ; car le fanatisme des intérêts équilibra les délires du besoin, l'aristocratie eut les fureurs de la crapule, et le bonnet de coton ne se montra pas moins hideux que le bonnet rouge. La raison publique était troublée comme après les grands bouleversements de la nature[1]. »

1. G. Flaubert, *L'Education sentimentale.*

Les récoltes sont admirables

A la fureur succède une sorte d'anéantissement. Le 28 juin, le général Cavaignac a remis ses pleins pouvoirs à l'Assemblée et celle-ci l'a nommé président du Conseil des ministres[1]. Son mot favori est : « Je le répète. » On essaye de comprendre ce qui s'est passé. Sur les conseils de Victor Hugo, Lamartine garde le silence devant la commission parlementaire chargée de faire la lumière sur les événements de mai et de juin. Caussidière comparaît, puis s'enfuit ; on vend à l'encan le matériel des Ateliers nationaux – ceux-ci ont été dissous le 3 juillet : « Les pioches sont neuves, les pelles presque toutes cassées ; les brouettes sont hors de service. Un maréchal est là avec une petite forge qui raccommode les outils avant qu'ils soient livrés à l'adjudication[2]. »

Qu'a-t-on fait des chômeurs ? Comment les raccommoder avec le travail qui continue à manquer et avec une république qui leur a tiré dessus ? « En France, après juin 1848, il n'y a que des vaincus », écrit Sartre. Le 6 septembre, une circulaire gouvernementale impose un passeport aux ouvriers qui voudront franchir les limites d'un département. Et tout cela sans résistance. « La haine qu'on portait [à la république] était une haine molle, comme toutes les passions que ressentait alors ce pays », écrit Tocqueville.

1. Poste qu'il occupera jusqu'à l'élection présidentielle de décembre 1848.

2. V. Hugo, *Choses vues*.

Au Creusot, l'argent est un peu revenu et avec lui le travail; cependant des troubles ont à nouveau éclaté car Jean-Baptiste Dumay parle de l'événement qui a le plus frappé sa jeune imagination : « L'arrivée de la force armée pour réprimer une tentative révolutionnaire, écho des journées de juin de la capitale [...] Je fus le témoin d'une charge de gendarmerie contre un groupe de mineurs[1]. » Le futur militant de 1869 grave cette scène dans sa mémoire : il a six ans et demi, c'est un âge où on n'oublie pas le bruit des coups, le cliquetis des armes, les fers des souliers qui courent sur la route; on n'oublie pas les arcades sourcilières ouvertes, les cris des femmes, les conversations du soir sur les crimes des bourreaux; à six ans et demi, ça vous aiguise comme une lame!

Que se passe-t-il sur ces chemins vicinaux de grande communication et sur les simples chemins sur lesquels le commissaire Sauvage recommandait de faire travailler les chômeurs? Ça se passe mal. Flambants et rouges, les ouvriers que le gouvernement a réussi à convaincre de quitter Paris et à faire monter dans des wagons sont affectés à la construction de chemins de fer, de routes, de ponts, alors qu'ils sont horlogers, charcutiers, verriers. Quel gâchis, et comment en sortir quand on en est à condamner Gorju, l'agitateur de service de la commune de Chavignolles, « à trois mois de prison, pour délit de paroles tendant au bouleversement de la société[2] »?

Comment faire cesser cette débauche de rumeurs qui secouent la société française? Les orgies de Ledru-Rollin? Les purées d'ananas de Louis Blanc? Le lit d'or de Flocon? La trahison d'Eugène Schneider? « Je n'ai ajouté aucune confiance à ce qu'ont répété quelques personnes,

1. *Op. cit.*
2. G. Flaubert, *Bouvard et Pécuchet.*

lui écrit le 9 mai 1848 Victor Rey, maire d'Autun, que vous étiez en voie de céder Le Creusot au gouvernement. »

On s'émeut rétrospectivement de cette « effrayante rapidité, même au milieu d'un siècle aussi civilisé que le nôtre, [avec laquelle], constate Tocqueville, les âmes les plus pacifiques se mettent, pour ainsi dire, à l'unisson des guerres civiles ». Il faut du temps pour réapprendre à vivre avec ceux qu'on n'aime pas, les pauvres, les affamés, ceux qui vous ont montré le poing.

29 juin 1848, toujours de Victor Rey à Eugène Schneider : « Que va-t-on faire maintenant ? Sans doute on va traiter les révoltés avec toute la mollesse que réclament leurs chefs véritables qui sont au nombre des représentants [...] Ah il faut désespérer du bon sens public et du salut d'une société où l'on n'a d'égards que pour les assassins [...] Heureusement, au milieu de tout cela, les récoltes sont admirables[1]. »

Ce qui ne fait pas l'affaire des paysans, car les prix chutent. S'il y a du grain dans les granges, il n'y a toujours pas de numéraire en circulation et les vieilles peurs ressurgissent dans les campagnes, peur des bandits, des loups, des visites domiciliaires des percepteurs, des huissiers, des usuriers, des soldats, de tout ce qui a des crocs ; des chouettes sont clouées vivantes sur des échaliers et M. de Chateaubriand choisit ce moment-là pour mourir. La Bourse est nerveuse et le budget est comme tous les budgets de l'après-rêve : il lui faut jeûner. Tours de vis et impôts parfument le pays et les industriels sont maussades. « Je ne saurais assez vous recommander, écrit le fondé de pouvoir des Seillière à Eugène Schneider, le 8 septembre 1848, de ne prendre de travaux que ceux de

1. Archives privées.

la haute région de votre administration pour ne pas vous fatiguer de détails qui en définitive apportent à l'esprit la somme de pensées et de travail qui vous accable par moments [...] Ménagez-vous donc, nous n'avons qu'une vie matérielle et rien ne nous la fera retrouver quand nous l'aurons perdue. Nos affaires à Paris marchent comme toutes les choses sous ce régime, péniblement. »

Pensées secrètes

Est-ce à ce conseil que pense Eugène Schneider quand son chemin croise celui de cet inconnu qui cherche la place Vendôme en lui tournant le dos ? Il a renvoyé sa voiture pour rentrer à pied d'un dîner, sa femme est au Creusot et il a eu tout à coup besoin d'air et de ciel, comme s'il étouffait. « Nous n'avons qu'une vie matérielle et rien ne nous la fera retrouver quand nous l'aurons perdue... »

« Le général Cavaignac a en ce moment pour maîtresse Mlle Plumkett et M. Marrast Mlle Masson », écrit Victor Hugo. A Londres, cet étranger dont Eugène Schneider n'a pas reconnu le visage dans l'obscurité a pour maîtresse Harriet Howard qu'il appelle « ma logeuse » ou « ma belle hôtesse ». Comment ces gens trouvent-ils le temps d'introduire d'autres vies dans la leur ? Trop de chiffres circulent sous le crâne d'Eugène Schneider. L'année 1848 l'a vieilli : comment la France va-t-elle se rétablir ? La popularité de François Bourdon auprès des ouvriers du Creusot ne risque-t-elle pas de porter ombrage à la gérance ? Que signifie se ménager quand on a encore à faire siffler les oreilles de son siècle ?

Le promeneur attardé soulève son chapeau et s'en va – il s'en va tout droit au fauteuil de président de la République française, il aura même la chance le jour du vote qu'il fasse très beau. « Son nom, écrit Charles de Rémusat, sortait comme de lui-même de l'urne électorale. On eût dit une pensée secrète qui tout à coup s'échappait des cœurs.[1] »

Ras-le-bol

Dans six semaines, Victor Hugo sera invité à dîner à l'Elysée ; il arrivera en retard, son carnet de croquis à la main. Plus tard, il appellera ces croquis *Choses vues* ; plus tard, il racontera son tête-à-tête avec son futur pire ennemi et comment Louis-Napoléon Bonaparte, qui vient d'être élu président de la République, fait jouer de la musique militaire dans un Elysée fantomatique. Là encore, que s'est-il passé ?

Des mois d'air irrespirable, des doctrines à ne savoir où donner de la tête, des rêveries qui ont tourné au cauchemar, Paris dépavé, la province stupéfaite, horrifiée devant ces gens qui se sont battus jusqu'à ce qu'on les fusille ont engendré un ras-le-bol généralisé. « On se vengeait à la fois des journaux, des clubs, des attroupements, des doctrines, de tout ce qui exaspérait depuis trois mois[2]. »

La commission parlementaire n'a fait la lumière sur rien et la Constitution est proclamée dans une indiffé-

1. *Mémoires de ma vie, 1841-1851,* Paris, Plon, 1962.
2. G. Flaubert, *L'Education sentimentale.*

rence qui frise le ridicule : place de la Concorde, après neuf mois de gestation, sur un autel de vingt mètres de haut sur lequel il neige comme sur les Alpes ! Voter, on n'en peut plus, ni chanter, se tuer, défiler, écouter ce 12 novembre la lecture des 116 articles de la Constitution qu'inflige à une assistance transie la voix pointue du président Marrast.

La dernière corvée civique en cette fin d'année 1848 s'appelle l'élection du président de la République au suffrage universel. On a longuement débattu de ce mode de scrutin et de ses dangers ; Lamartine est sorti de l'état de stupeur où l'ont plongé les massacres de juin pour défendre le suffrage universel, seule manière, à ses yeux, de consacrer le pouvoir exécutif. Avant de partir pour Monceau, le 6 octobre – vendanges obligent – il a expliqué à la Chambre pourquoi la France n'était pas un poulailler et pourquoi elle n'avait rien à craindre d'un renard élu au suffrage universel. « Si elle [la République] se fonde, j'ai gagné ma partie humaine contre la destinée, dit-il. Si elle échoue, ou dans l'anarchie, ou dans une réminiscence de despotisme... » Allons, ne citons pas la suite par égard pour cet homme « blanc, courbé depuis février, vieilli de dix ans en un mois », dit Hugo.

Quand, le 20 décembre, Waldeck-Rousseau proclame à l'Assemblée le résultat de l'élection présidentielle, le citoyen Napoléon Bonaparte, 5 434 226 voix, Lamartine, 17 940, « la droite éclata de rire ».

CHAPITRE XVIII

Citoyens, bourgeois, croûtons !

> — Le Grand Pontife.
>
> Citoyens, bourgeois, croûtons ! En ce jour solennel... nous sommes réunis pour adorer le trois fois Saint Pot-au-feu, emblème des intérêts matériels, autrement dit des plus chers !... Vos devoirs, ô bourgeois, nul d'entre vous... n'y a transgressé. Vous vous êtes tenus philosophiquement dans vos maisons, ne pensant qu'à vos affaires, à vous-mêmes seulement... Continuez votre petit bonhomme de chemin, qui vous mènera au repos, à la richesse, à la considération. Ne manquez point de haïr ce qui est exorbitant ou héroïque – pas d'enthousiasme, surtout ! – et ne changez rien à quoi que ce soit... car le bonheur particulier comme le public ne se trouve que dans la température de l'esprit, l'immutabilité des usages et le glouglou du Pot-au-feu.
>
> GUSTAVE FLAUBERT
> *Le Château des cœurs.*

On dit que Louis-Napoléon Bonaparte a pleuré en apprenant son existence ; c'était il y a dix ans. Dans la poche profonde du ventre de sa mère, il se croyait seul ; ses frères étaient morts et il s'était habitué à l'idée d'être fils unique, bercé de rêves et d'espoirs par celle qui était tout pour lui, et pour lui seul, sa mère. Avec l'égoïsme naturel aux enfants, il avait pris toute la place dans ce ventre, ses parois, ses muscles, ses escaliers, sa balustrade d'où il s'était déjà proclamé empereur. La reine Hortense y croyait dur comme fer, comme lui. Elle avait été malheureuse avec son père ; telle Joséphine de Beauharnais, sa mère, elle était faite de cette soie naturelle qui plaît aux hommes et avait eu beaucoup d'amants. Louis-Napoléon n'est pas jaloux d'eux, puisqu'il est tout pour elle, qu'elle l'aime pour toujours. A sa mort[1], à Arenenberg, en Suisse, « il l'a embrassée tendrement, violemment, comme une épouse, comme une maîtresse », dit un témoin.

Et voici qu'il découvre quelques mois après, à trente ans passés, qu'il a un demi-frère ! Il en pleure de rage, il vient de perdre les parois, les escaliers, la balustrade – on lui a barboté le ventre de sa mère qui lui a caché qu'elle avait logé là, pendant neuf mois, un intrus ! Il s'appelle Morny[2], il est plus intelligent que Louis-Napoléon Bonaparte, mais il ne porte pas le nom de Louis-Napoléon Bonaparte. Il faudra s'accommoder de cette situation, et, mon Dieu, ils s'en accommoderont. Inutile d'ajouter l'inimitié au chagrin !

C'est Morny qu'Eugène Schneider écoute avec attention, le 21 octobre 1850, au Jardin d'Hiver. Personne n'ignore qu'il est le frère utérin du président de la République, son homme lige, celui par qui passent les signaux de l'Elysée.

Le Jardin d'Hiver, aux Champs-Elysées, est le palais

1. En 1837, elle a cinquante-quatre ans.

2. Morny est le fils naturel du comte de Flahaut et de la reine Hortense. Son père, Charles-Joseph de Flahaut, était lui-même le fils naturel de l'abbé de Talleyrand-Périgord et de la comtesse de Flahaut.

des Mille et une nuits, c'est l'été mis sous verre, a dit un poète : rendez-vous d'affaires et rendez-vous galants se traitent dans cette grotte de contes de fées, entre deux sorbets, au son du joyeux élan des valses, parmi les palmiers et les tulipes lumineuses.

Le public s'assoit, les pieds dans de la vraie mousse, ou bien se chauffe à l'immense âtre qui voisine avec un jet d'eau; tout le monde zieute tout le monde et s'ignore. Que veut Morny? « Quoique porté par six millions de suffrages, écrit Persigny, il [le président] était réduit à un tel état d'isolement qu'il ne connaissait pas un homme important dans ses intérêts. » Morny va-t-il proposer à Eugène Schneider un portefeuille – un gouvernement chasse l'autre et la République est comme engluée? Va-t-il lui demander de l'argent pour le parti bonapartiste? Ou bien désire-t-il savoir comment s'annonce l'Exposition universelle de Londres, l'an prochain – Louis-Napoléon Bonaparte arrive d'Angleterre, il sait que la France a pris du retard sur sa voisine d'outre-Manche, il désire qu'on y mette bon ordre.

Louis-Napoléon Bonaparte, depuis deux ans qu'il est président de la République, a du mal : avec le duc de Bordeaux, le prétendant légitimiste, avec le pape et la question romaine, avec la misère et les « rouges », avec Changarnier, surnommé « le général Bergamotte[1] ».

« L'émeute vivotait », écrit Victor Hugo; comme une fièvre sporadique, elle secoue le pays, et le secoue parfois très durement[2]. Les ministères se succèdent, la Bourse re-

1. Celui-ci traite Louis-Napoléon Bonaparte de « perroquet mélancolique » et se vante de le faire « coffrer » à Vincennes. Il cumule les commandements de l'Armée et de la Garde nationale jusqu'au 3 janvier 1851, date à laquelle il sera révoqué.

2. A Paris, le 13 juin 1849, après une tentative d'insurrection, 34 représentants de La Montagne sont déférés devant la Haute Cour;

chigne, Chateaubriand et Balzac sont morts, l'un de vieillesse, l'autre d'apoplexie, mais sans doute n'est-ce pas pour parler d'eux que Morny a convoqué Eugène Schneider ce soir-là.

Il est, dit-il, à la recherche d'hommes nouveaux; Eugène Schneider semble comprendre ce que son interlocuteur entend par là. Le patron du Creusot a quarante-cinq ans, il n'a pas eu le temps de se compromettre avec la monarchie de Juillet, il n'a pas eu le goût de la République et l'a montré en gardant profil bas pendant toute l'année 1848. Les espions de Morny le lui ont décrit comme souple, excessivement compétent, couleur paletot quand le paletot change de couleur. « Intelligence exceptionnelle [...] mais homme trop habile et qui pour arriver à ses fins prend toujours des voies détournées [...] Exerce une très grande influence sur le préfet, le domine », dit un rapport[1].

Ce que se sont dit ces deux fauves dans « cette immense cage de fer, à deux nefs en croix, grande comme quatre ou cinq cathédrales, revêtue d'une vitrine gigantesque où [...] il n'y avait là de vierge que la forêt », dit en fin connaisseur Victor Hugo, on peut se l'imaginer : 35, presque 36 millions de Français à nourrir, l'avance technologique de l'Angleterre à rattraper – à propos, à cette exposition universelle de Londres, l'an prochain, autour de laquelle on fait déjà un tel battage, comment la France va-t-elle se comporter et quelle vitrine aura Le Creusot ? Devant cette baudruche de socialisme qui empêche le pays de redémarrer, on a besoin d'hommes qui ont fait leurs preuves, croient au progrès, à l'avenir –

---

la plupart, dont Ledru-Rollin, ont pris la fuite. A Lyon, 280 morts ou blessés, 1 500 arrestations...

1. Archives privées.

là, collier de compliments. Tout à coup Morny s'interrompt... « Et l'on sentait, dit Hugo, une bouche de chaleur sous ce gazon et sous cette mousse. »

Cette bouche de chaleur, c'est l'Empire qui couve sous le régime présidentiel – le premier cercle autour de Louis-Napoléon Bonaparte ne pense qu'à ça, à transformer cet éphémère mandat présidentiel en un régime à vie, mais comment y parvenir ? La Constitution a prévu qu'arriveraient en même temps à expiration – en l'occurrence, au printemps 1852 – mandat législatif et mandat présidentiel ; l'article 45 interdit au président sortant de se représenter. Pour réviser la Constitution, il faut une majorité des trois quarts à l'Assemblée et ces trois quarts sont introuvables...

Louis-Napoléon Bonaparte et l'Assemblée jouent donc au chat et à la souris. L'un des deux pouvoirs doit rendre l'autre odieux, l'aplatir, le bâillonner, sans déclencher de révolution. Le pari est risqué : il se joue à coups de déplacements en province, de restrictions apportées aux clubs, aux théâtres, à la presse, à l'université, au suffrage universel ; en rendant impopulaire l'Assemblée qui s'obstine à ne pas vouloir réviser la Constitution ; en plaçant les hommes à soi qui seront les premiers bénéficiaires de l'aventure, si elle réussit ; en gardant l'œil toujours fixé sur les militaires.

Les Français sont divisés : d'un côté il y a les vieilles barbes[1], les souliers sans semelle, les socialistes émousseurs de problèmes, comme les qualifie Marx ; de l'autre, les orléanistes[2], les légitimistes semblables au cousin

1. Surnom donné en 1870 aux quarante-huitards par leurs cadets les communards. Le port de la barbe était une signature « socialiste » ; il fut interdit aux fonctionnaires en 1852.

2. Louis-Philippe meurt en Grande-Bretagne en août 1851.

épuisé de Sir Leceister qui est d'avis que « ce genre de choses... forcé d'arriver du moment qu'on donne... droit d'vot... 'pulace[1] ». Dickens a beau se montrer à côté des socialistes français – il est venu au printemps 1848 à Paris et a rencontré Lamartine –, il a beau s'écrier : « Vive la Révolution, vive le Peuple ! Plus de royauté ! » son pays, l'Angleterre, mène la danse ! Tandis que la France, avec l'amour qui la caractérise pour les constitutions, s'est fourrée dans un cul-de-sac !

Morny et Schneider passent et repassent devant la cheminée du Jardin d'Hiver, « cette immense cheminée de marbre et de bronze » où brûle la moitié d'un arbre – la révolution de 48, dit Morny, est couverte de sang gâté, néanmoins le monde progresse, pourquoi Eugène Schneider qui fait partie de ce monde-là ne se rangerait-il pas du côté de l'Elysée ? La seconde partie du siècle a la chance de commencer avec un homme qui glorifie la machine et l'Angleterre ! Un homme moderne, auteur de *L'Extinction du paupérisme* ! Pourquoi ne pas le suivre ? N'est-il pas temps de ne plus mourir du choléra[2] ? De faire la nique aux Anglais ? Pendant que l'Europe est à feu et à sang, de consolider la première place continentale de la France ?

On crie souvent : Vive l'Empereur ! Bien sûr que ça ne plaît pas à tout le monde, mais qu'est-ce que la bourgeoisie ? « Tout simplement la portion contentée du peuple », dit Hugo. Contentons donc les petits villages, les nouvelles écoles, les industries de pointe, la route du progrès s'ouvre, toute proche... Pourquoi ne pas l'emprunter avec l'appui de tous ceux qui souhaitent l'intérêt supérieur du pays ? Pourquoi l'Elysée n'accueillerait-il pas, en 1852, un

1. Charles Dickens, *Bleak House*.
2. Le général Bugeaud en est mort en 1849.

président de la République qui serait élu, mettons pour dix ans ?

Début 1851, deux mois après cette entrevue, dans un ministère composé « d'hommes spéciaux », c'est-à-dire sans mandat parlementaire, Eugène Schneider occupe le portefeuille de l'Agriculture, du Commerce et des Travaux publics. Ce ministère durera quatre mois.

En décembre de la même année, tout de suite après le coup d'Etat, Eugène Schneider siège à la commission consultative chargée de préparer la nouvelle constitution et de désigner les candidats officiels aux élections de 1852 – tout le personnel politique du Second Empire sortira de là. Le Creusot a massivement voté en faveur du prince-président.

Le 29 février 1852, Eugène Schneider est élu au Corps législatif (nom donné à l'Assemblée nationale) par 24 333 électeurs sur 24 469 votants[1]. Le mois suivant, il est nommé premier vice-président de tous ces serpents qui ont jailli des urnes, même archi-surveillées ; il occupera ce poste jusqu'en 1867 ; à cette date, il en deviendra président, c'est-à-dire le couvercle.

Sa carrière entre deux bras de velours rouge s'est décidée ce soir-là d'octobre 1850. « Dans ce vestibule de lumière, de musique et de bruit, que les yeux traversaient comme un voile vague et éclatant, on apercevait une sorte d'arche immense et ténébreuse, avec une grotte d'ombre et de mystère. » Cette grotte se nommait sa destinée.

1. Aux municipales, il lui manquera 13 voix pour obtenir l'unanimité des votes des Creusotins (1 554 sur 1 567).

Œdipe à Mâcon

Parlant du portrait de Lamartine par Ary Scheffer, peint en 1847 et retouché fin 1848, Henri Guillemin écrit : « Je sais peu de choses qui vous étreigne comme cette image [...] cette face creuse et crispée, ce masque de douleur aux lèvres âprement fermées et qui se refusent à toute plainte. » Une manière de parler car, depuis son échec à l'élection présidentielle, Lamartine n'est qu'une plainte.

Pourtant, dès qu'il a été élu président de la République, Louis-Napoléon a eu une entrevue secrète au bois de Boulogne avec l'ex-chef du Gouvernement provisoire – entrevue de pure forme, car, même si Lamartine a pu croire qu'on lui offrait de devenir Premier ministre, le poste avait déjà été accepté par Odilon Barrot. Début 1849, on lui a proposé la vice-présidence de l'Etat. La fonction n'étant qu'honorifique, Lamartine l'a refusée. A Bourges, se tient le procès des auteurs du putsch manqué de mai 1848 ; il n'y a ni appel ni cassation, les accusés récusent la Haute Cour : « Je n'accepte pas le débat », « Repoussant votre juridiction », « Je déclare que je ne répondrai pas[1] ». Lamartine vient déposer à la barre, nous sommes en janvier, en plein hiver : il y a un an, Louis-Philippe régnait encore !

Lamartine se sent vieux, sa femme et lui vont avoir

1. Il y a là, entre autres, Barbès, Blanqui, Albert, Sobrier, Raspail, Flotte. Louis Blanc et Caussidière sont en fuite.

soixante ans, Finette, ne supportant plus ces déménagements, a rendu son âme de chienne et est enterrée à Saint-Point ; en face de ce qui se passe, le poète éprouve une telle impression de lassitude ! Un Lamartine est celui qui rentre chez lui après avoir dîné à l'Elysée, qui prépare avec Frédéric Lemaître la représentation de sa pièce, *Toussaint Louverture*, au théâtre de la porte Saint-Martin – le président de la République viendra l'y applaudir – qui connaît un triomphe avec *Graziella*, l'un des épisodes des *Confidences*, publié en feuilleton dans *La Presse*. L'autre Lamartine est celui qui se trompe tout le temps. En appelant de ses vœux l'élection du président de la République au suffrage universel[1] et en voyant sortir des urnes non pas lui, mais Louis-Napoléon Bonaparte ! En se croyant encore le centre du monde ! Pas un seul des départements où il se présente ne vote pour lui et il ne doit son retour à la Chambre, en juillet 1849, qu'à des élections partielles qui ont lieu à Orléans. Le grand homme de la Bourgogne est devenu député du Loiret ! « O popularité ! Néant ! » comme s'écrie Victor Hugo.

Et c'est en tant que député du Loiret que Lamartine déconcertera beaucoup ses électeurs en 1851, en leur conseillant l'abstention. Le coup d'Etat du 2 décembre a mis fin au conflit qui oppose l'Assemblée au président de la République. A coups d'arrestations (300 représentants arrêtés, Victor Hugo a rédigé un appel aux armes), de morts (bilan parisien : 300 à 400 morts), de départements mis en état de siège, d'exils (Hugo, Quinet, Thiers, Schœlcher), d'internements. Pour s'assurer de « l'appui

1. « Que Dieu et le peuple se prononcent ! Il faut laisser quelque chose à la Providence. » (Discours prononcé à la Chambre le 6 octobre 1848.)

populaire », Louis-Napoléon Bonaparte organise fin décembre un plébiscite demandant la prolongation pour dix ans de son mandat de président de la République. C'est à ce moment-là que Lamartine, dont on n'a guère entendu la voix jusqu'ici, prône l'abstention : « N'allons pas à ces élections ! [...] Traçons autour de lui [Louis-Napoléon Bonaparte] le cordon sanitaire de l'abstention et de l'impassibilité ! Isolons-le. » Les Français approuvent par 92 % des suffrages exprimés les réformes proposées. Devant son buste exécuté par son cousin, le comte d'Orsay, Lamartine, accablé, écrit des *Stances* : « J'ai vécu pour la foule, et je veux dormir seul », s'exclame-t-il. Il qualifiera le lendemain ce poème, rédigé sur un coin de table, de « sublime va-te-faire-f... lancé au peuple ». La politique lui a crevé les yeux !

Derrière ce Lamartine-là qui ne peut plus se passer de Valentine, sa nièce, tourne et retourne dans sa tête ses soucis d'argent, il y en a un autre : celui-ci a été fusillé par la réalité du pouvoir, par les morts de juin, par le sang qu'injustement certains écraseront sur sa mémoire, non pas d'homme, certes, mais d'instrument de la bourgeoisie, et quand je dis certains, cela va de Marx à Sartre qui entonnent le grand air de la calomnie historique ! Et c'est un grand air qui fait mal...

Ça n'est pas rien d'être traité de boucher aux yeux de l'histoire ! De pantin, de fossile ! C'est à en perdre la boule, à en devenir gâteux, ce dont Sartre l'accuse purement et simplement. « Il apparaît [aux hommes de cette génération], écrit-il, que leurs espoirs étaient des "rêves" : la *réalité*, c'est leur double échec. » Premier échec : ils ont été dépassés par les événements qu'ils ont déclenchés, ils ont joué les apprentis sorciers ; deuxième échec : ils se sont fait voler le pouvoir par Louis-Napoléon Bonaparte. « Certains, continue Sartre – les grands ténors de 48 – n'y résisteront pas [...] Lamartine se laisse doucement glisser vers le gâtisme. »

Comment sortir de cette nouvelle accusation ?

Un contenu imaginaire

En refaisant a posteriori l'histoire, en la réécrivant, ce que Lamartine s'empresse de faire : dès l'année suivante, il publie à Bruxelles, chez F. Michel, libraire éditeur, une *Histoire de la Révolution de 1848*. A tout un chacun, il explique sa version des faits : il a sauvé l'Europe. « En confidence, je puis bien vous jurer que sans moi l'Europe était en cendres, la France en ruines et la liberté raisonnable perdue pour un demi-siècle. » (Au marquis Capponi, 6 novembre 1850.) En trouvant dans l'échec du « printemps des peuples » une justification.

L'Europe est devenue une immense rôtissoire – la broche tourne entre l'Autriche et la Russie ! Partout c'est le reflux, les libérateurs de 1848 deviennent les vaincus, les exilés, les fusillés de 1849 : Robert Blum est exécuté, Kossuth capitule devant Windischgraetz et devant les Russes, Hecker s'exile aux Etats-Unis ; les mots qu'on prononce sont ceux d'écrasement, d'exécution, de glas, de siège, de bombardements, de reprise en main. Wagner, grâce à Liszt qui lui a procuré un faux passeport, s'enfuit de Weimar : douze ans d'exil !

Louis-Napoléon Bonaparte, lui, songe à se faire empereur. « Il hésite. Passer de ce fauteuil à ce trône ? Il y a peut-être un trou entre les deux[1]. » En décembre 1852,

1. Victor Hugo, *Choses vues*.

après un nouveau plébiscite, ce trou est comblé : l'Empire est rétabli. L'Europe monarchique hume ce nouvel empereur qui est aussi un jeune marié[1]. « Aujourd'hui l'Espagne fête la fortune des Montijo incluse dans la fortune des Bonaparte, le Piémont congratule, Gênes envoie son duc à Napoléon III comme autrefois son doge à Venise, toutes les Autriches de l'Allemagne saluent l'homme punique jusqu'à terre. »

Que fait Lamartine pendant ce temps-là ? Des paquets... Le coup d'Etat du 2 décembre 1851 n'y a pas été de main morte : 300 à 400 victimes, 26 884 inculpations, 239 transportés à Cayenne, 9 581 déportés en Algérie, 980 expulsions, 2 287 internés, 5 197 surveillés, c'est peut-être dix fois moins qu'en juin 1848, mais c'est, dira plus tard l'impératrice Eugénie, « la tunique de Nessus » du nouveau régime.

Les motifs d'inculpation sont souvent flous. « Les juges invoquent l'immoralité, la fréquentation des cafés, l'ivrognerie[2]. » Lamartine ne dit mot ; contrairement à Bouvard et Pécuchet qui vont répétant : « Hein, le Progrès, quelle blague ! [...] Et la Politique, une belle saleté ! »

Le poète confectionne des paquets avec sa femme, au rez-de-chaussée de leur nouvel appartement, 43, rue de la Ville-l'Evêque, à Paris : ils expédient aux abonnés les numéros du *Civilisateur*, un cahier mensuel dans lequel Lamartine écrit des vies d'hommes célèbres. Il a repris sa veste tachée d'encre, son habitude de trop fumer et de trop priser ; il n'a plus d'ambition. « Je suis dégoûté de la politique, confie-t-il à ses proches. Je suis fini comme homme d'Etat et comme homme de tribune. »

1. A la surprise générale, l'empereur a épousé le 30 janvier 1853 Eugénie de Montijo de Guzmán. Il va avoir quarante-cinq ans.

2. Inès Murat, *op. cit.*

Se doute-t-il qu'il va se faire traiter de massacreur, d'homme de la haine et de la peur, d'instrument, de vaincu, par le grand porte-voix marxiste ? Lamartine n'était là, écrit Marx dans *Les Luttes de classes en France*, « au premier abord pour aucun intérêt réel, pour aucune classe déterminée : c'était la révolution de Février elle-même, le soulèvement commun avec ses illusions, sa poésie, son contenu imaginaire et ses phrases. Mais au fond le porte-parole de la révolution de Février, par sa position comme par ses opinions, appartenait à la *bourgeoisie* »...

Sans blague ! Jules Vallès, qui n'est pourtant pas suspect de sympathie envers les bourgeois, le défendra néanmoins en plaçant au premier rang des livres l'*Histoire des Girondins* « dont l'odeur chaude les a [ses amis et lui] grisés et jetés dans la mêlée ». Eugène Schneider, quand il s'agira de lui tendre la main, croira plaire à l'empereur en refusant de venir en aide au poète ruiné. Fi donc de la solidarité bourgeoise !

« Il y a une moitié de l'être humain nommé Lamartine que j'aime, écrit George Sand, et une moitié de ce même être que je n'aime pas. » Cette phrase résume assez bien le tohu-bohu lamartinien : météore, nuage flottant, porte-parole de la domination bourgeoise, honnête homme, pacifiste, traître, quelle épithète lui appliquer ? Comment fait-on s'aimer les hommes ? La politique n'est-elle qu'un nœud coulant ? Des menottes qui tintent à vos mains ?

La dernière étape, celle qui mène Louis-Napoléon Bonaparte de la République décennale à l'Empire a été plébiscitée le 2 décembre 1852. Comme disait Castillon à Rémusat l'année précédente : « Eh bien, mon cher ami, la farce est jouée[1]. »

1. *Op. cit.*

La farce est jouée

Commencent dix-huit ans de fête bovine, diront les uns ; enfin de l'air moderne qui entre par les narines, diront les autres. L'ère du fulmicoton est close : le bonheur, la félicité humaine qui préoccupait tant les socialistes, est passé à la trappe. Il a fait beaucoup de victimes, beaucoup de dégâts et semble pour les vaincus s'être dispersé dans la nuit. « Le socialisme est un brigand, un chauffeur, un routier, un détrousseur de grand chemin, un maigre, un ventre-creux, un malandrin [...] Il grimpe aux rochers comme une chèvre et disparaît », écrit Hugo.

Proudhon est en prison, à Sainte-Pélagie, vêtu d'un sarreau de charretier et chaussé de sabots. Il a toujours cette belle tête peinte par Courbet et, malgré les conseils de Feuerbach, il continue à s'inquiéter de la profondeur des cieux. Il a vu comme tout le monde, au cours de cette année 1848, le citoyen devenir bourgeois et le bourgeois devenir croûton. « A la manière d'un inventeur, écrit Daniel Halévy, il cherche des solutions, plus exactement la solution : la solution du problème social, comme on disait alors. »

Marx, devant ce « galion incertain de l'angoisse et des pleurs », pose les mains. « Devant les mouvements sociaux, se tiendra Marx, poursuit Daniel Halévy : le mouvement révolutionnaire est l'objet de son analyse ; il n'interviendra dans son cours que pour hâter, en le rendant conscient, un rythme dont l'essence est cosmique [...] Proudhon lisait depuis 1825, Marx lisait depuis 4 000 ans. »

Charles Marx, comme on l'appelle alors, ne s'est pas trompé de révolution : il ne s'agit pas de faire ou de refaire la Révolution française, il s'agit d'entrer de toutes ses forces dans la révolution à venir, non pas la révolution du XVIIIe, mais celle du XIXe siècle, celle des prolétaires. Il ne faut donc pas émanciper les ouvriers, les faire participer au système en le toilettant, en l'humanisant, en le républicanisant. Il faut exacerber l'agonie des pauvres pour les organiser en armée et, le moment venu, faire exploser le système. Pour Eugène Schneider, il s'agit, grâce à la technique, du contraire : il s'agit de vivre vite et beaucoup et nombreux.

Au milieu des deux, dans son orge noire, gît Lamartine.

TROISIÈME PARTIE

Les empires

CHAPITRE XIX

L'empire du feu

« Sénat, Corps législatif, Conseil d'Etat, Cour de cassation, Cours impériales, Tribunaux, entrez ! Ces dames sont au salon. Il y a des gravures. »

1853 : Hugo est à Jersey, ses *Choses vues* ne sont maintenant vues que de loin, ce n'est plus l'œil qui est au travail, mais les on-dit, la sourde terreur que la situation ne s'éternise – dix-huit ans d'exil, presque dix-neuf, vous rendez-vous compte ?

A Paris, tout est changé, c'est-à-dire rien : les gens sont toujours des cireurs de bottes, mais de bottes impériales. Eugène Schneider joue le jeu à fond : il est monsieur Angleterre, monsieur Exposition universelle, tout ce qui tient à cœur à l'empereur ; Morny, on l'a vu, lui a expliqué la marche à suivre et Eugène Schneider la suit. On l'envoie à Londres examiner à la loupe l'Exposition universelle de 1851 (où d'ailleurs il expose les maquettes de ses grands bateaux conçus pour naviguer sur le Rhône), afin de préparer celle qui aura lieu à Paris dans quatre ans ; on le récompense du bon esprit du conseil général de Saône-et-Loire qui a pris parti en septembre 1851 en faveur de la révision de la Constitution, des bons votes du Creusot après le coup d'Etat, de sa brillante réélection de député : Eugène Schneider devient en 1852, dès sa création, premier vice-président du Corps législatif.

Qu'est-ce que le Corps législatif ? Sans doute l'institution la plus intéressante de l'Empire, car le lieu de toutes les contradictions : élue au suffrage universel, mais n'élisant ni ses présidents, ni ses vice-présidents[1] ; chargée de voter les lois, mais en partie réduite à n'être qu'une chambre d'enregistrement ; les ministres ne sont pas responsables devant elle et à tout moment l'exécutif peut l'ignorer pour s'adresser directement au pays. Elle est donc le peuple sans être le peuple souverain, le législatif sans l'initiative des lois ni la possibilité de les amender contre la volonté du gouvernement, alors qu'est-elle ? Elle est cet élixir qui permet à un régime autoritaire de ne pas l'être tout à fait, une soupape de sécurité (on le verra bien à partir de 1860), un frein budgétaire – le pouvoir devra trouver toutes sortes de subterfuges pour financer ses guerres –, une mer barbouillée sur laquelle ce novice en politique qu'est Eugène Schneider apprend à naviguer. Dans la ménagerie impériale, à la fin de l'Empire, quand les caricaturistes s'en donneront à cœur joie, il figurera en lapin blanc... « Monsieur et bienveillant patron », lui écrivent ses secrétaires... Secret, froid, toujours sur ses gardes – le procureur impérial de Dijon se plaint : « MM. les directeurs tiennent à faire du Creusot une sorte d'arcane où l'œil du dehors ne peut pénétrer » –, il est à l'évidence de la race des rongeurs. C'est ainsi qu'il rongera ses trois prédécesseurs, Billault, Morny et Walewski, avant de prendre leur place : il sera nommé président du Corps législatif en 1867 et élu en 1869.

1. Jusqu'en juin 1869.

Petit à petit l'hôtel de Lassay, qui jouxte le Palais-Bourbon et abrite le bureau de la présidence du Corps législatif (comme aujourd'hui celle de l'Assemblée nationale), lui devient familier ; familiers ses corridors, ses bustes – Eugène Schneider se verrait assez bien figurer parmi ces grands hommes d'Etat, ces grands hommes de robe, ces grands hommes de cour, ils ne sont pas d'une grande gaieté, mais lui non plus ; familiers ses archives, son papier à lettres, ses portes, la Folle qui essaie toujours de s'introduire dans les tribunes du public en disant qu'elle est la reine d'Angleterre. M. le vice-président est le dépôt de la volonté de l'empereur parmi les députés en même temps que la canine molle (l'expression est de Queneau) de ceux-ci dans les fesses du souverain.

Pendant des nuits entières, il agite la sonnette parmi ces étranges oiseaux – ses collègues – toujours en train de s'époumoner, de gesticuler, d'en appeler à la conscience universelle. Eugène Schneider vieillit comme de la fine dans une barrique, passe maître dans l'art de faire semblant de dormir quand il le faut et lorsque Morny, son président, traite l'assemblée de « troupeau de cent cinquante individus qui m'embêtent du matin au soir », il fait en sorte que ces cent cinquante individus l'embêtent un peu moins ; il assure les intérims, il est rapporteur du budget, apprend les mille manières de faire sauter en petites poussières certains projets de loi, certains crédits que l'on ne veut pas voter, reçoit toutes sortes d'invitations. « 11 août 1855. Maison de l'Empereur, service du Grand Maître des Cérémonies : Monsieur le Vice-Président, j'ai l'honneur de vous informer par ordre de l'Empereur, que Sa Majesté, à l'occasion de la Saint Napoléon, vous recevra avec le Bureau du Corps législatif le 15 de ce mois, à deux heures de l'après-midi, au palais des Tuileries, dans la Salle du Trône. Vous voudrez bien vous faire descendre au pavillon de l'Horloge et monter le grand escalier. On sera en grand uniforme, mais sans pantalon blanc. Cambacérès[1]. » Vertigineux, non, quand on vient de Honskirch, petit bourg lorrain à la frontière de la Sarre ?

Pendant ce temps-là, Le Creusot marche le feu de Dieu. Dès que libre, Eugène Schneider est en Saône-et-Loire. Il sait tout des efforts de ses concurrents pour l'empêcher de s'approvisionner en houille partout où il peut, des inquiétudes de ses banquiers devant l'énormité de ses projets ; il signe de sa main la convocation de chaque sociétaire à l'assemblée générale, suit de très près le chemin des obligations qu'il place, se tient informé de l'état d'esprit de la population, bref il a l'œil ouvert jour et nuit.

Il est seul, bringuebalé à longueur d'année entre Paris et Autun, entre la rue Boudreau et La Verrerie, entre quelqu'un qui lui parle à l'oreille droite et quelqu'un qui lui parle à l'oreille gauche. Seul, jusqu'à ce que son fils Henri – il est né en 1840 – soit en âge de le seconder au Creusot ; ou son gendre ou le frère de celui-ci qui est aussi son neveu[2].

L'économie a un patron, l'Empire – tous ceux qui sont contre sont en prison ou à l'étranger ; un modèle, l'Angleterre ; on a le droit de s'enrichir, de jubiler, de faire du lard – c'est si rare en France, et d'ailleurs ça ne dure pas : dès 1860, le gouvernement signe un traité de libre-échange avec l'Angleterre, le Corps législatif est mis de-

1. Archives privées.

2. Félicité, fille d'Eugène Schneider, épouse son cousin germain, Alfred Deseilligny, fils de la sœur de son père. Alfred Deseilligny est donc le neveu et le gendre d'Eugène Schneider. Lui et son frère Gustave travailleront à l'usine jusqu'en 1866. Alfred sera maire du Creusot de 1855 à 1865.

vant le fait accompli. On ouvre à la concurrence, on libéralise, on fait tout ce que les patrons n'aiment pas qu'on fasse : on ôte les attelles, les gouttières, les minerves, les faux cheveux de l'économie française, et l'on voit : est-on jeune, est-on vieux ? Gèle-t-on au vent de la concurrence ou au contraire, est-on de taille à l'affronter ?

3 juin 1865 : « Messieurs [c'est Schneider qui parle, il est à la tribune du Corps législatif, on vient de lui apporter un télégramme ; sa voix se fait plus aiguë, presque stridente], je viens d'éprouver la plus grande joie de ma vie... Messieurs, Le Creusot vient de vendre 15 locomotives à l'Angleterre !... Vous entendez, Messieurs, à l'Angleterre ! » (Le Corps législatif applaudit, ce même Corps législatif qui n'a pas eu son mot à dire.)

Ni l'industrie ni les consommateurs n'ont eu à le regretter, pourtant c'était un pari, et c'est à l'empereur seul qu'on doit d'avoir délacé l'économie française. Envers et contre les industriels, les politiques, ses ministres, Napoléon III a choisi le large. Eugène Schneider était dans la confidence, non en tant que vice-président de l'assemblée élue, mais à un autre titre. Lequel ? Intime de l'empereur ? N'exagérons rien. Patron ? Les Pereire, les Fould, les Wendel, les Cail, les Seillière sont des crocodiles à pattes autrement plus poilues que les siennes. Et pourtant, à eux, on n'a rien dit. « Je ne regrette qu'une chose, déclare tout de go Charles de Wendel à Napoléon III, c'est que M. Schneider ait été consulté avant, et moi, après le fait accompli. »

Eugène Schneider en profite pour se faufiler dans toutes les allées du pouvoir : le Corps législatif, bien sûr, mais aussi la Banque de France dont il deviendra régent, le Conseil privé de la couronne où il siégera dès sa création ; il a la haute main sur les permis de visite des palais nationaux, sur les bals de l'hôtel de Lassay, annote des listes et des listes de demandes d'invitations. « Oui » ou « d'accord », écrit-il de son écriture illisible et il signe « S ». Il promène l'empereur qui promène pendant une semaine la reine Victoria lorsqu'elle vient à Paris, en 1855, visiter l'Exposition universelle qui se tient sur les Champs-Elysées ; lorsqu'on a besoin d'une explication technique, on se tourne vers Schneider. Il parle anglais, il est membre de l'Iron and Steel Institute, il a sa loge à l'Opéra, son hôtel particulier, une collection de tableaux qui témoigne de sa fortune. Surtout il donne le sentiment de toujours respecter l'ordre établi, c'est-à-dire l'empereur. « Votre Majesté, déclare-t-il à l'occasion de la signature de ce traité franco-anglais qui déclenche une tempête, a eu raison de devancer l'opinion publique dans la voie de la liberté industrielle. » Pendant ce temps-là, 400 patrons furieux foncent sur les Tuileries pour demander une audience...

Aux idées ! aux idées ! aux idées !

« Je sais bien que telle industrie, telle banque et tel commerce ont voté pour Louis Bonaparte, écrit Victor Hugo ; le faux poids a acclamé le faux serment[1]. » Et si notre grand homme pour une fois se trompait ? Si ce faux poids était un vrai poids ? Le poids écrasant de l'économie. « L'hiver, quand il neige, mon jardin est un suaire avec une croix dessus », soupire Hugo. L'hiver, au Creusot, quand il neige, on débute en blouse et en sabots.

---

1. *Choses vues*, 1854.

« Les nabots, les bas-du-dos, les ch'tits raqueulots se voyaient attribuer un *grimpe-chien*, écrit R.L. Gendreau [...] permettant d'avoir un plan de travail à leur hauteur. Pour les grandes perches [...], on rehaussait l'ensemble de l'étau[1]. »

En 1852, François Bourdon a quitté Le Creusot pour aller s'installer à Marseille. On ignore les motifs de ce départ. Eugène Schneider tire maintenant toutes les ficelles, celle de la mairie, du conseil général, de la députation; l'usine est sa chasse gardée. « Terre féodale », dira A. Habaru. Un procureur de Dijon écrit en 1858 : « La compagnie Schneider a toujours tenu à l'honneur d'exercer seule la police sur cette difficile population. Gendarmes, commissaires et même juges de paix y sont assez mal accueillis : j'ai eu l'honneur de voir de mes propres yeux cette organisation étrange[2]. »

Le Creusot restera tel tout au long de son histoire – hostile au monde extérieur, se mettant en grève à contretemps, n'aimant pas qu'on fourre son nez dans ses affaires; comme si les collines qui l'entourent étaient des murs. Pourtant, si Eugène Schneider gravit tous les échelons de ce qu'on peut appeler le pouvoir, d'autres éléments gravissent d'autres échelons de ce qui deviendra, des années plus tard, la contestation ouvrière. Ainsi Jean-Baptiste Dumay, futur maire du Creusot sous la Commune : « N'ayant pas encore 13 ans, écrit-il dans ses *Mémoires*, j'entrai apprenti dans l'usine du Creusot, au printemps 1854. » Tout de suite c'est la haine de cette « administration jésuitique », le dégoût de son apprentissage. Il colle des affiches appelant à la révolte; cinq ans

1. Bulletin de l'académie François-Bourdon, janvier 2001.
2. Cité par Michel Offerlé, « Les Schneider en politique », Catalogue de l'exposition, *Les Schneider, Le Creusot*, 1995.

plus tard, il est renvoyé, et renvoyé à vie, car le règlement de l'usine interdit à tout élève de la maison la quittant avant son tirage au sort (pour le service militaire) d'être réembauché.

C'est l'histoire qui se fait tandis qu'Hugo contemple « Dieu à un pôle, la nature à l'autre, l'humanité au milieu ». Cette histoire n'est pas celle de « la révolution aux yeux crevés » – déjà du passé – ni du « sublime va-te-faire-f... » de Lamartine mis hors jeu, c'est celle de la science, des techniques, des locomotives – le P.L.M., en 1857, unit Paris à Lyon et Lyon à Marseille –, de ces « traînées d'argent » que stigmatise le même Hugo, et sur lequel tout le monde se jette.

Pense-t-on ?

Quand on perd huit litres d'eau par jour à la mine et qu'on boit à même le rocher pour avoir moins soif? Quand la mortalité infantile avoisine 60 % ? Quand le procureur impérial est prié de passer son chemin ?

La réponse est oui.

Quand on a tout sur le dos, soucis, honneurs, coups fourrés, Morny qui traite ses députés de caniches ; à choisir le format des billets de la Banque de France, à renvoyer le quatrième frotteur de l'hôtel de Lassay qui n'a rien frotté du tout; quand on a une femme, une favorite et six cent cinquante kilomètres d'allers et retours incessants ?

La réponse est oui.

Quand on est proscrit à Jersey et qu'on regarde mélancoliquement un autre proscrit, nommé Cauvet, descendre en terre d'exil, enveloppé dans un drapeau rouge ?

La réponse est oui. Elle est de l'intéressé lui-même : « Chaque jour m'apporte un nouveau firmament d'idées. L'infini du rêve se déroule devant mon esprit, et je passe en revue les constellations de la pensée. »

Ces constellations se nomment *Les Châtiments*, *Les Contemplations*, *La Légende des siècles*, *Les Misérables*, *Les Travailleurs de la mer*, *L'Homme qui rit*. Et j'en passe.

Et dans le cas d'Eugène Schneider, la première locomotive française, le marteau-pilon, la Grande Forge et une devise[1] : *Ferro ferrum ferio* (Je frappe le fer par le fer).

1. En fait inventée par Eugène II.

CHAPITRE XX

La société du brillant mensonge

4 ducs, 19 comtes, 4 vicomtes (le Second Empire parfume moins que le Premier), 16 barons : Eugène Schneider n'en est pas, non qu'on l'ait oublié, mais parce qu'il a refusé d'être baron, tout comme il a refusé que Le Creusot s'appelle Schneiderville. Peut-être préfère-t-il le titre de vice-président du conseil d'administration du P.L.M. qui lui donne droit à un wagon spécial. En revanche, il est parrain du bourdon de la cathédrale d'Autun et, dix ans plus tard, cette même ville baptisera un boulevard du nom de boulevard Schneider. « Belle chose la richesse ! ironisent les Goncourt. Elle fait tout pardonner ! » Qu'a donc Eugène Schneider à se faire pardonner ?

Ce jour-là la pluie tombe sur Mâcon, la ville s'ébroue ; MM. les conseillers généraux n'ont pas le temps de traverser la rue qu'ils sont déjà trempés. Eugène Schneider préside la session – nous sommes en 1858 ; tout de suite après, il regagne Paris. Il a quitté ce matin son Creusot hérissé de cheminées – oh ! qu'il aime ce feu perpétuel des forges et la trépidation des machines, comme si la ville tout entière frémissait sur son passage ! Parmi les questions diverses figure l'inscription à l'ordre du jour d'une éventuelle participation à une souscription ouverte en faveur de qui ? De M. de Lamartine. D'un revenant ! Le président Schneider recommande de passer sous silence « cette requête déplorable ». Et l'on passe... M. de Lamartine occupait neuf ans auparavant le fauteuil qu'Eugène Schneider occupe aujourd'hui. Il est un patrimoine à lui tout seul ; de cette région, il a chanté les hivers, l'ombre, les feuilles gelées ; il est au bout, au bout du rouleau.

Quel fardeau te pèse, ô mon âme !
Sur ce vieux lit des jours par l'ennui retourné...

Un premier fardeau est celui des ans ; à celui-ci, le conseil général ne peut rien. Le second est celui des dettes. Lamartine a beau écrire des romans sociaux (*Geneviève*, *Le Tailleur de pierres de Saint-Point*), historiques (la Restauration, la Turquie, la Russie), il a beau éditer ses propres ouvrages en pensant y trouver son compte, transformer la rue de la Ville-l'Evêque en entrepôt, la dette est une « loi taciturne » de sa vie. On a beau mettre à contribution ses admirateurs, battre le ban et l'arrière-ban de ses lecteurs, lancer des abonnements au *Cours familier de littérature* jusqu'au Canada, recommencer avec ses *Œuvres complètes* (qui ne le sont jamais), rien ne déracine sa dette. Tel Cadet Rousselle, M. de Lamartine, propriétaire de trois châteaux, loge des hirondelles ; ses milliers de vers sont hypothéqués, il a cinq cents créanciers à ses trousses.

« J'ai fait cette nuit un rêve dans lequel L. Bonaparte rendait contre la rage le décret que voici : « Je, Napoléon, etc. décrète : article Ier. Il n'y a plus de chiens. Art. II. Tous les chiens sont élevés à la dignité de gendarmes.

Art. III. Quiconque mordra sera destitué. Art. IV. On aboiera en français[1]. »

Attristé, mais inoffensif

Lamartine n'est pas en bons termes avec l'Empire ; après sa proclamation, il s'est qualifié lui-même de « citoyen attristé, mais inoffensif ». Il est inclassable, l'homme de 48, en même temps qu'un « super-aristocrate », comme dirait Sartre. Il y a quelques années à peine, il présidait ce même conseil général à la place d'Eugène Schneider. Dans son département, il est intouchable : met-il ses propriétés en vente qu'il ne trouve pas d'acquéreur. Alors il ne change rien à son train de vie, mais, malgré le succès de *Graziella*, ses quinze mille abonnés au *Cours familier de littérature*, le fait qu'il soit célèbre d'Orient, où le sultan l'accueille à bras ouverts et le pensionne, jusqu'à Londres où il ne débourse pas un sou – « les chemins de fer, les paquebots et les hôtels sur la route n'ont pas voulu recevoir un shilling de moi, en disant que j'étais l'hôte de l'Angleterre » –, il n'a plus, comme Cadet Rousselle, qu'un habit en papier gris nommé la dèche.

Ses amis s'en sont émus, ont formé des comités départementaux chargés de lancer une souscription en sa faveur ; on avait pensé auparavant à une loterie. Marianne, sa femme, dit : « Si le pays a un peu de cœur, il le soutiendra dans sa tâche. » Lamartine est persuadé d'avoir sauvé la paix en Europe, en 1848, que la France a

1. V. Hugo, *Choses vues*, 1858.

une dette à son égard – il l'a comme dégagée de sa peau louis-philipparde, lui a permis d'apporter à l'humanité le suffrage universel, l'abolition de l'esclavage, la liberté de la presse, l'a placée aux portes de l'avenir.

Son « Appel aux Français » qu'il rédige en 1858, avec l'autorisation du ministère de l'Intérieur, pour inciter les futurs souscripteurs à lui apporter leur obole (ou le tribut de leur reconnaissance) donne à chacun mauvaise conscience. Si au moins, il avait l'air pauvre ! « La France qui eût été touchée d'une immolation territoriale, ne le fut pas d'une permanence de richesse [...] Elle resta froide devant une infortune qui lui parut une aberration. Ce noble poète qui, du haut d'une mansarde aurait provoqué de prodigieux élans de sympathie [...] lassa par des apparences plutôt que par des réalités de faste [...] C'est ainsi que tout fut manqué », écrit Dargaud, pourtant son ami.

Deux ans plus tôt, en effet, Lamartine a ajouté une aile à Saint-Point, construit à l'angle de cette aile une tour à poivrière qui ressemble à un suppositoire. Le « vieux roi » n'a pas l'air misérable, même s'il surprend ses visiteurs en les recevant tantôt en sabots, tantôt pieds nus, coiffé d'un chapeau de paille. Ses yeux de passant dans la vie ont tout vu, les rois et les empereurs, l'adoration des foules et mourir les femmes qu'il aimait. Alors qu'est-ce que trois millions de dettes ?

Avec ce « nonchaloir » qui agaçait déjà Vignet quand ils étaient jeunes, Lamartine écarte de la main ce qui le rebute. Ses armes sont un blason de *gueules au trèfle d'or entre deux bandes de même.* Alors qu'importe ses éditeurs qui brandissent des contrats qu'il n'a pas honorés, ses chevaux qui lui coûtent une fortune, ses beaux-frères à qui il doit des arriérés, ses vendanges hypothéquées. Il est perclus de rhumatismes ; tous ces gens qui le mordent lui font du mal, alors, bien sûr, si les Français, au lieu d'écrire comme cet imbécile de Veuillot, dans *L'Univers* : « Dans une société sage, il y aurait une loi, du moins une coutume, qui interdirait toute fonction civique à tout homme convaincu d'avoir fait des vers passé l'âge de trente ans », si donc les Français voulaient mettre la main à leur porte-monnaie, il n'en rougirait pas. Mais si, comme dit Victor Hugo, les chiens ont été élevés à la dignité de gendarmes... M. Schneider ose parler d'une « requête déplorable », ce qui n'est pas à son honneur. « Les banquiers et les hommes d'argent, écrit Lamartine, quelle infâme crapule de cœur ! » Quand Pereire, il y a un an, lui refusait une avance pour son *Cours familier de littérature*, il enrageait déjà. « Pendant 48, j'ai joué cent fois ma tête pour leurs coffres-forts ! » L'argent est véreux, l'histoire temporelle est véreuse, comme dirait Péguy et les hommes qui la servent, les yeux fermés, sont injustes et cruels. « Après le vote muet du département où j'ai vécu, déclare Lamartine, je suis comme le Misanthrope : je deviens fier de tant d'outrages. »

Tant d'outrages

La France lui a claqué la porte au nez. Il y a à cela des raisons. L'empereur, pardon, le ministre de l'Intérieur de l'empereur a fait savoir par les préfets aux conseils généraux qu'il n'était pas favorable à cette souscription. L'empereur, lui, s'est inscrit pour 10 000 francs... Et M. Schneider a demandé à passer l'affaire sous silence.

« La société du brillant mensonge », comme dit Sartre, est tout entière dans ce petit acte : le refus d'aider un vieux poète aveugle. Œdipe à Mâcon. S'y ajoute, dans le cas d'Eugène Schneider, le fait que l'intéressé est né en Saône-et-Loire, voici bientôt soixante-dix ans ; qu'il vous a jeté dans la mer des songes et des émois amoureux, quand vous étiez petit collégien à Nancy. « Collège aux mains dures », comme l'a dit Lamartine qui savait de quoi il parlait, et qui ont été moins dures, ces mains, grâce à lui, à son papier, à sa plume ! Quand Eugène Schneider a refusé d'inscrire à l'ordre du jour la souscription nationale en faveur de M. de Lamartine, s'est-il senti un mangeur de rêves ? S'est-il souvenu d'une certaine diligence, en 1835, dans laquelle les genoux du poète engloutissaient l'espace ? La nymphe Echo avait d'autres soucis ce jour-là à Autun – le premier d'entre eux étant de plaire à l'empereur...

Un an plus tard le comité de soutien à Lamartine est dissous : il s'est passé presque partout ce qui s'est passé à Mâcon : le crabe politique a pincé. Lamartine s'en prend aux « Schneider et autres, plus plats que la platitude et plus ingrats que l'ingratitude ».

A la vérité, la France s'en fout ! Les hommes de 48 sont des fantômes ! Paris, c'est Chicago avec cinquante ans d'avance ! Tout pousse, des quartiers entiers sont passés au lance-flammes par Haussmann ; le pouvoir insuffle sa nature de pouvoir aux endroits où il se transporte, à Plombières, quand l'empereur se transporte à Plombières, à Compiègne, à la saison des chasses, pendant laquelle des trains spéciaux emmènent les invités, à Saint-Cloud, au mois de mai. Une nouvelle fête, la Saint-Napoléon, est célébrée le 15 août. La timide Constance Schneider chante maintenant dans les soirées que son mari et elle donnent dans des galeries décorées de glaces et de fleurs, comme si un second jardin sortait du premier, de leur hôtel particulier, rue Boudreau.

Situé au 7 de cette rue, l'hôtel a été acheté en 1854 au comte de Vassinhac d'Imécourt. Eugène Schneider y a transporté la nature de son pouvoir à lui : sa collection de tableaux, sa femme, bientôt sa maîtresse. Et une nuée de collaborateurs qu'il ne cesse de harceler de questions. Quand il écrit à son fils, il signe Schneider et lui conseille de garder « l'excellent esprit » dont il témoigne.

En 1858, il perd sa mère. Maman Schneider, puis Bonne Maman Schneider s'éteint ; il ne dit mot, range les télégrammes et les lettres de condoléances des sénateurs, des préfets, de ses collègues députés, des ministres d'Etat, des nombreuses relations qu'il a conservées dans l'Est, dans une enveloppe où ils sont toujours et où je les ai rangés à nouveau. Chacun lui dit combien sa mère a dû être heureuse de voir le nom de Schneider placé si haut par son fils. Il se souvient des lettres qu'elle lui adressait quand il était « filateur de laine peignée » aux Longaux, à Reims ; il les a toutes gardées. « C'est à mon réveil surtout que tu me manques, je n'entends plus le doux son de ta voix... » Il tourne la tête, il ne veut pas qu'on le voie s'essuyer les yeux.

Mi-carême de fausses altesses

Le Second Empire a besoin de gloire ; il a donc besoin de guerres. Pour ressembler à une cour, il lui faut une étiquette, des titres, une maison civile et militaire, des favorites, des cancans, des gens qui y croient. Sartre traite le régime de « Mi-carême de fausses altesses ». Il s'y promène en compagnie de Flaubert : à lui le salon de la princesse Mathilde qu'il met en pièces avec l'aide des Goncourt, surnommés « les bichons », qui sont de mauvaises langues ; à lui l'hôtel de la Païva, aux Champs-Elysées, « la serre où l'on fume après le dîner, mi-gelés par les courants d'air d'en haut, mi-étouffés [...] par les bouches de chaleur ». On se croirait rue Boudreau. Au bras de Flaubert, Sartre vient « béer devant l'argent ». « Couchés dans le lit du Pactole, ils [les convives de la Païva, c'est-à-dire Flaubert et lui] s'aperçoivent que ce fleuve est un fantôme[1]. »

Mais est-il un fantôme ? Peut-on dire qu'un régime qui dure dix-huit ans n'est qu'un songe, parce qu'aucun « Etre suprême n'a nommé Badinguet[2] monarque de droit divin » ? Parce qu'il y a des guerres et des morts à ces guerres pour permettre aux serviteurs de l'Empire d'acquérir « la puissance spermatique de transmettre à leur fils un sang bleu » ? « Parce que le *n'être plus* de la noblesse permet au *n'être pas* de la noblesse d'Empire une certaine consistance dans l'inauthenticité ? »

Le drame, pour Sartre, c'est qu'il n'y a plus, après l'échec de 1848, que des bourgeois (et plus personne pour les fustiger, pour les faire souffrir, en dehors de lui, Sartre, cent vingt ans plus tard !) Que les bons esprits comme Flaubert se déclassent par le haut (ou, comme Victor Hugo, « se donnent volontiers de la particule ») et que les autres, tel Eugène Schneider, s'accommodent très bien du régime. Il n'y a que Lamartine qui ne s'en accommode pas, mais il a fait son temps. D'ailleurs le sort en est jeté, puisqu'en 1860, il vend sa terre natale, Milly.

---

1. *L'Idiot de la famille.*
2. Surnom donné à l'empereur, tiré du nom et du sobriquet de l'ouvrier maçon Pinguet dont Louis-Napoléon Bonaparte était censé avoir emprunté sinon les habits du moins la dégaine pour s'évader du fort de Ham.

Sous ce cep de vigne qui t'aime,
O mon âme ! ne crois-tu pas
Te retrouver enfin toi-même,
Malgré l'absence et le trépas ?

Lamartine croit en l'au-delà, Sartre n'y croit pas (tout au moins à l'époque où il voyage dans le Second Empire au bras de Flaubert). Eugène Schneider, qui ignorait tout jusqu'ici des charmes des créoles, est tombé à pieds joints dans le panneau en rencontrant une dame qui a la moitié de son âge. Cette liaison pèse-t-elle sur la conscience de celui qui reçoit chaque jour des vicaires du Creusot des lettres le renseignant sur les pauvres de leur paroisse, sur l'état moral de la mine où de « malheureuses filles [...] placées ainsi dans un centre de désordres ont généralement parlant insensiblement perdu ce qui plaît dans la femme, timidité, pudeur, modération[1] » ?

Il fait exécuter un vitrail pour l'église Saint-Laurent, au Creusot, représentant « Sainte Barbe protégeant la vie et les travaux des mineurs ». Il pose pour le peintre Paul Delaroche, il a la cinquantaine – mains croisées, habit noir, il ne veut surtout pas qu'on entre dans ses pensées ! A chaque instant, il doit donner le change, courber l'échine, calmer Morny qui traite sans ménagement la représentation populaire – « Vous connaissez mieux vos chiens que moi mes députés », déclare-t-il à un duc veneur. Eugène Schneider a le pouvoir à suivre à Plombières, le pouvoir à suivre à Vichy, le pouvoir à suivre aux Tuileries ; son fils Henri qui va avoir vingt ans à mettre au courant de tout ; les cordes vocales en fâcheux état à force de s'égosiller à la tribune. A ne pas oublier

1. Archives privées.

d'envoyer à M. de Bourboulon, ministre de S.M. l'Empereur de Chine, qui désire lui rendre visite au Creusot, une dépêche : « Voulez-vous mon wagon pour voyager ? Schneider. »

CHAPITRE XXI

La déréalisation de la sexualité

De Valentine de Lamartine, on sait beaucoup de choses ; de Mme Asselin, on ne sait rien, pas même la date exacte de sa naissance. De l'île Maurice d'où elle vient et où, semble-t-il, elle est née, à Paris, il y a une distance de la lune à la terre ; bien que Bernardin de Saint-Pierre, qui y fit un voyage avant la Révolution, l'eût rendue célèbre grâce à *Paul et Virginie* et qu'elle s'appelât jusqu'en 1815 l'île de France.

Mme Asselin est arrivée à Paris Dieu sait quand, sans doute vers 1855, tenant par la main Zélie, Lucien et Eudoxie – l'aînée n'avait pas beaucoup plus que l'âge de raison et les trois enfants se suivaient de très près. Qui était M. Asselin, y avait-il même un M. Asselin ? Pourquoi cette dame avait-elle quitté son île chaude et vanillée ?

Joséphine Tascher de la Pagerie, venant des antipodes, avait appris soixante-dix ans plus tôt qu'une femme à Paris peut mettre en déroute les conduites les plus sages. Rien ne laisse à penser qu'Eugène Schneider, avec son col cassé et sa grosse rosette de la Légion d'honneur, tel qu'il pose en 1850 – roux, sanguin, dans la force de l'âge – pour le peintre Paul Delaroche, n'était pas depuis vingt ans un mari fidèle. Où rencontre-t-il Mme Asselin ? Le coup de foudre, telle une noix de coco, lui tombe-t-il sur la tête ? Donne-t-il soudain à cette existence si réglée une sorte de phosphorescence ? Ou bien n'y a-t-il pas eu de coup de foudre, mais un subtil empoisonnement qui a commencé un beau soir ? Et qui a continué comme continuent ces choses-là, sans qu'on sache très bien comment ; en vous faisant compter les jours, les heures, puis les minutes ; passer outre au qu'en-dira-t-on ; raconter des bobards à sa femme, à soi-même, à l'huissier du Corps législatif, à son secrétaire particulier. Des mots se glissent dans le courrier du président Schneider, écrits sur un papier autrement plus parfumé que celui des grands corps de l'Etat ! Des mots comme des bengalis, ces oiseaux de toutes les couleurs qui sillonnent le ciel de l'île Maurice. Il y a de quoi perdre le fil de son discours – la voix d'Eugène Schneider se fait plus nasillarde, ses doigts tambourinent, les raseurs le rasent, il n'a plus le temps de les écouter –, il voit des manguiers, des goyaviers, des scolopendres au lieu de s'intéresser au remplacement du général Canrobert par le général Pélissier...

Ce trouble qu'Eugène Schneider ressent, ces distractions qui le saisissent à la tribune, ce tic qui lui tord depuis quelque temps la bouche, comme si on lui avait lancé à bout de bras un sort, porte un nom : Marguerite-Eudoxie Asselin. En 1855, elle aurait vingt-cinq ans ; il en a le double.

Leur presque idiote de sœur

Valentine de Cessiat est lamartinienne avant même de naître. Sa mère est la sœur de Lamartine, des cinq bonbons le plus proche de lui par l'âge. Comme les Lamartine, Valentine est tout en longueur, toute droite ; elle est élevée non loin de Saint-Point dans le culte de cet oncle célèbre ; la mort de Julia, sa cousine germaine, dans des circonstances si romanesques, ramenée d'Orient dans un brick affrété pour elle, a de quoi faire rêver n'importe quelle petite fille.

Pourtant ce n'est pas Valentine qu'on choisit tout d'abord pour tenir compagnie à ce père éploré, ce sont ses sœurs aînées, les jumelles : à elles de redonner un peu de vie à la maison – Marianne de Lamartine souffre à mourir de l'absence de sa fille ; à elles de tenir en laisse le chien de leur oncle, c'est-à-dire de faire semblant de le tenir, car Fido se moque de ces deux petits ballons qui courent moins vite que lui ! Quand elles rentrent chez elles, elles racontent à leur presque idiote de sœur ce qu'elles ont vu à Paris, les robes, les gens à la mode, M. Liszt au piano, et lui font ouvrir de grands yeux. Valentine est perpétuellement bercée dans cette atmosphère lamartinienne, dans la carrière de son oncle, les discours qu'il prononce, ses migraines, ses cures – il est beau, il aime qu'on grimpe sur ses genoux et qu'on passe les bras autour de son cou. La tante Marianne, sa femme, a le nez rouge et les yeux rouges, elle ne se remet pas de la mort de ses enfants. Cette longue adolescente plus réservée que ses sœurs convient peut-être mieux à son cœur abîmé. Valentine a les mains de son oncle, elle est belle, brune, lettrée ; Alphonse lui écrit souvent, Marianne aime l'avoir à ses côtés quand elle peint. Lorsqu'ils vont en cure à Néris, dans l'Allier, ils l'emmènent. Lorsqu'elle rejoint sa famille, on échange des nouvelles. Comme c'est dur d'écrire à Alphonse de Lamartine ! Le poète sourit quand sa nièce lui avoue sa timidité. « Voyageurs que nous sommes, lui répond-il, nos jours seront bientôt passés. »

En 1844, il invite toute la famille Cessiat en croisière ; Valentine s'embarque en compagnie de sa mère, de son frère et de ses sœurs pour Gênes, Naples, Ischia, découvre tout ce que Lamartine avait découvert jeune homme, l'été, la mer, ces couleurs du Sud, comme une peinture moderne, comme M. Delacroix peint ; et ces petits essais de méchanceté des vagues pour vous faire boire la tasse ; la nuit sous des portiques d'étoiles, ces auberges pittoresques – c'est quand même plus gai que Néris-les-Bains !

Partout Lamartine est célèbre ; des dames se jettent à genoux sur son passage pour lui baiser les mains ; à Ischia, au débarcadère, une Mme Capecelatro le salue au nom de tous les estivants et lui récite ses vers. Il est un dieu non seulement pour les petites filles, mais pour toutes les femmes ; personne n'est endormi à ses côtés. Où qu'il aille, et même s'il va pieds nus, il est d'un luxe royal ; l'écriture le suit comme son ombre. Pour la première fois, Valentine voit sa peau de près, sa barbe, ses naïvetés sous ses airs de sagesse suprême et, ce qui l'agace parfois, combien il est sensible au charme féminin, combien sa voix se fait caressante quand il s'adresse au beau sexe – jusqu'aux servantes des auberges qui le regardent manger, les yeux écarquillés ! Son passé est un navire d'argent – tout le monde connaît Elvire, tout le monde feint de croire qu'il s'agit de Mme de Lamartine et tout le monde sait qu'il n'en est rien... On va bientôt connaître *Graziella* qu'il écrit pendant cet été-là, sous les yeux de Valentine qui l'examine à la dérobée. Tout le passé revient au poète : « Je vois quelqu'un qui te ressemble, quelqu'un qui marche, marche, marche sur une longue route blanche qui ne finit pas. »

Tout à coup il se retourne pour regarder Valentine. « Tu m'étudies ? » demande-t-il. Il lui prend la main, le ciel glisse. Il va falloir du courage pour se remettre à la vie ordinaire.

Et si l'argent n'était pas tout ?

Très vite Mme Asselin a dit à Eugène Schneider : Et si l'argent n'était pas tout ? Elle a empoigné la réussite de son maître roux, son intention de réussir mieux encore et a posé ses conditions. Le diable c'est elle, Mme Asselin. En bonne créole, elle a toujours froid, vit dans des pièces qui sont des serres ; elle est joueuse et joue à tout – échecs, tarots, whist –, de surcroît, elle est superstitieuse – quand elle aura marmonné ses prières, elle vous tirera les cartes ! Eugène Schneider a une peur bleue qu'elle lui dise ses quatre vérités, qu'il est l'Ennui et le Devoir incarnés, et qu'il se mouche à tout bout de champ ! Elle mange des piments qui le rendent écarlate, s'enveloppe dans des châles comme dans des sommeils dont elle ne veut pas sortir ; le souvenir de son île ne la quitte pas. Elle a un salon, toutes sortes de visiteurs brillants, plutôt des scientifiques, une santé très fragile, un esprit ironique. Tantôt elle le traite comme un boutiquier, tantôt comme un roi; il bénit son sort. Quand il grince, elle le désarme, quand il devient épais et mécanique, elle le fait rire, son accent créole ouate tous les autres bruits, bref, il ne sait plus où il en est – il est au cœur de la catastrophe que nous attendons tous un jour ou l'autre, d'être amoureux fou. Mais tellement occupé qu'il ne sait plus où donner de la tête!

Le temps qu'Eugène Schneider perd en allées et venues auprès de Mme Asselin, les ragots auxquels son assiduité auprès d'elle donne lieu, les questions que risque de se poser sa femme, au fond tout cela pourrait être résolu : pourquoi Mme Asselin ne viendrait-elle pas habiter la rue Boudreau? Il y a là, en entrant à gauche, des dépendances qu'on peut arranger et louer. Constance Schneider est-elle tombée dans le panneau sciemment ou à l'aveuglette? Savait-elle à ce moment-là que Mme Asselin était la maîtresse de son mari? Qu'il risquait de s'enfuir parce qu'il était devenu plus soumis que ses Noirs? N'a-t-elle rien vu, le secret qui grandit, le cou d'Eugène Schneider dressé par-dessus les médisances? Constance Schneider s'est-elle voilé la face? A-t-elle préféré apercevoir sa rivale sous ses fenêtres, partager la même cour, le même concierge, la même porte d'entrée, plutôt que de perdre son mari qui a perdu la tête? Ou bien s'est-elle laissé emberlificoter elle aussi? Attirer par cette femme qui soudain la baise au front et la caresse. Fait des gestes comme on n'en fait pas dans ce froid climat parisien : vous tirer les cheveux, mélanger les enfants – elles en ont cinq à elles deux –, rire follement de son mari.

Eugène Schneider a donc installé rue Boudreau, moyennant un loyer mensuel de soi-disant 6 000 francs, sa maîtresse et ses trois enfants; lui a constitué un train de maison qui n'a rien à envier à celui de sa femme.

Quand il veut communiquer avec elle, il soulève le rideau en velours vert de sa chambre. Au moment de quitter son hôtel particulier, le matin, il l'imagine endormie dans son lit, ne s'inquiétant plus de rien... Ça lui suffit pour affronter le budget, Morny et les trente-deux personnes placées sous ses ordres à l'hôtel de Lassay; arrivé dans son bureau dont les fenêtres donnent sur la Seine, il chantonne. C'est la première fois que M. le vice-président chantonne.

Colorer l'avenir

1848 : deux femmes tremblent pour Lamartine, sa femme et Valentine; elles ont peur qu'il soit tué ou assassiné, qu'il y ait une logique de sacrifice et de mort qui tienne à ces temps troublés qu'on appelle des époques révolutionnaires. Lui n'a pas peur, il se jette dans les foules, sur les barricades, comme s'il n'avait rien à craindre. « Le crime entre-t-il dans les plans de la Providence ? » écrivait-il à propos de Charlotte Corday. Faut-il pour autant passer sa vie à s'exposer, à s'offrir au geste d'un fou ? Marianne suit son mari partout durant ce printemps, plongeant parmi les morts quand il le faut, elle-même morte de peur, qui sait, mais décidée à ne pas le laisser affronter seul le danger[1].

1. « [...] je lui ai toujours trouvé une vraie vertu, mais elle y ajoutait presque tous les défauts qui peuvent s'incorporer à la vertu, écrit Tocqueville dans ses *Souvenirs* [...] : une humeur dominante, beaucoup d'orgueil, un esprit droit, mais raide et parfois rude, de telle sorte qu'on ne pouvait ni s'empêcher de l'honorer, ni se plaire avec elle. »

Lamartine écrit à Valentine dès qu'il a un instant, il approche enfin de l'histoire dont il a tant rêvé s'approcher, il « fonde » la république, « sauve » la France et l'Europe, lui décrit « les émeutes d'amour » dont il est l'objet. Ce n'est pas vrai. Il force les mots, comme s'il craignait pour leur vie, à eux aussi, il n'est pas dupe : les émeutes de juin le brisent, les paupières des morts le hantent, les torts de son esprit, au fond, il les connaît, il est comme l'Arioste qu'il décrit dans son *Cours familier* : « Une âme à fleur de peau ». Néanmoins, deux femmes l'aiment encore. Ils étaient des millions de Français le 23 avril, ils ne sont plus que 17 940 quand il s'agit de le préférer à Louis-Napoléon Bonaparte, en décembre de cette même année, comme président de la République. Colorer un peu l'avenir de son oncle, transformer en été ses hivers, telle sera la tâche de sa nièce. Vingt grandes années l'attendent.

1849, l'inattendu se produit : Valentine va avoir trente ans, elle a longuement parlé à son confesseur qui l'a pressée d'accepter : elle accepte donc l'offre de mariage du comte Ferri-Pisani.

Les choses se déroulent gravement, elle n'offre pas un visage gai, un visage de femme comblée. Avec son oncle, elle vit en pleine abstraction, en pleine chasteté, et c'est facile. Elle lui écrit : « Adieu, je vous embrasse ; je ne sais si c'est comme une fille, une amie, une nièce ; mais ce que je sais, c'est que, quel que soit le sentiment, il durera autant que ma vie. »

Avec un mari, on entre dans le concret : la dot, bien sûr, mais aussi ce moment terrible où cet étranger, qui est votre futur maître, vous prend la main et dit nous. Au lieu de se sentir heureuse, Valentine se sent en danger de mort. Ah ! garder l'esprit clair dans tout ce tumulte ! Elle est belle, elle a un peu de bien – l'oncle terrible trouvant qu'elle avait la tête bien faite lui a laissé la moitié de sa fortune –, des hommes l'ont courtisée, mais elle a toujours été maîtresse d'elle-même ; capable de les intimider quand ils allaient un peu trop loin, de choisir, de vouloir. Avec le comte Ferri-Pisani, elle ne sait pas ce qu'elle veut, un mari, un état, des enfants, une amitié ? Le contact de sa personne lui est chaque jour un peu plus désagréable, elle s'en veut, elle se sent infidèle à son devoir qui est de l'aimer. Pourquoi ne l'aime-t-elle pas ?

Parce qu'elle ne veut pas quitter son oncle. Ils ont, lui, sa tante et elle, le même réseau de regards, de paroles, de prières – Valentine est d'une grande piété –, de souvenirs qui leur donnent une complicité, un tel besoin les uns des autres que le cœur de Valentine flanche à l'idée de séparer sa vie de la leur. Son fiancé a beau lui dire : mais c'est de votre bonheur qu'il s'agit, Valentine secoue la tête : son bonheur c'est le silence de son oncle, sa voix, c'est cette chose inexplicable, délicieuse, à laquelle elle ne peut pas s'arracher et qui n'a pas de nom. Le mariage de Valentine et du comte Ferri-Pisani ne se fera pas. « Mon cher ange, lui écrit son oncle, en juillet 1849 [...], mon moi c'est vous. » En 1855, elle s'installe définitivement rue de la Ville-l'Evêque chez son oncle et sa tante. « Elle désassombrit tout », écrit Lamartine.

Un ongle d'émail

Les lanternes vénitiennes ont éclairé le jardin de la rue Boudreau jusqu'à l'aube, il y a eu tant de musique que les oiseaux ont déserté les toits, on s'est agglutiné devant l'exposition des cadeaux, Eugène Schneider n'était pas dans ses bons jours – peut-être était-il ému? Pourtant tout était réglé à la perfection, les orgues de la Madeleine, le défilé, rue Boudreau, le bal qu'il a ouvert avec sa femme pour célébrer le mariage de leur fils. Henri Schneider épouse Zélie Asselin, elle a seize ans, lui vingt-trois, ils ont l'impression de s'être toujours connus, toujours aimés.

Comme les yeux d'Eugène Schneider se sont agrandis le jour où Henri lui a parlé de son amour! Tout de même, il s'attendait à tout sauf à ça! A cette ironie du sort! Comment n'a-t-il pas vu, lui qui voit tout, les enfants grandissant dans l'intimité des parents? La jolie figure de Zélie rougir quand Henri revenait du Creusot? Ces grandes découvertes de la seizième année, à savoir qu'on ne peut plus vivre l'un sans l'autre?

Zélie est de santé délicate, comme sa mère. « Quand on a le sang aussi pauvre que vous et votre mère, lui écrit Constance Schneider, il faut bien se forcer un peu pour se faire une santé. » On lui a confectionné une robe tournoyante comme de la neige, on a ouvert en grand les portes de la rue Boudreau – Henri et Zélie se sont mariés à minuit à la Madeleine, c'est la mode –, les invités se sont rués sur les buffets, comme si c'était une récompense. Une récompense de quoi? De toutes les méchancetés qui vont bon train et que le maître de maison écoute impassible; des sous-entendus; des allusions au bonheur des deux mères, Mme Schneider et Mme Asselin.

Tout ce que la France compte de dos voûtés est là, les banquiers, les préfets, les prélats, les commandants de corps d'armée; de dos ducaux est là, le duc de Gramont, le duc de Rivoli, le duc de Persigny; de dos capitalistes, les Seillière, les Wendel, Fould, les frères Pereire, Emile Ollivier, Daru, Haussmann; de dos décolletés,

Mme Friedman, Mme de Rothschild, leur voisine de la rue Laffitte ; de dos creusotins, une délégation triée sur le volet est venue offrir ses vœux au jeune couple. Les dessertes du vestibule débordent de télégrammes, de lettres de félicitations, de cartes de visite.

Soudain il s'est mis à pleuvoir, tout le monde semble trouver les fleurs encore plus belles sous la pluie, les orchidées, les tubéreuses, les fougères arborescentes que Mme Asselin a choisies ; à travers les troncs des palmiers gainés de tulle les tableaux que le maître de maison collectionne depuis vingt ans paraissent vous tirer à eux, à leur basse-cour, à leurs lointains, à leurs noces villageoises ; on s'extasie, il y a un Javert derrière chaque admirateur un peu trop enthousiaste. Eugène Schneider est cassé en deux depuis des heures, serrant et baisant des mains, recevant les félicitations de cette assemblée qui, dès qu'elle a tourné les talons, le déchiquette à belles dents. Eugène Schneider sait qu'on le flagorne, parce que c'est comme ça du matin au soir, surtout depuis que son ménage à trois défraye la chronique. Ses lèvres minces remercient ; des voix toutes pareilles forment des vœux tous pareils pour le bonheur de ces chers enfants et pour l'héritier qui naîtra un jour de cette union. Eugène Schneider est comique d'ennui !

Un ongle vient soudain effleurer sa main – cet ongle sait qu'il est à la limite du désespoir –, un ongle doux comme une plage du Sud, poli comme de l'ivoire, qui remet les choses à leur place. Eugène Schneider est à nouveau l'homme qui parle à l'empereur quand il a besoin de lui parler, qui éventre l'Europe pour y faire passer ses locomotives. Mme Asselin a le don de le remonter, de lui faire dominer les têtes. Pourtant, il n'en mène pas large. Ce matin, il a reçu une lettre anonyme : comme le guetteur dans le froid de ce premier printemps, elle le guettait sur le plateau en argent où est déposé chaque matin son courrier. Elle avait été envoyée à son domicile : « La créole triomphe... »

Les débuts de la Forgeronne

Elle signe Marie Rattazzi. Ajoute : née Bonaparte Wyse. Elle est en effet la petite-fille de Lucien Bonaparte, se prénomme Marie-Létizia, s'est successivement appelée Mme de Solms, Mme Rattazzi, Mme de Rute, a émoustillé Victor Hugo (presque septuagénaire) : « Tout ce que j'ai connu d'elle indiquait une charmante femme[1]. » Elle a trente ans au moment où je vous la fais découvrir. Elle a juré la perte d'Eugène Schneider, pourquoi ? Est-ce, à travers un personnage « impérial », pour démonétiser son oncle, l'empereur ? Est-ce, parce qu'elle est une aventurière, propageant de l'écume, pour le faire chanter ? Par vengeance – et de quoi ? – ou par délire ?

D'Eugène Schneider, elle veut les secrets : elle veut les publier, les étaler, l'éclabousser, le ridiculiser. Sa haine est comme une grosse lanterne rouge au flanc d'un bateau noir. Elle veut faire rouler au fond des rues, dans les salons, sous les rires, à l'Opéra, au café Badoit, au Creusot, au chef-lieu d'arrondissement, au Corps législatif, la vie privée d'Eugène Schneider, la chiffonner, la rendre publique, hideuse, déshabiller l'homme, le mutiler, lui trouer la peau, le faire grelotter. Quand a-t-elle commencé à lui donner la chasse ?

Elle l'appelle Tayeur (Schneider signifie tailleur en al-

1. *Choses vues*, 28 juillet 1870.

lemand) ; Magarthy, sa maîtresse, est venue de l'île Bourbon avec ses enfants, dont une fille appelée Mézélie. Le mal gicle de Magarthy : elle est de père inconnu, quarteronne, prostituée, meurtrière, maîtresse d'un négrier, fausse baronne, ancienne esclave, maître chanteur. C'est Moll Flanders, Moll la Coupeuse de bourses, sans Newgate et sans la forte santé; Manon Lescaut tirée de l'Hôpital général par son amant, le chevalier d'industrie Des Grieux. Les allusions sont transparentes : « Elle pouvait vivre dans le même pays, dans la même vie, dans la même rue que son amant, et alors toutes les apparences étaient sauvées ! Non ! Il lui a fallu le même toit ! » Tayeur est le type même du parvenu, on entend sonner ses poches. « Riche à millions, il se jeta à corps perdu, à près de soixante ans, dans le monde bruyant des lions à la mode... Méticuleux... il cherchait en tout la quintessence... C'était un maniaque... Ses dîners et ses réceptions étaient les choses les plus importantes de sa vie. » Le fils Tayeur devient amoureux de Mézélie et l'épouse. La Forgeronne se fait appeler la baronne de Talin, donne un enfant adultérin (qui meurt) à son amant ! Une lettre anonyme adressée à Mme Tayeur « le modèle des mères et des maîtresses de maison » ouvre enfin les yeux de la malheureuse qui chasse la courtisane; celle-ci s'enfuit et retourne à l'île Bourbon.

Trois livres, *L'Aventurière des colonies*, *Les Débuts de la Forgeronne* et *Les Mariages de la créole* témoignent de cette volonté de persécution. Parus à Bruxelles et à Florence du vivant d'Eugène Schneider, ils circuleront à Paris sous le manteau; après sa mort, ils seront édités en France, par Marpon et Flammarion; à la Bibliothèque nationale où je les ai consultés, ils ne doivent pas faire l'objet de communications fréquentes. A l'époque, ils ont glacé le sang d'Eugène Schneider.

Qui est cette Marie Rattazzi qui signe aussi Marie de Solms ? Agit-elle seule ou pour le compte d'ennemis ? Qui sont ces ennemis ? Eugène Schneider l'a-t-il rencontrée ? A-t-il essayé de la soudoyer pour qu'elle se taise ? Dans quelle mesure ce flot d'ordures déversées sur sa vie privée l'a-t-il rendu différent ? Plus sûr de lui ?

Il a pris la résolution de ne rien laisser paraître, mais, au moment où il serre mille mains, le soir du mariage de son fils, il a conscience de la transformation qui s'opère : moi, Eugène Schneider, j'unis ma descendance, celle de ma femme et de moi-même, à celle de ma maîtresse, pour, qu'à partir d'aujourd'hui, nos deux familles n'en fassent plus qu'une, je légitime ma liaison, je chosifie les choses mineures, le qu'en-dira-t-on, le vomi de Mme Rattazzi qui a failli me rendre fou jusqu'à la lettre anonyme de ce matin. L'espèce humaine m'a donné, comme à tout le monde, des faiblesses que j'essaye d'assumer.

Il ne faut pas chercher midi à quatorze heures si vous ne le voyez pas esquisser un sourire cette nuit-là...

L'indissociable

Marguerite Asselin surveille le pli cassé de la bouche d'Eugène Schneider – mon grand-père avait le même pli et tout le monde avait une peur bleue de mon grand-père. Se doute-t-elle que tout va de travers ? Que le maître de maison est au supplice ? Qu'elle court un danger inouï ? Son histoire aurait pu prendre fin ce soir-là.

Elle ne prendra jamais fin, elle prendra une autre tournure. 25 janvier 1865. « Nous avons reçu avec bien de la joie, écrit Constance Schneider à son fils, la nouvelle que tu avais chargé ton père de nous communiquer. Puisque d'après ta lettre, il y a déjà quelques semaines que vous avez des espérances, nous espérons que ça ne sera pas une illusion, et que l'été prochain nous verrons apparaître un joli baby qui sera, je t'en réponds, bien aimé. Mme Asselin raffole déjà de son petit-enfant, et va, ces jours-ci, faire mettre son berceau dans sa chambre [...] Que la bonne Zélie se soigne bien jusqu'à ce qu'elle nous le donne. » La « bonne Zélie » leur en donnera quatre, dont des jumelles. Elle mourra en 1869 de la diphtérie avec l'une d'elles. En 1872, Henri Schneider épousera sa sœur Eudoxie : il aura trois filles de son remariage.

Dès ce jour d'avril 1863, Mme Asselin a compris : Eugène Schneider va la « déréaliser », comme Lamartine a « déréalisé » Valentine. Elle n'aura plus d'âge – les vingt, vingt-cinq ans de différence avec son amant sont escamotés. Eugène Schneider a horreur du désordre. En apparence, il n'y aura plus aucun désordre. Sa maîtresse perd jusqu'à son prénom : elle sera Mme Asselin pour lui, pour sa femme, pour M. Bouillet, son secrétaire, pour nous, ses descendants – plus jamais Marguerite-Eudoxie. Elle sera obéie au doigt et à l'œil. Elle aura sa propriété au Creusot, un petit château baptisé le château de la Couronne. Son gendre, Henri Schneider, lui baisera la main ; elle ira aux vêpres, vêtue en soie feuille morte, vivra dans des pièces surchauffées, deviendra la pensée d'Eugène Schneider, la volonté d'Eugène Schneider ; l'indissociable. Elle lui survivra plus de vingt ans.

Le jour du mariage d'Henri Schneider et de Zélie Asselin, s'est produit un extraordinaire tour de passe-passe : la disparition de Mme Asselin comme favorite et sa réapparition comme belle-mère du futur gérant de Schneider et Cie. Nous, ses arrière-arrière-petits-enfants, nous n'avons pas eu notre mot à dire. Quand ma grand-mère a épousé son petit-fils, Eugène II, en 1894, Mme Asselin était toujours de ce monde et ma grand-mère racontait qu'elle lui avait rendu visite au château de la Couronne comme on rend visite à une reine mère. Eugène Ier était mort depuis presque vingt ans et Constance Schneider, sa femme, depuis cinq ans. On parlait encore de Mme Asselin à ma génération à mots couverts. Savoir ces choses étaient de notre devoir, mais on ne nous les disait jamais ; sauf mon père qui mettait les pieds dans le plat, sans aucune preuve à l'appui, parce qu'il n'en savait pas davantage que nous. Il inventait des messieurs Asselin hauturiers, des capitaines au long cours sortis d'un roman de Conrad, avec des yeux clairs et de belles barbes qu'ils caressaient. Dans l'album du catalogue de l'exposition *La Banque Seillière-Demachy*[1] figure une grande photographie de Robert Demachy ; elle s'intitule : « Groupe au Creusot, fin XIXe siècle ». Sur un fond d'arbres dénudés posent des silhouettes noires, hommes et femmes. Au centre, assise, les mains dans un manchon, un parapluie à ses côtés, une femme en impose : elle ressemble à Catherine II de Russie. Mme Schneider mère, dit la légende. Constance Schneider, morte en 1889, n'avait pas cette tête-là. Il ne peut donc s'agir que de la « fausse » Mme Eugène Schneider. Mme Asselin n'a jamais porté le nom de Schneider, n'a jamais épousé Eugène Schneider. Qu'importe, est gravée sur elle comme sur une souche l'empreinte du marteau de son propriétaire.

1. Librairie académique Perrin, 1999.

CHAPITRE XXII

Il pleuvra des rois

« Il pleuvra des rois », avaient prédit les Goncourt. 14 mai 1867, arrivent à Paris le roi et la reine de Belgique ; 24 mai, le prince royal de Prusse et la princesse Victoria ; 1er juin, le tzar ; 5 juin, le roi de Prusse ; 20 juillet, le roi du Portugal. Eugène Schneider suffoque d'inquiétude.

Il vient d'être nommé président du Corps législatif – il est enfin arrivé à ce poste de grand vizir et doit à ce titre recevoir toutes les têtes couronnées à l'hôtel de Lassay ; il est évidemment l'un des principaux exposants au Champ-de-Mars, sa bru est grosse (elle attend des jumelles) et sa santé donne des inquiétudes ; cela fait deux ans qu'il travaille d'arrache-pied avec des dizaines et des centaines de personnes à ce qui doit être et sera l'apothéose du régime, c'est-à-dire l'Exposition universelle du printemps 1867 à Paris.

Palais-Royal, le 8 janvier 1865 : Le Prince, Président de l'Exposition, Napoléon Jérôme[1] au vice-président du

1. Dit « Plon-Plon », frère de la princesse Mathilde, tous deux enfants de Jérôme, ex-roi de Westphalie et frère cadet de Napoléon Ier.

Corps législatif : « Par décret du 22 juin 1863, l'Empereur a décidé qu'une Exposition universelle aurait lieu à Paris en 1867.

« Sa Majesté, pensant que le moment est venu d'exécuter son décret, m'a chargé, comme Président de cette Exposition, de m'occuper sans délai des travaux préparatoires.

« Désirant m'entourer d'hommes qui peuvent m'éclairer, je me suis entendu avec M. Rouher, ministre d'Etat, et M. Béhic, ministre de l'Agriculture, du Commerce et des Travaux publics, et nous avons pensé qu'il était utile de provoquer une réunion préparatoire et non officielle pour le moment, afin de résoudre en commun les différentes questions que soulève le projet d'une Exposition universelle », etc.

J'ai retrouvé le brouillon de la réponse à cette lettre d'Eugène Schneider, écrit de sa main : « Je suis, avec respect, Monseigneur, de votre Altesse Impériale, le très humble et très obéissant (?) serviteur. » Le point d'interrogation figure dans le brouillon, comme si, face à Plon-Plon, Eugène Schneider se posait la question d'être ou de n'être pas un obéissant serviteur ; comme si l'adjectif humble suffisait.

Le commissaire général de l'Exposition est Frédéric Le Play qu'Eugène Schneider connaît bien et qui occupait déjà ces fonctions lors de l'Exposition de 1855. Cinq millions de visiteurs s'étaient pressés aux Champs-Elysées cette année-là, malgré les réticences de Renan qui écrivait dans *Le Journal des débats* : « Quel contraste avec les fêtes panhelléniques, avec les pèlerinages du Moyen-Age [...] Pour la première fois notre siècle a convoqué de grandes multitudes sans leur proposer un but idéal. Aux jeux antiques, aux fêtes religieuses, aux jubilés, aux tournois ont succédé des comités industriels [...] Spectacle éblouissant pour les yeux, étude instructive pour l'homme pratique, il dit peu de chose à la pensée. »

A ce jugement fait écho celui de Flaubert, treize ans plus tard. Dans une lettre adressée à George Sand (6 mai 1867), il écrit : « On se sent là très loin de Paris, dans un monde nouveau et laid, un monde énorme qui est peut-être celui de l'avenir. »

Cette année-ci, l'exposition se tient au Champ-de-Mars. Qui se rappelle la fête de la Fédération, il y a soixante-dix-sept ans, un an tout juste après la prise de la Bastille ? Talleyrand célébrait la messe sur l'autel de la Patrie, La Fayette prêtait serment au nom de toutes les gardes nationales de France et Louis XVI jurait de « maintenir la constitution et de faire exécuter les lois »...

Et qui se rappelle le 22 mars 1848, le curé de l'église du Gros-Caillou bénissant l'arbre de la Liberté sur ce même Champ-de-Mars, aux cris de « Vive la République ! » ? Lamartine avait sauvé la France...

« On est idiot de peur, écrit Flaubert, toujours à George Sand, le 13 avril 1867 : peur de la Prusse, peur des grèves, peur de l'Exposition "qui ne marche pas", peur de tout. » On comprend qu'Eugène Schneider soit nerveux... L'organisation matérielle de l'Exposition marchera, quoi qu'en dise Flaubert, comme sur des roulettes – on s'amuse, on se passionne, on y retourne – mais le climat politique n'est pas bon ; à tout moment l'incident risque de se produire : lors d'une visite du tzar à la Sainte-Chapelle, qui jouxte le palais de Justice, l'avocat Charles Floquet lui lance : « Vive la Pologne, Monsieur ! » Quelques jours plus tard, le 6 juin, Alexandre II traverse le bois de Boulogne en compagnie de Napoléon III, ils reviennent d'un défilé militaire à Longchamp quand un individu – encore un Polonais ! – se jette sur leur voiture, pistolet au poing et tire ; un écuyer détourne le coup, mais les souverains rentrent

le cœur et l'esprit
pleins d'explosions

Le 30 juin, jour de la remise des récompenses, arrive la nouvelle de la mort de Maximilien, fusillé au Mexique le 19 juin et qui ne devait son trône d'empereur du Mexique qu'à Napoléon III. Le sultan assiste à la cérémonie – c'est le prince impérial qui remet les médailles – les proches de l'empereur sont comme statufiés et l'empereur épuisé par ces festivités semble indifférent à ce qui l'entoure.

Dieu sait pourtant qu'il a eu des idées à l'occasion de cette exposition, celle, par exemple, de faire naître un Paris de l'Ouest qui pourrait rivaliser avec le West End de Londres. Haussmann a surgi sous la volonté de Napoléon III – il est une créature de Persigny. Celui-ci l'avait repéré dès 1852 à Bordeaux, où il était préfet, lors d'un voyage où il accompagnait Louis-Napoléon Bonaparte qui n'était encore que prince-président. « Je jouissais à l'avance, écrit Persigny, de jeter cet animal de race féline à grande taille [il parle d'Haussmann] au milieu de la troupe de renards et de loups ameutés contre toutes les aspirations généreuses de l'Empire. »

L'Exposition doit être le point d'orgue de ces grands travaux qui ont coûté une fortune ; ils ont difficilement passé à travers les mailles du contrôle législatif : devant cette avalanche d'emprunts, de subventions, les Parisiens ont fait la grimace. Il y a les contes d'Hoffmann et les *Comptes fantastiques d'Haussmann*, une brochure éditée par les soins de Jules Ferry. « Paris [...] tourne au colossal, gémit Flaubert. Cela devient fou et démesuré. Nous retournons peut-être au vieil Orient ? Il me semble que des idoles vont sortir de terre[1]. »

Une grande incapacité méconnue

Et si ce n'était pas seulement Paris qui changeait de peau, mais le monde ? La guerre de Sécession aux Etats-Unis est terminée (1865) : 600 000 morts ; le pays va bientôt prêter son livre de prières au monde entier !

En Europe, les révolutions se sont abattues comme des chevaux ; il a fallu changer les cochers. Arrive une génération d'hommes remarquables – il n'y en a pas en France, ni civil, ni militaire. Cavour, Bismarck, Moltke, Disraeli, Gladstone, ces hommes ont des idées, ils ne vivent pas enroulés dans des couvertures, comme Napoléon III qui se regarde choir avec désespoir – le bide, l'urinal et le reste. « L'empereur des Français est une grande incapacité méconnue », a déclaré Bismarck après l'entrevue de Biarritz. C'était en 1865, il y a deux ans, et ça ne s'est pas arrangé !

1867 : Sadowa est dans toutes les mémoires. Il y a un an tout juste, en juillet 1866, les Autrichiens ont été décimés par les Prussiens : 40 000 morts. Entre cette défaite, la perte progressive de leurs provinces italiennes (l'Italie est dans la dernière ligne droite de son unité) et maintenant l'exécution de Maximilien, l'empereur du Mexique installé par les Français, qui n'est autre que le frère cadet de l'empereur François-Joseph, la monarchie austro-hongroise est un « grand pot plein d'idées tristes ».

1. *Correspondance,* 15 juin 1867.

Le 13 mai 1866, en pleine guerre austro-prussienne, donc, Eugène Schneider, dans une lettre adressée à son fils, tente de se rassurer. Lui qui n'aborde jamais ce genre de sujets parle de « la crainte de la guerre » qui rôde : « En présence de cette situation nous sommes heureusement très bien garnis de commandes. Je n'ai aucune préoccupation pour l'industrie du fer et nous avons 6 à 8 mois devant nous pour les machines. D'ici là, la bourrasque pourra être passée [...] Mais nous ajournerons sans doute le prolongement du grand hangar et toute autre chose actuellement projetée... On s'occupe de l'Exposition comme si l'air était absolument pacifique dans le monde entier, on tient pour absolument certain que tout sera prêt pour le 1er avril... Je recommande bien de tâcher de fixer partout les tarifs pour ne pas trop habituer nos ouvriers à travailler mollement. Entre deux mots *[sic]*, mieux vaut encore encourir l'embarras d'avoir un ressaisissement à faire[1]. »

Car à la crainte de la guerre s'ajoute un climat social tendu. Pauvre et riche se montrent du poing ; des mots comme Internationale, grève, revendication résonnent. Tout circule, les prolétaires comme les bourgeois, les idées subversives comme les ascenseurs – le premier a été construit en 1853, en Amérique. Napoléon III, et ce n'est pas là un des moindres paradoxes de son personnage, a encouragé cette circulation ; dès 1862, il a subventionné le voyage d'une délégation ouvrière à l'Exposition universelle de Londres. A cette occasion, un toast a été porté à « l'alliance future entre les travailleurs du monde ».

Deux ans plus tard, l'Internationale est créée à Londres.

1. Archives privées.

La belle dans le pieu dort encore,

mais elle ne va pas dormir longtemps. A Paris, une loi sur les coalitions est proposée par l'empereur, elle autorise en fait le droit de se réunir. Le Corps législatif regimbe. Bismarck a beau dire : les yeux vitreux de Napoléon III ont très bien détecté le danger. Les dangers.

D'abord le danger extérieur : pour affronter la Prusse (ou toute autre puissance), il faut réorganiser l'armée française de fond en comble. L'armée se mouche dans ses morts, dit qu'elle n'a aucun besoin de réformes et fait le siège des parlementaires pour s'opposer à tout. La grogne tombe sur qui? Sur le nouveau président du Corps législatif! Sur Eugène Schneider! Ensuite le danger intérieur – le pays n'en peut plus de sentir cette route toute proche, le pouvoir de dire zut, le pouvoir de dire non, de dire pourquoi – pourquoi l'année recommence-t-elle sans que rien ne change? L'empire dit libéral sera une tentative désespérée de Napoléon III pour atteindre l'inatteignable, c'est-à-dire la liberté de gouverner. L'empereur est prisonnier de son ventre avachi, de l'impératrice et de son entourage, des vents désolés qui soufflent de toutes parts. L'Exposition universelle est sa dernière planète!

Pendant ce temps-là, le conflit s'aigrit entre l'exécutif et le législatif. A une refonte dont l'armée ne veut pas s'ajoute tout un train de réformes proposées par le souverain lors du discours du trône, en février 1867 : réforme du fonctionnement du Corps législatif, réforme des lois sur la presse, réforme du droit de réunion, loi sur le fonctionnement des sociétés anonymes, mettant fin à la tutelle du gouvernement, etc. Les uns crient à l'inutile, les autres à il-ne-se-passe-rien. « Assez ondoyant, écrit Louis Girard, il [Schneider] soutenait mal la majorité qui s'irritait, aux prises avec la loi militaire, de sentir qu'elle n'était plus en accord avec la volonté impériale[1]. »

Habit noir, cravate blanche

Henri Schneider a maintenant le pied à l'étrier, il a été nommé gérant du Creusot et, l'année de l'Exposition universelle, il briguera son premier poste politique, celui de conseiller d'arrondissement. Il est quotidiennement bombardé de missives paternelles. Eugène Schneider est au four et au moulin, aux fausses salades de l'Exposition et aux vraies disputes entre l'empereur et le Corps législatif. L'hiver précédent cette fameuse année 1867, il a fait un temps exécrable, les bonnes langues ont prévu que l'Exposition ne s'ouvrirait pas à l'heure dite. « Elle s'ouvre avec une ponctualité irréprochable[2] », écrit Alistair Horne. Sur le Champ-de-Mars s'élève « un grand bâtiment de verre elliptique, long de 482 mètres, filigrané de fer ». Le dôme est très haut. « La première fois que j'y ai déjeuné, j'ai pensé tout le temps à l'Amérique et j'avais envie de parler nègre », écrit Flaubert.

Celui-ci est aux anges ! il a atterri dans le velours ! On le présente aux souverains du monde entier, lui, le paria d'il y a dix ans[3] ! Il a demandé à sa nièce Caroline « your

1. *Napoléon III*, Fayard, 1984.

2. *Le Siège de Paris 1870-1871*, Plon, 1967.

3. En janvier 1857, Laurent Pichat, gérant, Flaubert et Pillet, l'imprimeur de *La Revue de Paris* qui vient de publier *Madame Bovary*, sont cités devant la 6e chambre de police correctionnelle de Paris

little tiger Anselme[1] » pour l'accompagner jusqu'au palais des Tuileries où il s'est amusé comme un fou, ce lundi 10 juin. Il leur a, comme il dit, « très politiquement craché la vérité ». A qui donc ? A tout le monde. Le tzar de Russie lui a profondément déplu. « Je l'ai trouvé pignouf. » A Eugène Schneider qui lui demandait des nouvelles de son neveu Commanville qui a acheté au comte de Flahaut son hôtel particulier de la rue de Clichy, il a expliqué que la politique resterait une éternelle niaiserie tant qu'elle ne serait pas une dépendance de la science. « Le gouvernement d'un pays doit être une section de l'Institut, et *la dernière de toutes* », écrira-t-il deux ans plus tard, revenant sur le sujet[2]. Eugène Schneider s'est éclipsé, il a déjà assez d'ennuis comme ça sans se mesurer à ce géant qui affirme qu'une poésie vaut mieux qu'un chemin de fer !

Flaubert n'a pas voulu déranger la princesse Mathilde tout à ses « corvées souveraines » ; il lui suffit de la savoir là et qu'il peut lui écrire « Je vous embrasse », comme à une vieille amie ; il a d'ailleurs visité l'Exposition en sa compagnie, avant l'ouverture officielle. Notre chevalier de la névrose fait partie des happy few...

Ce « déclassement par le haut » que Sartre prête à Flaubert (et parfois, semble-t-il, lui envie – qu'aurait été Sartre s'il avait eu une princesse Mathilde dans son existence ?), ce jeu de miroirs, cette sorte de donnant-donnant a, sous la plume de Sartre, des accents proustiens. « Le rôle de Flaubert, écrit-il dans *L'Idiot de la famille* –

---

pour attentat aux bonnes mœurs et à la religion. Ils seront acquittés le 7 février. « Mon cher enfant, lui écrivait Lamartine, il n'est pas possible pour l'honneur de notre pays et de notre époque qu'il se trouve un tribunal pour vous condamner. »

1. Tigre : groom d'un élégant (Littré).
2. Lettre du 5 juillet 1869 à George Sand.

comme celui, d'ailleurs, de tous les bourgeois en contact avec la cour – était, par ses conduites et par la conviction qu'il y mettait, de persuader [...] cette fausse noblesse qu'elle était vraie, en lui montrant que la roture, en sa personne, en était assurée sans conteste. En échange de quoi, cette aristocratie, plus sûre de son bon droit, le distinguait de la bourgeoisie, l'élevait jusqu'aux cimes, en faisant sinon un aristocrate, du moins un interlocuteur valable pour les grands. Elle lui témoignait, en l'élisant, que le talent vaut la naissance. Et que, d'une certaine manière, tout génie est "né" [...] Ecrivain aux Tuileries, il était noble à Croisset. »

Tout comme Eugène Schneider est noble au Creusot. L'empire a déteint sur lui, sur l'individu qu'il voit dans la glace en s'habillant, sur son comportement. Et sur celui de son fils, de son petit-fils, de son arrière-petit-fils. Le principe héréditaire, l'importance du paraître, l'inflexibilité de l'étiquette prévaudront chez les Schneider à partir de cette époque-là. Des gardes saluaient mon grand-père – ils portaient la main à leur visière et se figeaient au garde-à-vous quand il entrait en voiture, entre une double rangée de canons, dans la cour du Creusot; comme dans les cours, on parlait dans ma famille une autre langue que celle du commun des mortels – l'anglais, en l'occurrence. Une souscription publique était ouverte après chaque décès pour que le gérant disparu et aussitôt statufié continuât à veiller sur la ville. On recevait comme des princes et on recevait qui ? des princes.

Dans les papiers d'Eugène Schneider apparaît au fil des ans une sorte de raideur qui lui vient de ce contact permanent avec les plus hautes sphères de l'empire, même si celui-ci, selon Sartre, est le produit d'un rêve. Une sorte d'emphase. Comment pourrait-il en être autrement quand on vit avec l'empereur, quand on voyage avec l'empereur, quand on écrit à son fils : « J'irai à Lyon, j'y accompagnerai l'Empereur jusqu'à Dijon [...] Si tu veux venir avec moi, j'aurai très grand plaisir à t'avoir. P.S. Habit noir, cravate blanche pour la présence de l'Empereur » ? Quand, en octobre 1867, Le Creusot est couronné par un grand prix hors classe du jury international pour ses « énormes et admirables produits qui dominent les productions de ses 45 000 concurrents, élite des industriels de tout l'univers » ? Quand on est décoré l'année suivante de la grand-croix de la Légion d'honneur ? Quand l'empereur vous télégraphie « Son Excellence Monsieur Schneider au Creusot » et signe « Napoléon » ? Ça change du « Salut et fraternité » par lesquels le commissaire du gouvernement terminait en 1848 ses lettres ! Et du Schneider d'Autun à qui étaient adressées les invitations de Louis-Philippe !

On est prié de ne pas danser en casquette

« Empereur ramolli », note Hugo qui compte les orages, les éclairs et les coups de tonnerre du régime. Eugène Schneider hausse les épaules en lisant ces mots. Il se trouve à l'Exposition, dans le pavillon des Etablissements Schneider, vaste hangar circulaire en brique et en fer de 40 mètres de long et de 14 mètres de large. Il s'y rend souvent à l'heure de la fermeture pour savoir comment s'est passée la journée, si les visiteurs se sont bousculés devant le plan de la Grande Forge qu'il vient de faire construire au Creusot : une architecture métallique unique en France par sa taille – douze hectares – abritant non seulement une forge à laminoirs, mais des ateliers, annexes, magasins, bureaux, bureau d'embauche, le tout construit sur une forte ossature de colonnes de fonte placées tous les dix mètres et surplombé par une verrière dont le motif sera repris pour la construction de la gare d'Austerlitz, à Paris ; s'intégrant au réseau ferré, au reste des usines, à la ville. De l'architecture industrielle ultramoderne, ultra-pensée – Eugène Schneider a beaucoup hésité, puis s'est lancé dans ce projet. Sont aussi exposés au Champ-de-Mars des modèles de logements ouvriers dits la Cité des Mineurs, et la fameuse locomotive commandée par les Anglais[1]. Les employés n'osent pas tirer leur montre de leur gousset – les journées à l'Exposition sont longues et l'envie de rentrer chez eux est grande... Le patron, qui a pourtant l'habitude d'avaler une pendule, ne s'aperçoit de rien.

Il rêve – une fois n'est pas coutume ; il fait bon, c'est l'été, on joue des valses au Théâtre international qui jouxte le pavillon du Creusot. A la section prussienne de l'Exposition trône le canon Krupp ; on va le voir comme « l'éléphant du Jardin des Plantes[2] », mais ce n'est pas cette flèche au cœur qu'Eugène Schneider reçoit ce jour-là. L'apparition d'un vieux monsieur « gris perle et noir », admirablement tenu, poussé dans une petite voiture par une jeune femme l'a cloué sur place ; le vieillard rit sur ses

1. Bernard Clément, « Un monde à part », Catalogue de l'exposition *Les Schneider, Le Creusot*, 1995.

2. « Je le vois encore, renfrogné et menaçant, niché dans son petit temple d'ordre dorique, solennel comme une sorte de dieu nouveau. On le considérait curieusement ; on lui passait la main sur le dos, en dépit de ses airs de dogue [...] Le Parisien gouailleur fit même des gorges chaudes. Il ne comprit rien à cet avertissement, si ce n'est que ce monstrueux tube d'acier, tout uni, raide et compassé, allemand de la culasse à la gueule, était d'une esthétique déplorable [...] Quatre ans après, il bombardait Paris. » (E. Malo, *L'Art de tuer*.)

gencives, rit sans dents, rit sans rime ni raison. Eugène Schneider a reconnu Lamartine dans ce mort-vivant.

Pas plus tard qu'au mois de mai, l'assemblée que préside Eugène Schneider lui a voté une « récompense nationale » : une dotation de 500 000 francs sous la forme d'une rente viagère. En quatorze ans, grâce à un labeur surhumain, Lamartine a remboursé six millions de dettes, mais il en reste encore. Valentine ne lui a pas demandé son avis pour accepter cette rente. Son oncle radote, tantôt il s'assoit sur une marche de l'escalier et n'en bouge plus ; tantôt il refuse de descendre de voiture, confond le jour avec la nuit, se sauve sans comprendre ce qu'il fuit. La Ville de Paris lui a concédé le chalet de la Petite-Muette, à Paris, pour qu'il n'ait plus de loyer à payer. Marianne de Lamartine est morte et enterrée à Saint-Point à côté de sa mère et de ses deux enfants.

Eugène Schneider se rappelle-t-il cette assemblée de Saône-et-Loire qu'il présidait et qui n'a pas même voulu se pencher sur le sort du poète ? De cette « souscription de l'injure » – le fin du fin de la muflerie des Français ! C'était il y a neuf ans, non, c'était il y a cent ans !

Et Lamartine, avec ses vieilles paupières qui pendent, se souvient-il de cette belle fête du Champ-de-Mars, le 22 mars 1848, pendant laquelle une joie mystique l'unissait aux Parisiens ? C'était il y a dix-neuf ans, non, c'était il y a cent ans ! Maintenant, on voit écrit à l'entrée des bals : « On est prié de ne pas danser en casquette. »

Milly a été vendu – Lamartine s'est contredit, rétracté, puis a fini par laisser carte blanche à sa nièce. Valentine a la haute main sur l'adversité, la boulimie d'écrire de son oncle : agacé par ces interminables nuits pendant lesquelles il ne dort pas, il rédige de très mauvaises œuvres comme *Fior d'Aliza*, met en pièces le journal de sa mère, fait ce qu'il a toujours fait dans sa vie, coudre du neuf avec du vieux, se répéter, se copier. Le fatras que Lamartine laisse dans ses papiers est terrible, Valentine aura beaucoup de mal, après la mort de son oncle, à dater, classer, remettre de l'ordre dans son œuvre. Mais cela n'intéresse pas la jeune femme en ce moment ; son souci est que son oncle ait une bonne mort, rende à Dieu une âme très catholique, reçoive la bénédiction du pape. Et qu'elle aussi soit bénie. Lamartine épousera religieusement, semble-t-il, mais non civilement, sa nièce en 1868 ; cette même année elle sera autorisée par un décret impérial à s'appeler la comtesse Valentine de Lamartine. Cette petite voiture qu'elle pousse dans l'Exposition universelle appelle un autre souvenir, celui d'un jeune homme, beau comme le jour – il a vingt ans et escorte Louis XVIII allant visiter le Louvre, il est à cheval et le monarque en petite voiture. C'était il y a cinquante ans, non, c'était il y a cent ans !

Quand Eugène Schneider est rentré chez lui, et que François, son valet de chambre, l'a aidé à se déshabiller, son maître avait plus que jamais ce tic qui lui tord la bouche. Est-ce la frayeur d'avoir vu Lamartine, dont ce sera l'une des dernières apparitions publiques, dans cet état, rire comme un idiot ? Eugène Schneider pressent-il que la mort l'attend lui aussi au tournant ? Est-il tout simplement à bout, parce que l'Exposition se termine demain et que son bras l'élance depuis quinze jours ?

Flaubert l'a bien dit : « Exposition : sujet de délire du XIXe siècle[1]. »

1. *Dictionnaire des idées reçues.*

CHAPITRE XXIII

L'Internationale

« Les ouvriers du Creuzot viennent de se mettre en grève... Gendarmes, vite en route – le sabre au poing, les menottes dans la poche !... Voilà la misère qui prend la parole. »

Sous le titre « Nouvelles du Creuzot », ce vendredi 21 janvier 1870, Achille Dubuc, correspondant de *La Marseillaise*, crie haut et fort la nouvelle. Il ne s'agit pas de n'importe quoi, il s'agit d'un séisme : nous n'acceptons pas, ont dit 4 000 voix ; 4 000 voix ont dit non au patron, à Eugène Schneider, ce qui ne s'était jamais produit en trente-deux ans.

Le motif ? La gestion de la Caisse de secours qui, comme son nom l'indique, assure la protection sociale de l'individu travaillant au Creusot : soins médicaux, gratuité des médicaments, indemnités d'arrêt de travail, pension aux veuves et aux orphelins, subventions pour l'instruction primaire, bureau de bienfaisance, etc. Il s'agit d'un organisme privé dont le budget (800 000 francs) est important ; il est alimenté par une retenue de 2,5 % sur tous les salaires de l'entreprise et géré par un conseil dont les membres – chefs de service et ouvriers – sont nommés par la direction ; celle-ci rémunère (5 %) le capital investi. Pour des êtres humains dont la vie et la santé sont toujours en danger, cette caisse est indispensable. Mais sont-ils des êtres humains ? Ou des prunes ?

Qui a eu l'idée de poser la question de la gestion de la Caisse de secours, et donc des êtres humains ou des prunes ? Comment est-elle arrivée sur le tapis ? Est-ce l'empire « libéral » qui déteint sur cette ville toute noire ? Ou des individus venus de l'extérieur qui ont chamboulé les mentalités ? Ou bien les temps ont-ils changé ?

Empire en suppuration

Ces dernières années du Second Empire flottent entre le droit et le non-droit, entre ce qui est permis ou interdit par la loi et toléré dans les faits. « Empire en suppuration », note Victor Hugo. Se réunir, s'associer est maintenant autorisé, mais s'avouer républicain, c'est-à-dire partisan de la chute du régime, ne l'est pas et c'est pourquoi la commission parisienne de l'Internationale, installée officiellement depuis l'été 1865 rue des Gravilliers, à Paris, fait l'objet de plusieurs procès. La loi sur la liberté de la presse a été votée en 1868. Envolé le couvercle ! Si l'on ne peut souhaiter la mort de l'empire, on peut tirer dessus à boulets rouges ! Et l'on ne s'en prive pas ! Ou le brocarder, mais a-t-on tant que ça le cœur à rire ?

Le climat social est tendu, les grèves se succèdent, typographes, bronziers, mineurs, fileurs, ouvriers en soie, charpentiers ; face à la grève, il n'y a d'autre solution que céder ou envoyer la troupe. En 1862, en se rendant à l'Exposition universelle, à Londres et en y retournant l'année suivante pour soutenir la Pologne, la délégation ouvrière française a fait une avalanche de découvertes : l'ouvrier anglais travaille moins que son homologue français (10 heures par jour, en moyenne, contre 11 heures à Paris et 12 heures en province) ; il est mieux payé ; des syndicats appelés trade-unions le défendent, leurs dirigeants ne sont pas considérés comme des agitateurs.

Leurs homologues français ne sont ni représentatifs ni représentés, ils en prennent si bien conscience qu'en 1864 paraît *Le Manifeste des soixante*, signé entre autres par Tolain qui était du voyage à Londres l'année précédente : « Le suffrage universel nous a rendus majeurs politiquement, mais il reste à nous émanciper socialement... La liberté du travail, le crédit, la solidarité, voilà nos rêves. »

Pour l'instant, le monde ouvrier se déchire entre socialistes internationalistes influencés par Proudhon qui meurt en 1865 (Bakounine reprend le flambeau) et socialistes révolutionnaires emmenés par Marx pour qui – le *Manifeste* de 1848 est là-dessus sans appel : « Les communistes sont plus internationaux que les autres... et représentent les intérêts du mouvement dans sa totalité. » Proudhon et Bakounine n'ont qu'à aller se rhabiller, et, avec eux, tous ceux qui s'en réclament ! Les Français, qui adorent se chamailler, ont du pain sur la planche.

L'idée de se regrouper vient pourtant d'eux. L'Association internationale des travailleurs, dite l'Internationale, ou la Ire Internationale, est créée à Londres en 1864. « L'idée même de cette association appartient aux Français qui la transportèrent à Londres lors de l'Exposition universelle de 1862 », écrit Charles Rhis[1]. Plus imagée est la phrase de Bibal : « Venue au monde à Paris, elle avait été mise en nourrice à Londres. »

1. *La Commune de Paris*, Seuil, 1973.

Cette Internationale dont le représentant à Paris est Varlin et dont l'état-major est régulièrement décapité par des procès (parce que s'affichant républicain) tient des congrès à Bâle, à Bruxelles, à Genève, à Lausanne. Victor Hugo se rend à ce dernier, en 1869 ; il s'y préoccupe davantage de littérature que de droits sociaux. 16 septembre : « Troisième séance du Congrès. Arrivée de Mme Ernst ; je l'invite à dîner. Le soir, elle dit des vers de Lamartine et de moi à un endroit appelé Beauséjour[1]. » L'homme de lettres ne perd jamais ses droits...

Aux séances, on s'envoie invectives et exclusions à la tête, tout le problème des communistes étant de s'emparer de cet instrument. « La fraction la plus résolue des partis ouvriers de tous les pays, la fraction qui entraîne toutes les autres », comme ils se baptisent eux-mêmes, se doit d'y régner en maîtresse ; tantôt la section française de l'Internationale se rapproche des autres groupes, tantôt elle les traite de jaunes ou « d'affreux ».

Ennuis en perspective

En face le monolithisme du pouvoir se lézarde : aux élections de mai 1869, dans la première circonscription de Saône-et-Loire, les affiches comportent plusieurs noms. Eugène Schneider n'est pas le candidat unique ; il a des messieurs très honorables comme rivaux, le vicomte de Louvencourt et le Dr Joseph Michon ; ceux-ci oseront même, après le scrutin, déposer une demande d'invalidation de son élection au nom d'irrégularités qui auraient

1. *Choses vues.*

été commises au moment du vote (embrigadement des ouvriers, menaces de sanction, etc.).

Le mois précédent, Eugène Schneider a perdu sa belle-fille et la dernière des petites jumelles[1] emportée par la diphtérie. A vingt-neuf ans, voici Henri Schneider veuf, avec deux enfants en bas âge.

L'atmosphère familiale doit être lourde, Mme Asselin pleure sa fille et sa petite-fille, la crypte familiale sous l'église Saint-Charles, dont la construction s'achève, accueille le corps de ces deux enfants, si l'on peut dire : Zélie a vingt-deux ans, Marguerite en a deux. Il n'y a plus de jumelles, plus de jeune Mme Henri Schneider, il n'y a plus que des voiles noirs et des ennuis en perspective.

Pourtant les récompenses ont plu sur la tête des Creusotins après l'Exposition universelle de Paris, la moisson des médailles est impressionnante : 5 d'or, 1 de bronze, 2 grands prix. Les élections législatives n'ont pas été défavorables à l'Empire. Cette fois Eugène Schneider a été élu et non plus nommé à la tête du Corps législatif où ses collègues lui donnent du fil à retordre. « L'Empire jouissait de deux présidents de la Chambre qui ne s'aimaient pas, écrit un curieux personnage nommé Jean Laroque, qui s'intitule lui-même universitaire, journaliste, communard et enfin exilé à Londres[2] : l'un parvenu de décembre, phraseur éloquent, au geste large, descendu de son trône de vice-empereur, las de tirer les ficelles gouvernementales, repu de solennité parlementaire[3]... L'autre énigmatique, fin, anguleux, à voix de crécelle, type parfait de l'oligarchie industrielle... Rouher imagina

1. L'autre est morte quatre mois après sa naissance.

2. *1871. Souvenirs révolutionnaires*, Savine, 1888.

3. En juin 1869, après les législatives, le ministère Rouher a démissionné.

de jouer à Schneider un bon tour en lui jetant une grève dans son usine du Creusot, en Saône-et-Loire. »

Laissons à Jean Laroque son hypothèse et revenons au Creusot où nous allons d'ailleurs le retrouver quelques jours plus tard. La population ouvrière a quintuplé depuis 1836, presque 10 000 ouvriers pénètrent chaque jour, la gueule de travers, dans leur usine. Deux hommes y attendent leur heure. Le premier se nomme Jean-Baptiste Dumay, il a vingt-neuf ans ; son père est mort à la mine pendant que sa mère l'attendait ; il est viscéralement anti-schneiderien. A la fin de sa vie, il écrira des mémoires – *Mémoires d'un militant ouvrier du Creusot 1841-1905* – pour que, d'une source ouvrière – c'est-à-dire lui – s'échappe le goutte-à-goutte de la vérité... Si on l'avait fait dessiner, enfant, qu'aurait-il dessiné ? Une tour ? Une muselière ? Ou bien un paysage comme sait en dessiner Victor Hugo ? Celui-ci est en excursion dans l'île de Serk où il voit des rochers qui « imitent des proues de navire engagées dans l'herbe et le lierre. Une en haut, énorme, l'autre en bas, moindre avec un rostre ». Ainsi a dû se sentir Jean-Baptiste Dumay dès sa naissance : dans un rapport vertical vertigineux, dominé par l'énorme proue qu'est Eugène Schneider – aucune épithète n'est assez forte pour le qualifier : pacha du Creusot, tyran, assassin –, lui, Jean-Baptiste Dumay, étant la moindre proue, mais avec un rostre. Ce rostre est la haine qu'il voue au système.

Entré à treize ans à l'usine, il en est renvoyé à dix-neuf. Il se rend à Paris, fait connaissance d'autres « bagnes », effectue un tour de France qui le mène jusqu'à La Ciotat. Puis c'est le service militaire – pourrir pendant sept ans dans les casernes du Second Empire ! Il est libéré dix-huit mois plus tôt que prévu et le revoici devant les hauts-fourneaux du Creusot, réembauché, malgré la règle. Certains se représentent sous de fausses identités ou achètent la complicité d'un employé, mais ça finit toujours par se savoir et Jean-Baptiste Dumay n'a apparemment pas utilisé de stratagème pour sa réintégration. Est-il un excellent ouvrier sur le passé de qui on ferme les yeux ? Ou bien, comme l'empire, le système a-t-il des ratés ?

Le réintégré est turbulent, il essaye ses talents d'orateur lors de la campagne électorale de 1869. Dès son retour au pays, il a fondé le Cercle d'études sociales, encore appelé Bibliothèque démocratique. Au Creusot même, on pousse la porte et on entend quoi ? Une attaque en règle de tout ce qui fonde le pouvoir Schneider. Et de tout ce qui fonde le pouvoir impérial. Comme dit Sartre, de « cette primauté aliénante du Père symbolique ».

Dumay a un confrère en turbulence nommé Assi. « Une bonne tapette », dit Dumay de lui ; il ne voit pas d'un très bon œil, lui, le Creusotin, ce fils d'un immigré italien et d'une blanchisseuse (?), né à Roubaix, rouleur selon les uns, ajusteur selon les autres, mais plutôt ajusteur, car il travaille à l'atelier de chemin de fer, atelier particulièrement agité grâce à des gaillards comme lui ou d'autres, dont un nommé Lacaille. Assi est arrivé à l'embauche à peu près au même âge que Dumay, c'est-à-dire qu'ils n'ont pas trente ans à l'époque qui nous occupe, l'âge du fils du patron. Assi parle toutes les langues, l'anglais, l'allemand, l'italien, il a roulé sa bosse un peu partout. Engagé volontaire en 1858, il a d'abord demandé à s'embarquer pour la Chine, puis « sur les frontières de la Suisse ». Il a déserté, s'est engagé sous les ordres de Garibaldi ; un beau jour, amnistié, le voici au Creusot.

Appartient-il dès ce moment-là à l'Internationale, en est-il une « taupe » au Creusot, nul ne le sait. Laroque le décrit ainsi : « Une espèce d'Italien, nommé Assi, ouvrier-mécanicien protégé de Schneider, hâbleur, impudent, figure blafarde, sans morale et sans principe d'aucune sorte. » On ne voit pas pourquoi Assi serait protégé par Schneider à qui il cause les pires ennuis.

Décembre 1869, le patron du Creusot est élu par 151 voix contre 120 président du Corps législatif ; il connaît la maison sur le bout du doigt, mais l'assemblée est de plus en plus indocile et son président n'a plus de cordes vocales. « La brise qui caresse doucement le front du président du Corps législatif est une brise centre-gauche, toute parfumée de senteurs libérales », écrit *Le Gaulois* le 18 juin 1869. Voici qui ne fait pas l'affaire d'Eugène Schneider. Et le *Journal de Saint-Quentin* ajoute, en ce même mois de juin : « L'honorable directeur du Creusot, vieux, fatigué, atteint d'une maladie du larynx qui le fait tousser beaucoup et gêne sa voix, va aux eaux à Enghien. »

Eugène Schneider a soixante-trois ans – pendant l'été, tout le monde va aux eaux, Emile Ollivier est à Vittel où, sous le prétexte de répondre à une aubade, il expose son programme politique. Dans six mois, Ollivier sera Premier ministre, inaugurant l'empire libéral. Au même moment, tout se gâte au Creusot, on plante des affiches au couteau : en pleine discussion sur le libre-échange, Eugène Schneider se rend au Creusot – nous sommes début 1870 –, il n'est pas content du tout.

Casser quelques machines

1 200 voix pour, 4 000 voix contre : le résultat du scrutin est écrasant. Oui, les êtres humains veulent être des

êtres humains, c'est-à-dire gérer eux-mêmes leur Caisse de secours. La direction refuse de s'incliner. Non seulement elle a perdu le vote, mais elle est en passe de perdre la face. Avant même la consultation et prévoyant quelle en serait l'issue, Assi a mis en place un comité de gestion destiné à administrer la Caisse et s'en est nommé président. Pour Eugène Schneider, c'en est trop : il accourt, renvoie Assi, Lacaille et leurs amis ; 7 000 ouvriers cessent le travail, un comité de grève est formé, avec un délégué dans chaque atelier. Eugène Schneider appelle la troupe qui arrive en même temps que les envoyés spéciaux des journaux : 2 régiments de ligne, musique en tête, pénètrent dans une ville déserte, suivis de 40 gendarmes et d'un escadron de lanciers. On dit que Schneider a fait distribuer des cigares aux soldats. « J'entre en ville et l'infanterie débouche par pelotons, des rues désertes, à travers le crépuscule du matin », écrit le 24 janvier 1870, Georges Jeannerod, dans *Le Temps.* Janvier, le pire des mois pour le froid, la faim, la nuit.

Des godasses pas étanches
Très peu d'atouts dans la manche
Une sauce à l'oignon frit[1]...

c'est Le Creusot's Blues.

Quand les ouvriers veulent reprendre le travail, au bout de cinq jours, porte close. C'est la stupeur. On appelle ça d'un mot anglais : le lock-out. Eugène Schneider a répondu à l'intolérable par l'absurde, en enfermant les gens dehors. Il les a faits prisonniers de leur mauvaise tête, de leurs meneurs. Dumay est malade, il ne sera guère présent lors de ces journées, laissant, à son corps

1. R. Queneau, *Saint-Ouen's Blues.*

défendant, le premier rôle à Assi, mais il se souvient qu'en face il n'y avait plus rien : « Ce fut comme une trombe qui s'abattit sur chaque atelier », écrit-il. Les ouvriers tournent comme des abeilles autour d'une ruche – comment fabriquer leur miel s'ils ne peuvent plus y rentrer ? Assi remue ciel et terre, ameute les députés de la circonscription.

Le lendemain de son renvoi, il s'est établi à son compte comme serrurier-mécanicien-armurier. Le café Verneau devient le foyer de ses réunions ; c'est de là qu'il fait savoir que « M. Schneider répondit [aux revendications ouvrières] qu'il ne voulait pas qu'on lui dictât des lois, qu'il n'en avait jamais subies et qu'il était trop vieux pour commencer ». Et, comble du comble ! « Qu'il ne pouvait discuter avec nous et que si cela faisait plaisir aux ouvriers de casser quelques machines, il ne leur en voudrait pas davantage pour cela. »

La couverture de presse est énorme ! *Le Temps*, *Le Figaro*, *Le Gaulois*, *La Marseillaise*, *Le Rappel*, *Paris-Journal*, *Le Parlement*, les journaux locaux, les journaux engagés comme le petit *Sifflet* local (qui siffle à en perdre haleine) et notre improbable compagnon de route, M. Laroque (sur l'instigation de Rouher, dit-il) accourent au Creusot.

Cette ville le cloue. « Un immense trou noir, bordé de parapets à pic ; des huttes noires étagées tout autour sur un sol de charbon et de fer ; une atmosphère épaisse et noire, des parcelles ferrugineuses projetées dans les yeux par un vent glacial : pas d'air, pas de soleil, pas de perspective, pas d'arbres, pas de nature, – voilà Le Creusot.

« Brr !

« Vingt[1] mille ouvriers, cinq mille marchands ou officiers publics, tous également soumis au baron industriel.

1. En fait dix (note de l'auteur).

« Les ouvriers hâves, mornes, silencieux, immobiles, tassés sur les ponts et les talus.

« Autour d'eux le va-et-vient des officiers et des soldats : une occupation militaire.

« Je me fais conduire à l'hôtel du Commerce. Je demande des renseignements. Tout tremblait.

« Je tendis ma carte : professeur de mythologie comparée à la Sorbonne [...] le château – on appelait ainsi la maison du seigneur Schneider [...] Mes questions glissent [...] A mon approche, on s'éloigne, la salle se vide [...] Allez au café Badoit, à gauche au fond de la rue. Demandez tout bas à la dame du comptoir [...] Assi [...] Assi jouait faux : c'était évident. Dubuc (l'envoyé de Rochefort pour *La Marseillaise*) jouait faux. Tous les autres reporters de Paris recevaient leurs instructions du château. Les ouvriers ne savaient à qui se fier. La population tremblait [...] Cette masse humaine était transformée en un fourmillement de muscles souffrants qui travaillaient sans espoir et sans amour. »

Le portrait est saisissant, cette ville est épouvantée par ce qu'elle vient de faire : la grève ! La première grande grève du Creusot, celle de 1848 étant déjà d'un autre âge. Les uns en face de l'Autre ! Qu'est-ce qu'il déguste Eugène Schneider – tsar, prince du million ! baron des gros sous ! laquais de l'empereur ! – mais eux aussi, les ouvriers, qu'est-ce qu'ils dégustent – pantins de l'usine ! esclaves de la houille ! magma grouillant de consciences obscures ! Et ceci de la part de reporters qui leur sont plutôt favorables. Les journalistes ne sont pas rassurés, « sachant la poste et le télégraphe aux mains de l'ennemi, à qui on communiquait mes envois au journal », écrit le sieur Laroque qui essaye d'envoyer ses articles incognito au *Parlement*. « Des affidés guettaient l'arrivée de chaque train... »

Il règne au Creusot une atmosphère de guerre civile, la gare fourmille d'espions, la troupe protège les usines et « le château ». Pour la première fois de leur carrière, beaucoup de ces journalistes touchent du doigt – en fait touchent quoi ? Un « marathon en gésine » (Queneau) ? La souffrance plongée dans le cœur de la révolution industrielle ?

Les soutiens affluent : « Deux citoyennes qui n'aiment pas le tyran Schneider », signent deux dames qui joignent leur obole ; des souscriptions en faveur des grévistes sont ouvertes dans les grandes villes – le gouvernement Ollivier qui a quelques jours d'existence se serait bien passé de ce conflit ; les ouvriers républicains du chemin de fer d'Orléans assurent de leur appui leurs camarades grévistes du Creusot.

A chaque instant, on craint que la situation ne dégénère. Préfet et sous-préfet sont sur les dents, on les accuse d'être à la botte de Schneider. Assi, l'air sombre, laisse entendre que la république est la seule forme de gouvernement acceptable. Il parle, il parle – « flegme hautain », dit Laroque, « impassibilité de sphinx » –, est-il pour autant le chef ? D'après Laroque, non, le véritable chef est un autre ouvrier nommé Janin.

Des meneurs sont arrêtés, ce ne sont ni Dumay, ni Assi, ni Janin, ce sont de pauvres bougres qu'on enchaîne deux par deux et qu'on défère au tribunal correctionnel d'Autun, tandis que le travail reprend et que les journaux rappellent à Paris leurs correspondants. Quelle colonne est tombée, celle de « l'industriel sans entrailles » nommé Eugène Schneider ? Ou celle d'un rêve étrange : cesser d'être des prunes ? « Evaluer les gens en force motrice, leur fixer des règles comme s'ils étaient les chiffres d'un total ou des machines, explique l'ouvrier Stephen Blackpool à son intraitable patron, M. Bounderby, comme s'ils n'avaient ni affections ni sympathies, ni sou'nirs ni préférences, ni une âme pour languir et pour espérer – quand tout est calme les laisser croupir comme s'ils n'avaient aucun sentiment humain, et quand il y a de l'agitation leur reprocher d'manquer d'ces sentiments dans leurs rapports avec vous, ça n'arrangera jamais rien, M'sieur, jusqu'à c'que l'œuvre de Dieu soit détruite[1]. »

La sonnette et la locomotive

Les journalistes refluent car, à Paris, toujours en ce mois de janvier 1870 – un mois maudit pour le gouvernement d'Emile Ollivier – s'est produit un autre événement dont les conséquences éclipsent la grève du Creusot : l'assassinat par Pierre Bonaparte, cousin germain de l'empereur, du journaliste Victor Noir. L'enterrement de celui-ci, le 12 janvier, est une crevasse de taille dans ce régime qui se fissure de partout.

Dès février, tous les acteurs de la grève du Creusot sont à Paris, Eugène Schneider, d'abord, à son bureau du Corps législatif où il se fait épingler par *La Marseillaise.* L'article s'intitule « La sonnette et la locomotive ». « M. Schneider, y lit-on, est-il président du Corps législatif ou marchand de locomotives ? [...] En quatre mois de session, il s'est absenté un mois et demi... pour aller prouver à ses ouvriers qu'ils n'ont besoin de manger que tous les dimanches. » Assi est également à Paris ; dès le 10 février, on le retrouve à la chambre fédérale des Sociétés

1. Charles Dickens, *Temps difficiles.*

ouvrières de Paris[1] où il milite en faveur de la création d'une section de l'Internationale au Creusot. Dumay et Janin sont restés là-bas où le calme n'est nullement revenu dans les esprits.

Le 21 mars, à midi, les mineurs remontent des puits en criant : « Vive la République ! » Le 1er avril, 3 000 manifestants, dont 500 femmes et enfants, jettent des projectiles sur les « jaunes » et sur le service d'ordre. Les femmes ouvrières de Lyon leur adressent des encouragements : « Ne faiblissez pas, citoyennes ! » Les journalistes rappliquent moins nombreux cependant qu'en janvier, car le procès de Pierre Bonaparte se déroule en ce moment même devant la Haute Cour. Cette fois, *La Marseillaise* a dépêché Malon comme correspondant, avec la mission de fonder au Creusot cette fameuse section de l'Internationale dont il est l'un des piliers parisiens. Jean-Baptiste Dumay en prend la tête, ce qui lui vaut d'être renvoyé de l'usine en mai.

Seuls les mineurs, cette fois, ont arrêté le travail : Liberté, Egalité, Fraternité et Impatience : telle est leur devise. L'usine n'a pas bougé, elle est comme pétrifiée par cette nouvelle flambée de revendications ; les rêves d'un monde « harmonien », comme dit Bouvard à Pécuchet, ne font plus rêver grand monde. Dans la nuit du 14 au 15 avril 1870, les grévistes publient un communiqué : « Forcés, après vingt-trois jours d'une lutte inégale, de subir les conditions arbitraires de notre seigneur et maître Schneider qui, à coups de millions gagnés par nos sueurs, vient encore une fois de vaincre le droit... » Certains écla-

1. Créée à la suite d'un rapprochement de la commission française de l'Internationale et de la commission ouvrière de l'Exposition de 1867, elle fédère une soixantaine de groupements ouvriers ; ses membres sont la plupart du temps sous le coup de procès.

tent en sanglots, le brouillamini retombe, pire que jamais. Que voulaient-ils ? 298 mois de détention ? C'est ce à quoi ils seront condamnés quelques mois plus tard par le tribunal correctionnel d'Autun[1].

Malon boucle ses malles, Eugène Varlin, un autre pilier de l'Internationale, est venu au Creusot apporter son soutien aux grévistes. « Avant de quitter Le Creusot, écrit à ses lecteurs le correspondant de *La Marseillaise*, le 19 avril 1870, je vous adresse une dernière lettre. Hier a eu lieu le banquet socialiste des libres-penseurs du Creusot. Nous étions 62 dont 5 femmes. » Assi est en fuite, il sera bientôt arrêté.

On raconte que, par dérision, les ouvriers de Saint-Etienne ont envoyé une botte de foin aux ouvriers du Creusot.

1. 22 mineurs, 1 puddleur et un colporteur nommé Alémanus, étranger à la localité, sont accusés d'avoir les 22 et 23 mars employé menaces et violences pour faire hausser le prix de la main-d'œuvre ; d'avoir fait cesser par les mêmes moyens le travail des mines. Deux compagnies de troupes de ligne ont été envoyées à Autun à l'occasion du procès ; une troisième est cantonnée à la prison. Des scènes déchirantes ont lieu au tribunal après la condamnation des accusés.

CHAPITRE XXIV

Vieux sapajou !

Le château de la Couronne au Creusot est fermé, la rue Boudreau est fermée, les tapis sont roulés, les sièges sous housse, les feuilles mortes jonchent le jardin. Elles sont ramassées de loin en loin par un jardinier qui ne se presse pas ; il en remplit de pleines brouettes et les fait brûler pour se chauffer. Il a emporté chez lui toutes les planches qu'il a pu trouver et rêve parfois du nombre de planches qu'il récupérerait si on débitait le mobilier de l'hôtel particulier.

Les maîtres sont partis depuis plusieurs mois. Ils sont, dit-on, en Angleterre, mais la femme de charge reste en charge et des secrétaires passent de temps en temps la tête pour justifier leurs appointements. M. Henri[1] couche parfois rue Boudreau ; il est veuf et chagrin. L'odeur de la maison vous glace et pour rien au monde, même pour transformer le mobilier en planches, à coups de hache, le jardinier n'y pénétrerait seul. Le vestibule a un parfum de tombe. Il n'y a plus de fleurs dans la serre, plus de tic-tac

1. Henri Schneider.

des pendules, les cheminées ne pétillent plus – on dit que la plupart des tableaux ont été emportés et cachés.

Paris a mal au ventre : on mange des pieds de chevaux pour ne pas mourir de faim, après douze heures de cuisson, le cartilage arrosé de vinaigre calme les appétits les plus féroces ; en guise de légumes, on avale de la graine noire qu'on donnait avant le siège aux pigeons et qui cuit pendant vingt-quatre heures. Comme dit M. Hugo : « Nous mangeons de l'inconnu. »

Il y a un an, les chevaux brillaient, les Parisiens n'avaient pas la colique, le canon ne tonnait pas, les Prussiens ne bombardaient pas. Eugène Schneider avait, comme d'habitude, à faire par-dessus la tête : toutes les consultations électorales, même favorables au régime[1], n'empêchaient pas qu'on jetât de la boue au passage de sa voiture. L'opinion publique, en ce printemps 1870, est inflammable. Prononce-t-on le mot Prusse qu'elle voit rouge et, pour une broutille, l'on vous envoie en prison : quinze jours pour un nommé Jean Guilbert qui a tenté de déposer au pied de la Bastille un bouquet d'immortelles ; le prévenu avait prétendu escalader la grille qui entoure la colonne...

Début juillet, on a annoncé à Eugène Schneider la mort de Mme Rattazzi ; même cette nouvelle ne l'a pas déridé, d'autant plus que cette mort était démentie le lendemain. Insignifiantes ou graves, toutes les nouvelles sont successivement annoncées puis démenties. Pas la mort de Nana. Rose Mignon, Maria Blond, Léa de Horn, Caroline Héquet, Louise Violaine, toutes ses commen-

1. Le plébiscite de mai 1870 : « le peuple approuve les réformes libérales opérées dans la Constitution par l'Empereur avec le concours des grands corps de l'Etat et ratifie le Sénatus-consulte du 20 avril 1870 », a recueilli 7 336 434 voix. Le Creusot a voté massivement contre.

sales, en chapeau et en gants, comme des dames en visite, l'ont contemplée morte et corrodée par la petite vérole sur son lit, au Grand Hôtel, tandis qu'au-dehors, « sous les arbres, le flot humain s'enflait de minute en minute, dans une coulée énorme, de la Madeleine à la Bastille[1] ».

La patience est à bout ; comme une opération douloureuse, on veut la guerre, on veut faire rentrer la dépêche d'Ems[2] dans la gorge du roi de Prusse, on fait tournoyer le coq gaulois à bout de bras.

« — Ce sale Bismarck, en voilà encore une canaille ! fit remarquer Maria Blond.

— Dire que je l'ai connu, cria Simone...

— Vous savez qu'il adore les femmes...

« Le froid du cadavre les reprit, elles s'arrêtèrent toutes à la fois, gênées, remises en face de la mort, avec la peur sourde du mal. Sur le boulevard, le cri passait, enroué, déchiré :

— A Berlin ! à Berlin ! à Berlin ! »

Quand on reçoit une dépêche qui se termine par « Sa Majesté [Guillaume Ier] a refusé encore une fois de recevoir l'Ambassadeur [de France] et lui a fait dire par l'adjudant de service »... ça sonne le glas, et quel glas ! de la paix. Et l'on a beau réunir des conseils le 14, le 15, les manifestants qui jettent des pierres dans les carreaux de l'ambassade de Prusse, à Paris, ont compris avant vous que l'armée n'a qu'à se mettre sur son trente et un.

Le 28 juillet, l'empereur se rend sur le front, en

1. E. Zola, *Nana.*

2. France et Prusse s'opposent à propos de la candidature d'un prince allemand, Léopold de Hohenzollern, au trône d'Espagne. En truquant une dépêche, dite dépêche d'Ems, Bismarck jette l'huile sur le feu qui entraîne de la part de la France la déclaration de guerre notifiée à Berlin le 18 juillet 1870.

compagnie du prince impérial, il y a à peu près deux Prussiens face à un Français et ces deux Prussiens n'ont qu'un objectif : le laisser sur le carreau. Autant dire que l'empereur se jette dans la gueule du loup ; il est soigné au chloral, il a une sonde dans la vessie et souffre le martyre. A Paris, l'impératrice a été nommée régente, Eugène Schneider est dans ses petits souliers, on ne sait plus qui gouverne. L'empereur décide de rentrer à Paris, l'impératrice s'y oppose. Strasbourg tombe aux mains de l'ennemi début août, et voici que le 9, le Corps législatif renverse Emile Ollivier. Le pays n'a plus de gouvernement, si ce n'est éphémère et le mot déchéance court sur toutes les lèvres. Louis-Napoléon Bonaparte remet le commandement des armées au général Bazaine et attend son sort – il transpire comme un agonisant, quitte Metz, reparaît à Mourmelon, puis à Reims, à côté de Mac-Mahon qu'il ne quitte plus jusqu'à Sedan. Il voulait voir un champ de bataille, il voit une cuvette, un carnage, une défaite : il fait hisser le drapeau blanc au sommet de la citadelle qu'Eugène Schneider connaît par cœur – il connaît toute cette région comme sa poche, d'où sortit le grand Turenne et où vient de s'engloutir l'armée française, il connaît chaque pré, chaque chemin, chaque maison de Bazeilles où il a habité comme directeur des Forges quarante ans auparavant. L'empereur, qui a essayé en vain de se faire tuer, se fait cueillir comme au bout d'un cure-dents : il remet son épée à un aide de camp du roi de Prusse et se constitue prisonnier. « Je suis prisonnier de guerre », déclare-t-il à Bismarck venu le voir pour en croire ses yeux. Qui représente-t-il ? Lui, Louis-Napoléon Bonaparte ou la France ? Qui représente la France ce 2 septembre 1870 ? L'impératrice ? Le gouvernement Cousin-Montauban ? Le Corps législatif ? La rue ? Ou bien la grosse tour de Sedan, endroit sinistre où s'est arrêtée l'histoire et sur laquelle flotte encore aujourd'hui un parfum d'infortune.

La fuite

Deux calèches : dans la première, une silhouette, « du gros et du gris », disait de Napoléon III la reine Victoria ; l'empereur déchu « ouvre les yeux sur une grand-route et le premier objet qu'il perçoit c'est un vrai poing, un poing qu'on lui tend », prétend Sartre qui publie un communiqué à propos de la chute de l'Empire, digne d'un communiqué de Bourse : « L'imaginaire tombe au dernier rang, la propriété monte au sommet. » Louis-Napoléon Bonaparte est en route pour Cassel, dans la Hesse, où il est assigné à résidence ; les soldats français qu'il croise l'accablent de leur mépris.

La seconde calèche est en route pour l'Angleterre : elle contient Eugène Schneider et sa femme, leur fils n'a pas été averti de leur départ ; peu de temps après les rejoindront Mme Asselin, Eudoxie, sa seconde fille, les deux jeunes enfants encore en vie d'Henri Schneider (mon grand-père et sa sœur), et M. Bouillet, le secrétaire particulier d'Eugène Schneider.

La fuite de l'ex-président du Corps législatif semble avoir été décidée à la dernière minute. Cependant les livres du Creusot (actions et obligations) sont partis en secret pour Londres quelques jours auparavant. A une heure non dite, tout le monde s'est volatilisé – même Henri Schneider n'a pas compris comment ses parents ont quitté la rue Boudreau pour l'Angleterre. « Mon cher Père, ce prompt départ, comment s'est-il passé ? [La lettre n'est pas datée, Henri Schneider est resté tout seul au Creusot.] Les journaux que j'ai lus ce matin terminent tous leur article par : 3 heures, la Chambre est envahie... »

4 septembre 1870, trois heures de l'après-midi, au Corps législatif, le président Schneider, la poitrine barrée du grand cordon de la Légion d'honneur, vient d'annoncer la capitulation, on sait l'empereur prisonnier, le Palais-Bourbon, comme en 1848, n'est plus « qu'un tas d'os dont les chiens se pourlèchent »; un questeur fait passer au président une demande de carte ainsi libellée : « Ma femme et ma fille désirent assister à l'envahissement de l'assemblée[1]. » Elles vont être servies ! « Une vague nouvelle enfonce les portes, remplit la salle, chasse ou noie les députés. Gambetta, jeté à la tribune, doit prononcer la déchéance. Le peuple veut plus : la République ! emporte les députés de la Gauche pour l'aller proclamer à l'Hôtel de Ville [...] Grands dignitaires, gros fonctionnaires, féroces mameluks, impérieux ministres, chambellans solennels, généraux moustachus s'esquivèrent piteusement le 4 septembre, comme une bande de cabotins sifflés[2]. »

Dans une de ces voitures qui essayent de se frayer un chemin, Eugène Schneider; les coups pleuvent sur sa vitre, son grand cordon est en piteux état[3], une horde le suit en hurlant des menaces de mort. Tout à coup un visage glace Eugène Schneider : le front est jeune et dégarni, les cheveux sont rejetés en arrière; sur le menton, la petite virgule de la barbe semble se moquer : Crapule ! affa-

1. Adrien Dansette, *Du 2 décembre au 4 septembre. Le Second Empire*, Hachette, 1972.

2. P.-O. Lissagaray, *Histoire de la Commune de 1871*, Maspero, 1969.

3. Il est conservé au Creusot, à l'académie François-Bourdon.

meur! assassin! Ça ne vous atteint que si l'on veut bien l'être quand soudain crève une injure : Vieux sapajou!

Tout le monde l'a entendue, tout le monde s'esclaffe. Sapajou, ce petit singe d'Amérique centrale et d'Amérique du Sud, à longue queue prenante, c'est lui! Et non seulement sapajou, mais vieux! Vieux comme l'ennui, vieux comme le pauvre Lamartine mort depuis dix-huit mois, vieux comme ce régime qu'on vient de chasser, il n'y a pas une heure! Quand lui fait-on son affaire?

Le meneur de la foule est Assi, Assi qu'on avait pourtant fourré à Mazas[1]. Sa mère, raconte Laroque, « avait quitté Le Creusot pour aller s'installer dans une mansarde d'où elle pouvait voir la cellule du prisonnier ». Bigot, son avocat, l'a fait acquitter en police correctionnelle et, le 4 septembre, à trois heures de l'après-midi, il est au rendez-vous pour insulter son ennemi favori et peut-être pour le lyncher. Le corps, à ce moment-là, fait tout de travers : les oreilles vous cuisent, les dents claquent. « A mort, l'assassin du Creusot! A mort l'exploiteur des ouvriers! » On remet son âme au Seigneur, mais où donc est le Seigneur pour ne rien y voir? Le bourreau répète à l'envi : « Vieux sapajou! » et la foule reprend en chœur : « Vieux sapajou! » Schneider mange la dure crotte.

Le soir, il a pris la route et, le lendemain, il est en Angleterre. La défaite Second Empire, comme dit Sartre, est consommée. L'impertinence des sous-hommes a repris le dessus.

---

1. Nom de la prison.

Monsieur Bibo

C'est le surnom de mon grand-père, il a deux ans ; sa sœur Constance en a cinq et l'on ne sait pas si ce voyage impromptu les a effrayés ou les a amusés ; ils sont orphelins de mère, blottis entre leurs deux grand-mères Schneider et Asselin. Pendant neuf mois, ils auront tout loisir de faire connaissance avec ce grand monsieur à cheveux gris – ses ouvriers l'ont surnommé « tête d'argent » – que jusqu'ici tout le monde appelait M. le président ou Excellence et qu'eux appellent grand-père. On les a emmenés sans leur laisser le temps d'embrasser leur père qui est au Creusot ; la mer, le bateau, ça c'est une aventure, mais que se passe-t-il de l'autre côté, à Brighton ? Pourquoi le soleil est-il si pâle en Grande-Bretagne et pourquoi leur grand-père est-il si rouge ?

Il s'ennuie, ramasser des coquillages l'ennuie, raconter des histoires l'ennuie ; pour la première fois de sa vie, Eugène Schneider n'a rien à faire, sauf écrire à son fils. Ces lettres-là et celles de sa femme sont ce que je sais de leur séjour en Angleterre. C'est de Brighton, puis de Londres, qu'ils assisteront à tout ce qui va accabler leur pays, la défaite, le siège de Paris, la capitulation, le traité de paix – « il est hideux », dit Victor Hugo avant de démissionner de son siège de représentant à l'assemblée de Bordeaux. Henri Schneider leur écrit aussi souvent que possible et les appelle « votre petite colonie ».

La santé de Mme Asselin est, comme d'habitude, un grave sujet de préoccupation. « Mme Asselin est seule en assez triste état, écrit Eugène Schneider à son fils. Les événements l'ont beaucoup agitée ; sa santé s'en est à la longue ressentie. Les enflures que tu connais... les vomissements... le système nerveux est plus impressionnable. »

Elle a cependant et comme toujours les choses bien en main. Le consul de France en Angleterre écrit à Eugène Schneider à Brighton : « Je me suis également occupé de trouver, comme Mme Asselin m'en avait chargé, une maison pour votre famille. » A Londres, quand ils s'y installeront, au printemps 1871, Mme Asselin se sera souciée de tous les détails et M. Bouillet, le secrétaire, est à ses ordres. On a engagé une cuisinière anglaise, un domestique français, deux bonnes ; à chaque instant des valets de chambre se présentent, des nécessiteux demandent de l'aide, des exilés bonapartistes, des escrocs, des nobles désargentés sonnent à la porte.

Mais ça, c'est quand ils ont pignon sur rue, à Londres. Revenons-en à Brighton, à cette arrivée en catastrophe, à cette installation de fortune dans cette station balnéaire sinistre l'hiver, quoi qu'en dise une relation anglaise d'Eugène Schneider qui lui écrit le 19 novembre : « Vous avez bien fait de passer quelque temps à Brighton, surtout dans cette saison, au moins ces dames y sont tranquilles et à l'abri de cette épouvantable guerre qui ravage en ce moment cette malheureuse France. » Et d'ajouter incidemment : « Effectivement j'ai lu dans les journaux[1] que vous aviez vendu Le Creusot à une société américaine et que le drapeau américain flottait sur l'établissement. Je me disait *[sic]* tant mieux, ce sera un souci de moins pour M. Schneider. »

Le sang de celui-ci n'a dû faire qu'un tour en lisant ce « tant mieux ». Quoi ! Le Creusot bradé, tandis que son

1. Le *Times* de Londres s'est fait l'écho de cette rumeur.

fils se démène comme un beau diable pour qu'on ne casse pas ce que l'Europe entière nous envie ! Pour que trente mille personnes – la population du Creusot – ne meurent pas de faim ! Pour que toutes ces figures d'épouvante qui ont reparu – Assi, Dumay – et qui ont l'oreille de la population ouvrière ne flanquent pas en l'air trois vies, la sienne, celle de son fils et celle du petit bonhomme qui joue dans la pièce à côté.

Assi ? « On parle un peu de l'arrivée d'Assy[1]. Quelques personnes le disent même déjà au Creusot. Il aurait été, paraît-il, question de lui faire une ovation à son arrivée [...] *Le laisser faire* [c'est Henri Schneider qui souligne] paraît être la seule conduite à tenir. »

Le 9 septembre, celui-ci explique avec doigté la situation à son père, en le félicitant d'avoir pris le pari (« un bon pari », écrit-il) de s'absenter momentanément. « Ta personnalité ne manque pas d'amener un caractère politique que nous cherchons à éloigner de nos affaires et de nos agissements. Nos républicains avancés s'agitent un peu, l'esprit général paraît bon, l'extérieur apparent est calme et la régularité du travail complète [...] Je me confine dans mon rôle d'usine, laissant faire le conseil municipal et les autorités établies[2]. »

Dumay est aux anges, il a été nommé maire provisoire du Creusot par le gouvernement de la Défense nationale dirigé par Gambetta, qui a repris le flambeau des mains de l'Empire déchu. Il y a un an, il était un paria, un ouvrier renvoyé, obligé de se cacher pour ne pas se faire coffrer, les religieuses et les professeurs des écoles Schneider faisaient plancher leurs élèves sur la nocivité de la grève et maintenant on l'appelle M. le maire et on

1. Assi ou Assy, les deux orthographes sont employées.
2. Archives privées.

en passe par ses volontés. « A une heure, écrit Henri Schneider [nous sommes le 5 septembre], Dumay et [...] sont venus me trouver fort convenablement pour me demander un peuplier. Je [le] leur ai fourni, on est en train de le planter sur la place [...] Le but était de marquer par quelque chose l'aurore de la république, mais sans réjouissances, qu'ils considèrent eux-mêmes comme intempestives ; en face de la mairie, je ne répondrais pas cependant que l'arbre en question ne soit un peu trop arrosé. »

Le ton est bon enfant, il masque la réalité, mais à quoi sert d'effrayer ceux qui sont loin ? M. le maire mijote un drôle de petit train de réformes à jeter dans les pattes de M. Schneider, que voulez-vous, on se réveille de dix-huit ans de sommeil... Gambetta est à Tours, Bazaine a capitulé à Metz, Bourbaki s'est tué et raté ; refusant de se rendre, Paris est assiégé. Henri Schneider a tout sur les épaules, les conseils de son père, ceux de sa mère, l'angoisse de voir la ville du Creusot mourir de faim si les usines s'arrêtent, le harcèlement de la municipalité ; l'absence de tout visage amical à ses côtés le déprime encore davantage. 17 septembre 1870 : « Le travail diminue fort... le commerce s'arrête... On est effrayé des peupliers. » Localement il explique le départ de son père comme il le peut, parle d'un « repos personnel », mais qui y croit ?

On se bat aux environs du Creusot, Garibaldi est à Dijon, si l'on en croit les informations fragmentaires qu'on peut recueillir ci et là. Eugène Schneider est comme un lion en cage de l'autre côté de la Manche, il veut tout savoir : « C'est pour nous tous une préoccupation de chaque heure du courrier », écrit-il à son fils, tandis que sa mère l'exhorte à ne pas se laisser aller au découragement. Son père l'accable de lettres – elles passent par

Lyon, par Genève, par l'Italie, par de mystérieux intermédiaires – s'entassent sur le bureau d'Henri Schneider. « Je ne peux donner aucun conseil par rapport aux actes ou tentatives que pourraient commander chez nous l'esprit révolutionnaire ou l'Internationale, écrit-il, puisqu'on ne peut deviner les folies dont ils sont capables. Je t'engage fortement à tenir compte avant tout de ta dignité et de la fermeté professionnelle... Nous avons assez fait en faveur de notre population pour être en droit de lui demander de se protéger elle-même en protégeant le présent et l'avenir de l'usine contre les révolutionnaires de toutes sortes. »

Là-dessus pleuvent les conseils : « Tenir la comptabilité des détails jour par jour – qui sait si, dans ces temps révolutionnaires, nous n'aurons pas à déclarer que nous n'entendons être en rien responsables ? » Ne pas croire aux promesses du gouvernement ni aux préfets – « Il faut nourrir la population d'autre chose que de phrases et d'exaltation patriotique. »

Qui le sait mieux qu'Henri Schneider ? 28 septembre 1870 : « Tout ce qui est petite clientèle a cessé de payer à peu près uniformément ; quant aux compagnies et administrations, gros acheteurs, nous éprouvons de grandes lenteurs, même en dehors de leur volonté, par les difficultés de communications. » C'est l'arrêt de la forge, la mise en sommeil des hauts-fourneaux. « Ce qui va nous gêner le plus, c'est le manque de billets de banque. » On dirait mot pour mot les phrases de son père en 1848, cherchant désespérément du numéraire. Comment faire vivre cette population sans travail, donc sans ressources ? « Nous avons bien pensé à cela en partie en renvoyant tous les Italiens [...] Les secours sont organisés comme par le passé. » Aide des religieuses, fourniture de pain, de lait, de pommes de terre, de vêtements, mais ça ne suffit pas à faire manger tous les Creusotins.

A bout d'arguments

Henri Schneider est allé voir Gambetta à Tours[1] – celui-ci cumule les fonctions de ministre de la Guerre et de ministre de l'Intérieur – pour lui exposer la situation au Creusot. Assi, Dumay et leurs amis pratiquent la surenchère. On n'en est pas à augmenter les salaires, ni à expulser les congrégations religieuses, ni à demander au patron de se repentir, ni à proclamer la supériorité des écoles publiques sur les écoles privées, ni à se revancher de ci ou de ça, on en est à savoir de quoi sera fait demain. Après-demain, on fera bouillir le patron, soit, mais dans douze heures, on mange quoi ?

Apparemment, le message a porté – Gambetta et son interlocuteur ont le même âge, leur entrevue se déroule en novembre 1870, Henri Schneider n'y va pas par quatre chemins. Il est à Tours pour « s'expliquer sur la situation qui nous est faite ainsi qu'à la population ouvrière par l'Internationale ». Il a vu Gambetta, il a vu Thiers, se rappelant le précédent de 1848 et la manière dont son père avait évité le pire, Henri Schneider a demandé qu'on lui envoie « un commissaire spécial du gouvernement muni des pleins pouvoirs sur les autorités locales et disposant de tout ce qui serait nécessaire pour assurer le maintien de l'ordre et de la sécurité ». Des

1. Où, à la tête d'une délégation du gouvernement et après s'être échappé en ballon de Paris assiégé, il essaye de lever des armées en province.

noms sont prononcés, celui de M. Carnot fils, par exemple.

Je ne sais si la demande d'Henri Schneider a été exaucée, mais il a obtenu des choses, un décret du gouvernement, par exemple, exemptant de service militaire tout le personnel employé à la fabrication des armes. C'est important, car ce sont les commandes militaires qui vont permettre au Creusot de tenir le coup, cet hiver-là : de fabricants de locomotives, de rails et de bateaux à vapeur, les Schneider vont devenir marchands de canons !

La situation militaire est désespérée – échec de l'armée Faidherbe au nord, de l'armée Chanzy au sud, de l'armée Bourbaki à l'est – ce dernier trimestre 1870 est accablé par les défaites. Paris est assiégé depuis septembre – le siège durera 135 jours –, bombardé – « On va aux bombes comme on irait au feu d'artifice », écrit Hugo –, affamé ; le charbon manque, on mange l'éléphant du Jardin des Plantes, du corbeau, du rat, personne n'a plus une chemise propre à se mettre, faute de pouvoir faire bouillir une lessive, les imprimeries ferment. A dix-huit kilomètres de là, l'état-major prussien campe à Versailles, on parle allemand dans les rues, les lustres de la galerie des Glaces brillent de mille feux pour entendre proclamer Guillaume Ier empereur d'Allemagne.

Juste avant, en décembre, Henri Schneider n'y a pas tenu, il est allé en Angleterre embrasser ses enfants, ses parents, sa belle-mère, sa belle-sœur – Dieu, qu'elle est devenue jolie, Eudoxie ! – et de nouveau embrasser ses enfants, contempler ces chambres pleines d'amour où ils vivent et où lui ne fait que passer. A Paris, il gèle, « la Seine charrie ». « Nous avons su que deux de nos chevaux de Paris avaient été pris pour les manger », soupire sa mère. Henri Schneider leur a parlé de « la légèreté et de la puérilité du monde politique », de « l'inconscience de la situation et du désordre qui font bien mal à voir ». Il se demande par moments s'il tiendra le coup, l'année 1871, à l'en croire, se présente au plus mal.

L'infecte lâcheté de Papa

Paris a capitulé, l'armistice est signé le 28 janvier 1871. « La bête est morte », dit Bismarck en quittant Jules Favre. Des élections sont prévues du 5 au 18 février pour nommer une assemblée nationale, seule susceptible de ratifier un traité de paix. Elle se réunira à Bordeaux, Louis Blanc, Victor Hugo et Garibaldi, proposés sur quantités de listes, y représentent Paris.

La capitale est un nid de fortes têtes : il y a les vieilles barbes, Sartre a beau dire qu'ils sont tous gâteux ou sous deux pieds de terre, qui retrouve-t-on ? Louis Blanc, Hetzel, Schœlcher, Blanqui, Ledru-Rollin et Victor Hugo, bien sûr. Et puis il y a les jeunes gens : « Le représentant de cette génération nouvelle, écrit Sartre [...] qui condamne, vingt ans après, non la république sanglante qui manqua tourner à la Sociale, mais tout au contraire la réaction qui la suivit, bref "l'infecte lâcheté de Papa" se nomme Georges Clemenceau – il va être élu à l'assemblée de Bordeaux, il a tout juste trente ans. »

Mais Sartre oublie quelqu'un dans sa brillante analyse qui tend à nous faire croire qu'une nouvelle génération s'empare du pouvoir : ce quelqu'un est tellement vieux qu'il est né au XVIIIe siècle – il n'y en a plus guère en 1870 ; il est tellement un homme de pouvoir qu'on le plante dans n'importe quel terreau, il repousse. « Il a passé sa vie à caresser des chats », dit de lui Victor Hugo ; il est petit, des révolutions, il en a vu – ô dix-neuvième ! – et sur leur mère à toutes, celle de 1789, il a écrit, comme Lamartine, des dizaines de volumes. » Voici un mot de M. Thiers qui peint M. Thiers, écrit Victor Hugo : « Je n'ai pas de collègues ! » Bien sûr, il les a tous enterrés ! Lui, à soixante-treize ans, est guilleret. « J'ai toujours éprouvé pour cet illustre homme d'Etat [...] pour ce cœur étroit et petit, un sentiment indéfinissable d'enthousiasme, d'aversion et de dédain. »

Hugo va retrouver ce sentiment indéfinissable à Bordeaux où ils siégeront ensemble. Thiers dira plus tard à Hugo : « Je ne suis qu'un pauvre diable en habit noir. » Pour être un diable, il l'est ! Tant et si bien qu'il sera le 31 août 1871 le premier président de la IIIe République, même si celle-ci n'est encore baptisée que « régime provisoire », mais n'anticipons pas.

Ces élections de février ont encore agité un peu plus les esprits, les Parisiens ont l'impression que la France les a lâchés. Un informateur d'Eugène Schneider lui écrit : « Elle [une citoyenne] voulait qu'on brûlât Paris tout entier, y compris ses habitants, à l'exception des ouvriers qu'on aurait eu la précaution de faire sortir. » Un certain X, « en vouant à l'exécration publique des hommes tels que M.S. [Schneider] qui se reposent et s'engraissent de la sueur des ouvriers », déclare : « Je le rencontrerais, je l'assommerais ! » Une militante félicite les ouvrières du Creusot de « leur belle attitude lors de la grève ; elles se sont montrées supérieures aux hommes [...] Il faut continuer la guerre à outrance [...] Sans ces imbéciles de paysans, 4 listes passaient. Une voix : Nous les volerons, ces paysans ! »

Tout y est, l'antagonisme Paris-province (qui cache, dit Sartre, l'opposition ruraux-urbains, rentes-profits), la haine des classes ; le besoin de revanche envenime les esprits, et pas seulement contre les Prussiens, contre ces menhirs de possédants ! « Prendre autrui domaine », dit Villon. Quel domaine ? La ville, l'usine, s'allouer le champ du voisin, courir sus à ce qui vous fait envie et que, faute d'argent ou d'être né du bon côté de la barrière, on convoite sans espoir depuis des années. C'est la fraction du peuple non assouvie, comme dit Hugo, qui part en guerre, celle qui n'a pas eu le loisir de rêver sous le Second Empire, soit parce qu'elle était en fuite, soit parce qu'elle était au fond de la mine, soit parce qu'elle haïssait le système impérial que Sartre définit comme « la vampirisation d'une société par le rêve ». Flaubert ne dit pas autre chose quand il déclare : « Nous payons le long mensonge où nous avons vécu car tout était faux : fausse armée, fausse politique, fausse littérature, faux crédit et même fausses courtisanes. »

Ce qui existe, c'est d'être affamé, vidé par quatre mois de siège, pillé par ces salauds de Prussiens qui demandent pour prix de leur victoire l'Alsace-Lorraine, 5 milliards de francs-or, le droit d'occuper pendant trois ans une portion du territoire national ! C'est vous mettre le pied sur la gorge !

Les conquêtes de 48 sont, comme le reste, des leurres, maintenant on le sait. « Le suffrage universel ne fait plus peur à la bourgeoisie, écrit Sartre, elle a enfin compris, avec quinze ans de retard, le raisonnement de Lamartine : la structure démographique de la France (comme si Lamartine était un démographe !) est telle qu'elle justifie [...] la domination des classes privilégiées, tout en donnant aux classes défavorisées une soupape. »

On dirait que la nouvelle assemblée veut pousser les Parisiens à bout ! Le 7 mars, elle décide de supprimer le moratoire des loyers et des effets de commerce ; de ne plus payer que les individus – citoyens qui feraient preuve de leur indigence dans la Garde nationale. Ne voilà-t-il pas qu'il faut se promener maintenant avec un certificat de pauvreté ! Enfin, le 10 mars, elle choisit de s'installer à Versailles parce que Paris lui fait peur.

Le pays ne veut pas comprendre que Paris a la mort dans les entrailles ! Que tous les rats crevés qu'il a bouffés pendant le siège l'ont empoisonné ! Qu'avec leurs exigences territoriales, les Prussiens l'étranglent maintenant de leurs doigts roux !

La tête de la France se détache : la voici partie pour un voyage en Utopie ; une fois de plus, pour faire le tour du monde.

CHAPITRE XXV

Quand rentrerons-nous en France ?

« 10 Downing Street Jan. 25 1871. Sir, the session of the Parliament will open on the 9th instant. The conditions of affairs and the prospect of early legislation upon matters of deep interest to the country, send me earnestly to request your attendance at and subsequently to the meeting of the House of Commons. I have the honour to be your most faithful servant. Gladstone[1]. »

Cette invitation en bonne et due forme du Premier Ministre anglais à assister à la session de la Chambre des communes tombe à point nommé. Puisqu'il est prisonnier de la situation et que personne ne sait pour combien de temps, Eugène Schneider s'est installé à Londres en ce début d'année 1871. C'est comme un retour à la vie ; on lit toujours autant les journaux, on parle toujours autant de la guerre, des réquisitions, de la santé de

1. « Monsieur, la session du Parlement s'ouvrira le 9 février prochain. L'état des affaires et la perspective d'une prochaine législation concernant des sujets de vif intérêt pour le pays, me font vous prier instamment d'assister à la séance de la Chambre des communes. J'ai l'honneur d'être votre serviteur le plus dévoué. Gladstone. »

Mme Asselin qui « marche sur les nerfs » et fait des parties d'écarté du matin au soir, cependant tout ici est différent, le ciel, la Tamise, les ponts, le regard des mouettes. Eugène Schneider se remet à ce qui lui plaît le plus au monde, aux affaires, à l'acier, à la métallurgie : le voici qui sillonne l'Angleterre et l'Ecosse, il se rend à Sheffield, à Glasgow, visite des usines, se renseigne sur les innovations techniques de ces dernières années – il pleut, il vente, qu'importe, il agrippe toutes les sensations premières qu'il aime, la forge, le laminoir, le bruit des machines, l'odeur d'huile. Il est un honorable correspondant de l'Iron and Steel Institute dont il ne rate pas une réunion. Grâce aux expositions universelles, il a connu un tas de messieurs qu'il a reçus rue Boudreau ou à l'hôtel de Lassay, certains même au Creusot. Ceux-ci demandent des nouvelles de « la chère population ». La chère population va mal. « Les affaires sont de plus en plus languissantes, lui écrit-on de là-bas, bien des personnes sont absentes et on attend pour engager de nouvelles opérations. »

On attend que l'orage éclate.

La décapitalisation

Bien des personnes sont absentes... Ce printemps 1871 est un sac d'horribles nœuds : la partie se joue entre une Assemblée qui siège à Bordeaux – « une Chambre introuvable, une troupe de Pourceaugnacs », fulmine Lissagaray –, Versailles « où est la Prusse[1] », comme dit

1. L'état-major prussien est installé à Versailles qu'il quittera après la signature du traité de paix.

Victor Hugo, et Paris qui vient de recevoir tous les obus du siège sur la tête et ne tolère plus rien[1].

Thiers, nommé chef de l'exécutif, effectue la navette entre Bordeaux et Versailles pour négocier les préliminaires du traité de paix qui sont votés par l'Assemblée bordelaise le 1er mars. Celle-ci ne se voit pas siéger à Paris, elle déteste cette capitale, mère de toutes les révolutions, ces Parisiens qui se montrent aux fenêtres pour un oui, pour un non. Elle décide de voter la décapitalisation – Paris n'est plus la capitale de la France – et d'aller s'installer à Versailles que vient de quitter l'état-major prussien. C'est le crime de lèse-cité... « Paris vivait seul depuis six mois, écrit Lissagaray, seul il avait voulu la lutte jusqu'au bout; seul il avait protesté contre l'Assemblée royaliste. Et l'abandon, les votes de la province, la majorité rurale firent croire à des hommes prêts à mourir pour la République universelle qu'ils pouvaient renfermer la République dans Paris. »

Au moment de quitter Bordeaux où il siège depuis deux mois comme député de Paris, Victor Hugo, qui ne se déplace jamais qu'en famille, perd son fils Charles qui meurt d'apoplexie dans un fiacre, tandis que son père et sa femme l'attendent pour déjeuner au restaurant Lanta. « Il était baigné de sang. Ce sang lui sortait par le nez et par la bouche. »

C'est avec son cadavre qu'Hugo rentre à Paris et c'est au Père-Lachaise qu'il l'enterre le 18 mars, le jour où Thiers a décidé de faire reprendre par la troupe des canons qu'il juge peu prudent de laisser à Belleville et à Montmartre. Paris s'insurge. « Je suis brisé », écrit Victor Hugo.

---

1. Le siège de Paris a duré du 19 septembre 1870 au 28 janvier 1871, date de la signature de l'armistice.

Ce jour-là Thiers a fabriqué sans le vouloir deux morts, les généraux Thomas et Lecomte qu'il a envoyés chercher ces canons que la foule ne veut pas laisser partir ; ils seront fusillés le soir même par les Parisiens – la mèche d'une des plus sanglantes révolutions de l'histoire est allumée ! On graisse les fusils dans les arrière-cours, on déracine des arbres – Victor Hugo part pour la Belgique : « Huit première classe pour Bruxelles : 288frs.30. »

19 mars : « Le drapeau rouge est à l'Hôtel de Ville. Avec les brouillards du matin, l'Armée, le Gouvernement, l'Administration se sont évaporés », écrit Lissagaray.

Paris n'a en fait jamais cessé de fermenter depuis la chute de cette espèce de spectre au fond de la cuvette de Sedan ! Le statut de cette ville va tout de travers depuis le Consulat. Elle est privée de maire[1], protégée par une Garde nationale traversée de courants contraires ; les délégués de l'Internationale ont noyauté certains bataillons qui se sont regroupés dans une Fédération dotée d'un exécutif, le comité central. Ce comité est définitivement constitué le 15 mars après des mois de discussions. Assi en fait partie. Les professionnels de la révolution comme lui réfléchissent à la manière d'habiller la suite. D'un compromis ? Les pourparlers avec Versailles échouent. D'élections municipales ? En tirant sur tout ce qui bouge, mais d'abord sur les prêtres et « leur foutue robe noire », et sur « les gueuses de sœurs » ?

On comprend que bien des personnes soient absentes...

1. Et le sera jusqu'en 1977, date à laquelle Jacques Chirac sera le premier maire élu de la capitale.

Le ressac

Henri Schneider s'est levé très tôt. Il ne peut pas dormir, il ne peut que ressasser. Il est sorti dans le parc de La Verrerie – un coin de forêt oublié entre la ville et l'ancienne manufacture des cristaux, d'où l'on entend la forge à laminoirs tantôt loin, tantôt près, selon le vent – aujourd'hui tout près. C'est comme un ressac qu'Henri Schneider entend bourdonner jour et nuit dans sa tête.

Il a maigri, la nuit il vomit de la bile, le jour il fait le dos rond ; il y a quelque chose de dégradant à tout supporter et Henri Schneider sent qu'il se dégrade de jour en jour. Son père jusqu'ici décidait de tout, que six ouvriers n'en feraient plus que trois, par exemple ; ou de dire non à ceux qui râlaient. Lui, Henri, n'a pas en ce moment le pouvoir de dire non ; les pouces dans les entournures de son gilet, il parlemente en trouvant le temps interminable – six mois que cela dure, on frôle à chaque instant l'incident ; il a suffi de l'arrivée au Creusot d'un militant comme Cluseret, dit « l'Américain », à l'automne dernier, pour que les passions s'enflamment. Ce dernier a failli en venir aux mains avec Dumay qui campe sur son pré carré. « Dumay et la municipalité du Creusot refusent de s'appuyer sur les clubs extrémistes, écrit Armand Lanoux. Ils tiennent à conserver l'appui de la petite bourgeoisie républicaine[1]. »

Le souvenir de sa jeune femme hante Henri Schnei-

1. *La Polka des canons*, Grasset, 1971.

der : voici deux ans qu'elle est morte, son visage s'enfuit. Un autre souvenir le hante dont il ne parle jamais, celui d'un regard qu'un enfant lui a jeté un jour qu'il traversait un atelier : soudain il a vu M. Bibo, son propre fils, le petit Eugène, à la place de cet enfant, les épaules rentrées dans le cou, avec sa casquette, ses tenailles, ses sabots, dépenaillé de partout et portant sa condition d'ouvrier comme quelque chose de tellement disproportionné par rapport à son corps d'enfant, de l'épaisseur d'une feuille. Rien de plus. Henri Schneider n'a pas voulu en savoir davantage, il aura sept enfants de deux lits, six filles et un garçon, et l'image de cette petite bête de somme reviendra de temps en temps le hanter comme le hantent sa femme ou sa petite jumelle – elle léchait ses moustaches comme si elles étaient en sucre !

Eugène Schneider écrit tous les jours à son fils. Hier, il lui demandait : « Peuvent-ils comprendre avant l'épuisement ? » Et lui, Henri Schneider, peut-il comprendre avant l'épuisement ? Et comprendre quoi ? Et eux, là-bas, à Londres, peuvent-ils comprendre qu'il n'en peut plus ?

On a voulu pénétrer par effraction au château de la Couronne – les gardiens n'ont pas pu dire s'il s'agissait de maraudeurs, d'étrangers ou de personnes mal intentionnées, mais ils ont raconté qu'on avait proféré des insultes à l'égard de Mme Asselin. Henri Schneider n'a pas insisté, mais dans les yeux de ces gens, il a vu de quelles insultes il s'agissait et qu'eux, les gardiens du château de la Couronne, y étaient habitués. Il est tombé des nues ! Mme Asselin est sa belle-mère, le statut quasi royal d'Eugène Schneider a conféré à celle-ci une place quasi royale qu'aucun membre de la famille n'oserait remettre en cause. Constance Schneider la consulte à tout propos et les petits-enfants de l'une sont les petits-enfants de l'autre. Deviner soudain dans les yeux de ces gens grossiers les grossièretés que l'on pouvait proférer dans son dos a été – vlan ! – comme si on l'avait frappé sur la joue.

Son père lui demande dans chacune de ses lettres : quand rentrerons-nous en France ? Sans se douter que tout fout le camp ! Sa mère et lui ne voient pas, et tant mieux pour eux, la situation de leur fils : on le fait griller à petit feu, on le prend en otage pour un oui pour un non, on tourne ses décisions. Que peut-il d'ailleurs décider ? Il a les mains liées par la politique, par l'air du temps ; ceux qui hier étaient à ses ordres, les préfets, les sous-préfets, les procureurs, sont aux ordres des autres ; ou rentrés sous terre. Le plus extraordinaire réside là, dans ce changement d'influence, de poids ; tout à coup, les égouts s'illuminent et tous ces gens qui rampaient dans l'ombre, très sournois, s'approchent. Henri Schneider sent leur souffle dans son cou. Sa mère doute de sa résistance physique – comme elle a raison ! –, le confie à Dieu – « Le Creusot et toi, vous êtes si identiques l'un à l'autre que dans ma pensée vous vous confondez, et je remets l'un et l'autre dans les mains de Dieu[1] ». Elle voudrait qu'il n'ait pas mal au ventre, qu'il soit coriace comme son père. Mais, en 1848, Eugène Schneider l'avait elle, à ses côtés, et François Bourdon sous la main ; les ouvriers croyaient au suffrage universel, à la république. Aujourd'hui, on se méfie du suffrage universel qui a envoyé ces « notoriétés de bourgs, châtelains obtus, mousquetaires écervelés, dandys cléricaux[2] » à l'Assemblée, on se méfie de la république, on se méfie de tout. Constance Schneider a bien raison de parler du « renversement complet de tout système d'ordre ».

---

1. Archives privées, 22 mars 1871.
2. P.-O. Lissagaray, *op. cit.*

Assi

A Paris, des élections municipales ont eu lieu le 26 mars (un électeur sur deux s'est abstenu) : de ce vote est sortie une assemblée qu'on appelle la Commune. Sur ce vieux Paris, on veut plaquer du neuf, du consensuel, tuer les murs, que les nuages fondent, que la république ait « une taille de guêpe, des mignons biceps » et des cerises dans les cheveux. Neuf commissions collégiales ont été constituées et une commission exécutive a été nommée pour un mois. C'est Assi du haut du balcon de l'Hôtel de Ville qui a annoncé : « Au nom du peuple, la Commune est proclamée ! », Assi qui se prend pour Lamartine, Assi devant cent mille personnes, Assi dont c'est le plus beau jour.

Il a été élu député du onzième arrondissement de Paris (Popincourt), sur une liste présentée par l'Internationale[1] ; il siège à la commission générale chargée de l'ordre, de la sécurité publique et de la police. Laroque, qui décidément ne l'aime pas, va le voir à l'Hôtel de Ville « bondé d'hommes armés ». On garde la porte de « ce faquin ». Le faquin s'est laissé pousser la barbe, c'est un coureur de jupons enragé ! « Il faisait le beau devant les bourgeois, poursuit Laroque, ne se cachait plus, était alors président du Comité central de la Garde nationale de Paris, et, comme tel, me fit arrêter quelques jours

1. On les appelle les élus « internationaux », ils se nomment Malon, Frankel, Lefrançais, Varlin, Assi, Duval ; ils ne seront jamais plus d'une vingtaine sur les soixante-dix-neuf membres de la Commune.

après à l'Hôtel de Ville (le 25 mars 1871). Ce qui prouve qu'il ne faut pas jouer avec les poupées à ressorts... »

Les beaux rêves ne durent pas ; on a beau tendre une main fraternelle à toutes les communes « régénérées » de France, affirmer le droit de la Cité, « voler à travers la sublime excellence des principes », l'ennemi dénote parfois sa présence. « Le Prussien surplombe[1] ? – Qu'importe ! » s'exclame Lissagaray. Et l'ennemi intérieur ne désarme pas ? « Que répondent-ils ? – A mort ! »

« Paris est tout entier au pouvoir de l'Internationale, écrit Constance Schneider, épouvantée, à son fils, le 23 mars, Assy est à la tête du gouvernement qui vient de s'organiser en opposition à celui de Versailles [...] L'attention est tout entière pour Paris et pour Lyon où l'on dit que le drapeau rouge flotte à nouveau. »

Et au Creusot, donc !

Travailleurs, soyez intelligents, debout !

Puisque Paris a sa commune, Le Creusot aura la sienne ; comme à Béziers, Narbonne, Toulouse, Saint-Etienne, Lyon, Limoges, les idées les plus inassouvies circulent. Le 26 mars, Jean-Baptiste Dumay proclame la déchéance de Versailles ; il n'a pas de colonne Vendôme à déboulonner, mais il commande des piques à l'usine pour armer le peuple, fait voter, comme à Paris, l'abolition des impôts, l'expulsion des communautés religieuses, la transformation des églises en écoles. De quoi clouer sur place le Creusotin ! Et mettre au désespoir

1. 30 000 Prussiens campent à l'est de Paris.

Henri Schneider : quoi, tout ce qu'a voulu son père, ce système minutieusement réfléchi, encadré, taylorisé avant Taylor, ces 120 hectares sur lesquels s'imbriquent machines, bureaux, cerveaux et biscotos, tout cela mis en procès sous les yeux éberlués de la population par une bande de trublions !

à condition d'attendre
il fait nuit il fait jour
à condition d'attendre[1]

C'est ce qu'on fait – Henri Schneider attend, la population attend, c'est comme une sorte de parade-spectacle : un monsieur, J.-B. Dumay, promène une jolie dame, la Commune – le voici qui bedonne, la dame s'en va, tout cela est l'affaire de quelques heures, le songe d'une nuit de printemps ; les pigeons roucoulent, les nerfs du patron ne roucoulent pas du tout, les nerfs de J.-B. Dumay lâchent au fil des heures – ce sont des heures qui broient, cassent, médusent.

« Puis là, comme partout, écrit Lissagaray, on resta immobile. Le commandant du Creusot revint le lendemain avec du renfort, dispersa la foule qui stationnait curieuse et passive sur la place et s'empara de la mairie [...].

« Le 1er avril, M. Thiers annonça officiellement la guerre. »

Car si tout s'est joué très vite en province : début avril, les communes ne sont plus maîtresses des lieux – « les révoltes des villes s'éteignaient [...] une à une comme les cratères latéraux de volcans épuisés » –, à Paris, tout commence. « Trop de nerfs, trop artiste, Paris ! » Face à l'histoire, les Parisiens sont capables de tout et vont le

1. R. Queneau, *Les Chiens d'Asnières.*

montrer. « Crise d'épilepsie sociale », ricane Maxime Du Camp. « Les communards ont rêvé une France qui n'existait pas et la France réelle les a collés au mur[1] », renchérit Max Gallo.

A Londres, on s'affole : « Quelle humiliation ce sera pour nous si l'intervention prussienne est nécessaire pour réduire l'anarchie du pays tout entier », écrit Constance Schneider, le 27 mars, à son fils. L'étranger n'en croit pas ses yeux : Paris a deux millions d'habitants, une ceinture de Prussiens au nord et à l'est, une ceinture de versaillais au sud et à l'ouest, et le projet de leur faire la nique. Beaucoup de Parisiens se sont éclipsés dès le mois de février, mais il reste encore des otages à prendre parmi les curés, les évêques, les présidents de tribunaux.

On a fait savoir au monde entier que nous étions frères par la même volonté, on a publié un manifeste évangélique, et on sort les couteaux car, très vite, dans ce grand trou qui va s'ouvrir, il faut savoir qui jeter. C'est une ivresse à tant de degrés qu'il est impossible de s'orienter. Assi se transforme en dandy – son besoin de plaisir est poussé au paroxysme tandis qu'il proclame la république universelle, lit le Manifeste de la Commune comme une déclaration d'amour. Pendant ce temps-là Dumay passe en Suisse – c'est plus prudent –, les banques des tables de jeu sautent, mais au (futur) grand regret de Lénine, fasciné par l'histoire de la Commune, on ne touche pas à la Banque de France.

Barbe, cheveux, pénis, sourcils

tout se dresse. Le décalage Paris-province est tel qu'on n'y comprend plus rien, on s'empêtre dans la chro-

1. *Tombeau pour la Commune*, Robert Laffont, 1971.

nologie des faits. Au nom de la Commune du 10 août 1792 (il y a quand même quatre-vingts ans de cela!) l'on veut bombarder l'avenir : celui-ci sera autogestionnaire, fédéraliste, absolu comme la liberté. *Yellow over purple*... Comme un tableau de Rothko!

Au Creusot, on est moins moderne. 31 mars : « Les événements d'ici, écrit Henri Schneider, ceux de Paris, ceux de Versailles, de presque toute la France, la propagande subversive des agitateurs et l'indifférence, la faiblesse, la légèreté des gens d'ordre aboutissant au chaos dans lequel nous sommes, tout cela a beaucoup agi sur mon moral qui n'est pas assez fort par lui-même et qui a été très malmené. »

Ce coup-ci, il est à bout et sa mère l'a compris. Que croyez-vous qu'elle fait? Elle l'engueule, elle le secoue comme un prunier! « C'est une vraie lutte que je te demande de soutenir contre toi-même », lui répond-elle du tac au tac. Et les événements lui donnent raison! Jean-Baptiste Dumay perd ses troupes, son crédit s'effiloche, les Creusotins sentent le vent tourner, ils veulent maintenant de l'argent, c'est-à-dire du travail, que Schneider réapparaisse et allumer le calumet de la paix sociale.

Le Creusot, 15 mai 1871, d'Henri Schneider à son père : « Mon cher Père, je suis bien décidé à accepter la mairie [...] Le mouvement qui s'est fait dans les esprits... »

Une génération glisse dans le tombeau

Rien ne s'est encore passé à Paris : on délibère – personne ne veut obéir et on ne laisse personne commander –, on s'agonit de mots – les femmes ne sont pas en reste –, on s'amuse, tout en sachant que le typhon approche. Les obus des versaillais tombent depuis le 1er avril sur la ville, on baigne les chiens dans les bénitiers des églises, on a sous la main des otages à fusiller en cas d'attaque, de nouveau l'archevêque de Paris, mais aussi le président de la cour d'appel, le curé de la Madeleine ; on a prévenu que pour un prisonnier fédéré exécuté, trois otages seraient fusillés, et l'on tiendra parole[1]. « A cette étrange époque, écrit Pierre Dominique[2], dans ce Paris qui prépare son incendie, il n'y a pas, il n'y a jamais eu de chef. Un esprit de révolte gronde, mais qu'un grand vivant n'est pas là pour incarner. La Commune est incarnée par Blanqui et par Proudhon. Par un prisonnier qui du fond de sa prison ignore qu'elle existe et par un mort qui se défait au fond de son tombeau[3]. »

« Il faut y aller comme un torrent », dit-on, mais aller où ? A Versailles où cinq corps d'armée s'entraînent à affronter les Lascars de Montmartre, les Vengeurs de Flourens, Les Turcos de la Commune – on dirait des clubs de foot ! Les forts sont, comme toujours les forts, tantôt il ne s'y passe rien, tantôt ils sont pris et ça fait mal ! La révolution « tranquille et belle comme une rivière bleue[4] » s'en fait souffler d'importants, Vanves, Issy, l'étau se resserre, l'air s'incruste de violence.

Les Parisiens se sont offert un dernier plaisir le jour même de l'entrée des versaillais – c'est un dimanche –, ils sont allés au concert que leur offre la Commune au jardin des Tuileries : 1 500 exécutants, on a mis les petits plats dans les grands, les obus tombent sur la place de la Concorde – nous sommes le 21 mai et ils tombent depuis

1. Décret du 5 avril.
2. *La Commune*, Grasset, 1930.
3. Blanqui a été arrêté par hasard en province le 17 mars et emprisonné. Proudhon est mort en 1865.
4. Jules Vallès.

le 1er avril, c'est devenu comme un bruit de fond. La Commune est en séance pour ne pas changer, elle juge Cluseret, le délégué à la Guerre qui a perdu le 27 avril le fort d'Issy. Elle siège jour et nuit et les délégués n'ont plus les yeux en face des trous à force de ne pas dormir. S'ils y voyaient plus clair, ils verraient les baïonnettes versaillaises approcher et au bout de leur lame la terreur. Ces Parisiens assis sur les pelouses au soleil en auraient froid dans le dos. Les barricades sont prêtes, la plupart des monuments livrés aux artificiers qui y mettront le feu en temps voulu, on respire encore le souffle aérien du printemps. Près de la Porte de Saint-Cloud, des milliers de points noirs convergent : cela s'appelle une armée régulière. « L'on dirait, dit Hugo, que Dieu se décourage. » Il laisse la violence maîtresse de tout, un bruit gluant obstrue les gorges, c'est le bruit du sang : on s'esquinte jusqu'au dernier râle, on danse avec la Mort jusque dans les égouts, les cimetières, les jardins publics ; on met le feu au « repaire des rois » que sont les Tuileries – près du tiers de la capitale brûlera. Ferré, Flourens, Duval, Varlin, Delescluze, la gâchette contre la tempe ou le sabre à travers le corps, rejoignent dans l'au-delà Mgr Darboy et le président Bonjean.

20 000 morts, 10 000 disparus, des dizaines de milliers de blessés qu'il suffit de trouver avec des mains noircies pour les achever ; une fumée d'enfer derrière laquelle se consument l'Hôtel de Ville, la Cour des Comptes, la Légion d'Honneur, le Conseil d'Etat – « C'est, dit un témoin, un mur de feu que la Seine traverse ». Du 23 mai au 13 juin, 379 823 dénonciations sont envoyées : « Près du quart des Parisiens dénonça un autre quart, voilà tout. » Le panorama est tellement épouvantable que les Anglais se précipitent dès la fin de cette semaine sanglante pour voir leur vieille ennemie à terre.

Henri Schneider, lui, effectue le trajet en sens inverse : fin avril ou début mai, il fonce à Londres, son cœur bat : tous viennent d'un coup dans ses bras, ses parents, ses enfants, sa belle-mère, sa belle-sœur – il est au-delà du bonheur, il l'épousera l'année suivante, le feu Asselin court de plus belle dans les veines des Schneider... Les secrétaires d'Eugène Schneider se réveillent. 3 juin 1871 : « Si je ne vous ai pas donné plus de détails sur l'envahissement de votre hôtel, le dimanche 20 mai[1], c'est que je n'en ai été informé que le soir fort tard et qu'il m'eût été impossible de pénétrer dans votre demeure qui était cernée. Les trois jours et nuits suivantes, nous avons dû nous tenir enfermés rue de Provence où les obus tombaient. L'essentiel c'est que ni rue Boudreau ni rue de Provence nos affreuses craintes ne se soient réalisées. L'armée de Versailles nous a sauvés.

« J'ai l'honneur de vous confirmer l'envoi le 1er de ce mois du dossier Bessemer et, dans un pli séparé, du bordereau des pièces contenues dans ce dossier. »

Les exilés de Londres ont suivi avec horreur les événements de la semaine précédente. « Quels tigres que ces gens de la Commune ! » s'écrie Constance Schneider. Assi et ses amis ont essayé de déménager la rue Boudreau en guise d'adieu. 21 mai 1871 : « Des insurgés firent irruption chez nous, au nombre d'une trentaine ; à la tête était le membre de la Commune Fontaine. Trouvant les meubles et les armoires fermées et n'ayant pas de serrurier, parce que c'était dimanche, ils se contentèrent de faire l'inventaire et [de] préparer tout ce qu'ils voulaient enlever le lendemain matin dans des voitures de déménagement [...] Enfin, à 3 heures du matin, les

1. En fait 21 mai.

troupes versaillaises entrées à Paris plus tôt qu'on ne les avait attendues... »

Juillet : le jardinier a été averti par le concierge, qui a reçu la visite du secrétaire particulier de M. Schneider, du prochain retour de celui-ci ; on débouche les soupiraux qui avaient été murés pour éviter qu'on jetât du pétrole dans les sous-sols ; on bat les tapis, on remonte les pendules, mais les massifs du jardinier ne seront pas fleuris cette année. Comment pouvait-on semer sous les obus ? Tailler ? Ratisser ? Se rendre à son travail quand on vous sautait à chaque instant sur le paletot pour voir si votre épaule était rouge à force d'épauler ? Au château de la Couronne, on attend d'un jour à l'autre Mme Asselin ; à La Verrerie, deux petits enfants vont retrouver leurs joujoux. M. Bibo a trois ans, il était si petit quand il a quitté la France qu'il en a presque oublié Le Creusot et il zézaye avec un léger accent anglais.

Rue de Provence, on époussette les bureaux, le malheureux chef du personnel compte et recompte ses listes, mais il manque toujours des noms à l'appel et on a beau envoyer des sbires à droite et à gauche, dans les hôpitaux, dans les prisons, dans les familles, dans les cimetières même, un certain nombre d'employés ne se sont pas représentés. Morts ? Prisonniers ? Arrêtés par erreur ? En fuite ou tout simplement terrorisés, n'osant pas encore sortir ? Ou bien partis en province ? Combien de gens ont disparu à Paris ? On annonce le chiffre astronomique de 100 000. Combien de prisonniers ? 28 000 ? 30 000 ? Combien de morts ? Sur les photos qu'on voit, couchés dans leur cercueil, ils ont l'air de suppliciés chinois !

Les colonnes de prisonniers sillonnent les routes (43 522 arrestations). On entend hurler autour du camp de Satory ; dans les bois avoisinants, il n'y a plus un seul promeneur ; Victor Hugo cherche Rochefort un peu partout, s'assure qu'au Père-Lachaise, où l'on s'est battu à l'arme blanche parmi les tombes, la sépulture de son père, qui est aussi celle toute récente de son fils Charles, est intacte. Incrustée dans les murs, vendue en journal du soir, la mort est déjà vieille ! Le 6 juin, on écrit à Eugène Schneider : « Il n'y a rien d'exagéré dans le récit qu'ont fait les journaux des désastres de Paris, mais, par contre, la physionomie est très bonne et la circulation recommencée comme autrefois. Boutiques, cafés, tout est rouvert et les acheteurs ainsi que les consommateurs sont déjà très nombreux. »

Dumay est en fuite (Henri Schneider lui a succédé comme maire du Creusot) ; en juin, la cour d'assises de Chalon le condamnera par contumace aux travaux forcés à perpétuité. A son retour de Suisse, huit ans plus tard, il fera l'amère expérience de ce qu'il appelle lui-même « le vide des vaincus ». Il deviendra photographe ambulant, s'installera à Paris. En 1887, il sera élu député de Belleville, écrira ses mémoires pendant que s'érigent les statues du fondateur du Creusot ; il meurt l'année même de la célébration du centenaire d'Eugène Schneider, son ennemi juré. 1905 : le XXe siècle a déjà cinq ans...

Varlin a été fusillé à Montmartre sur les lieux mêmes où les généraux avaient été exécutés le 18 mars. Le sort d'Assi est plus mystérieux. Revoyons-le une dernière fois, ses cheveux en arrière, avec sa manière d'embobiner son auditoire, de plaire aux femmes. Son portrait paraît dans *Le Gaulois* du 29 novembre 1875 sous la plume d'Emile Blavet : « C'était un simple ouvrier ajusteur, un de ces ténors d'atelier qui passent leur vie à roucouler la cavatine de l'égalité sociale et à lui donner l'*ut* de l'insubordination. Où allait-il ? D'où venait-il ? Mystère.

« On savait vaguement qu'il avait beaucoup voyagé, qu'il allait, compagnon errant, d'usine en usine [...] qu'il avait été le promoteur d'une grève en Italie et qu'il avait fait congé dans les bandes garibaldiennes... Garçon froid, un peu bilieux, très concentré, vaniteux à outrance, sorte de demi-monsieur, portant paletot et montre. Assi, par sa distinction relative et son éloquence verbeuse, exerçait sur ses camarades une sorte de fascination.

« Aussi, le jour où, jugeant l'heure propice et la propagande suffisante, il ne parut pas à son étau, ce fut une désertion générale. Ajusteurs, monteurs, forgerons, fondeurs, puddleurs et mineurs, tous refusèrent le travail comme excessif et la paye dérisoire [...] Ses co-bandits de la Commune le mirent en prison pour n'avoir pas fidèlement rendu ses comptes. »

Quelque chose pèse sur la réputation d'Assi, Laroque l'accusait déjà, en son temps, d'avoir été parachuté au Creusot par Rouher pour fomenter la grève, le journaliste du *Gaulois* parle maintenant de malversations. Le fait est qu'il a sauvé sa peau là où la plupart de ses compagnons ne l'ont pas sauvée. Il a été arrêté le 21 mai au soir, le premier jour de la semaine sanglante, rue Beethoven ; là où ses compagnons sont enchaînés, transférés sur des pontons, écrabouillés ou fusillés, lui se fraye un chemin vers la vie. Quels dés a-t-il pipés pour se retrouver peut-être en Nouvelle-Calédonie, peut-être « tout aux tavernes et aux filles », comme dit François Villon ? Jugé par le 3e Conseil de guerre à Versailles, il est condamné à la déportation dans une enceinte fortifiée. Ensuite personne, sauf Armand Lanoux, ne l'a revu[1].

---

1. Dans son livre, *La Polka des canons* (Grasset, 1971), l'auteur le fait mourir à Nouméa en 1886. Il ne cite pas ses sources.

L'étincelle malabar

« Nous sommes ballottés entre la Société de Saint-Vincent-de-Paul et l'Internationale, écrit Flaubert à George Sand, le 31 mars 1871. Mais cette dernière a fait trop de bêtises pour avoir la vie longue. » De fait, l'Internationale volera en éclats à La Haye l'année suivante. La Caisse de prévoyance des usines du Creusot, qui avait été à l'origine de la grève de 1870, est supprimée cette même année. Depuis Londres, Marx a suivi au jour le jour les événements de la Commune : ils l'ont passionné. Deux révolutions parisiennes en moins de vingt-cinq ans, deux échecs. Dans le second cas cinq fois plus de morts que dans le premier et toujours le même vainqueur, la bourgeoisie. Pourquoi ? Parce que « le prolétariat ne peut pas simplement mettre la main sur une machine d'Etat "toute faite", mais doit briser la machine militaire et bureaucratique de l'Etat bourgeois et instaurer la dictature du prolétariat ».

La voici « l'étincelle malabar » ! La future étoile rouge ! Le cadre de la révolution d'Octobre est tout tracé : il s'appelle la dictature du prolétariat !

Marx lit ce texte nommé « La guerre civile en France » le 30 mai 1871, soit deux jours après la chute de la dernière barricade. « Nous venons, dit-il, [avec la bataille de Paris] d'atteindre un nouveau point de départ de l'histoire. » A ce nouveau point, les communistes se cramponneront. « La seule façon qu'ont les "exclus" de se réapproprier l'histoire est de la rêver », écrit Max

Gallo[1]. Le mur du Père-Lachaise contre lequel 147 communards ont été fusillés le dimanche 28 mai 1871 au matin devient le mur de la douleur prolétarienne. Lénine se penche à son tour sur la Commune pour regretter qu'elle ne se soit pas saisie d'institutions comme la Banque de France. « La seconde erreur, écrit-il, fut sa magnanimité. » Quand il atterrit dans son mausolée, à Moscou, en 1924, il est enveloppé dans un drapeau des fédérés.

Quarante ans plus tard, lorsque le premier trio soviétique de l'espace s'embarque à bord du Voskhod, qu'emporte-t-il ? « Un portrait de Marx, un de Lénine [...] et un drapeau communard[2]. »

Ah ! j'oubliais, les livres – actions et obligations – du Creusot qui avaient pris eux aussi, en 1870, le chemin de l'exil, que sont-ils devenus ? Pour un peu je quittais l'Angleterre sans eux, mais le secrétaire de M. Schneider me rappelle leur existence. « Je vais promptement avoir besoin des titres déposés à Londres, écrit-il à son patron le 1er juin 1871. Vous penserez sans doute qu'il n'y a plus de danger maintenant à les faire revenir. Pour éviter des frais de voyage, les caisses pourraient être remises au chemin de fer et accompagnées par une personne de votre choix qui reviendrait à Paris. »

C'est ce qui s'appelle penser à tout.

1. *Op. cit.*
2. Alistair Horne, *op. cit.*

CHAPITRE XXVI

Et il est devenu très rouge

« Hier j'ai mangé à dîner de quoi attendre le souper. » Victor Hugo a soixante-dix ans, seules deux dents lui manquent; dans son corps n'entre encore aucune des douleurs de l'âge. Il prend deux bains froids par jour, deux œufs crus le matin, note tous ses émois : son lexique amoureux ressemble à une partition musicale, abréviations, lettres soulignées, initiales, mots étrangers. Ou à un jeu de piste. Il est veillé par les étoiles, y compris celle de la bonne santé.

Alphonse de Lamartine n'a pas eu cette chance. Il radote bien avant sa mort, son ange gardien, Valentine, a fort à faire. Richard Wallace, dans ses *Notes et souvenirs d'un Anglais à Paris*, décrit doucement sa déchéance : « Il s'en allait chantant, comme ces musiciens aveugles des steppes russes, qui, tout en cheminant, jouent sans trêve pour éloigner les loups. » Les loups sont, comme toujours, l'argent.

Sa dernière apparition publique a lieu au bras de Valentine à l'Opéra-Comique : on reconnaît encore sa minceur, son élégance. Il aurait aimé avoir une descendance, il n'en a pas, réconcilier la France avec elle-même et l'on vit dans une époque « où tout se fait matière et se pétrifie à force de regarder la pierre, le fer, le tissu, et de se désintéresser des idées ».

Il n'aime pas manger, l'amour, sauf le pur amour, ne lui dit plus rien, le temps de voyager, de se baigner, de découvrir l'Italie avec passion, somme toute d'être un être vivant, est révolu. Mais le temps de la mort n'est pas encore venu. Il lui faut descendre au fond d'un volcan autrement plus capricieux que le Vésuve. « Tout était merveille, tout était terreur. » Tout n'est plus que terreur. *Mors*...

Quand il est arrivé à Brighton, Eugène Schneider a fait peur à sa femme. Constance Schneider commence par donner des nouvelles de Mme Asselin à son fils : « Elle continue à manger, mais elle ne digère pas et son agitation est extrême » ; puis elle lui parle de son père : « Ton père se soutient assez [bien qu']il soit fort rouge. » Cette couleur l'inquiète, nous sommes en novembre 1870, Eugène Schneider vient d'avoir soixante-six ans. Il s'agace de tout, ne supporte pas d'être au loin, écarté des affaires du Creusot. Sent-il que son absence, c'est du temps parti pour toujours ? Que son fils, même à son corps défendant, exerce le pouvoir et ne le rendra plus ? Eugène Schneider s'en prend au courrier qui n'arrive pas, aux préfets qui ne font pas leur métier, à la population du Creusot qui n'a pas de reconnaissance, à cet exil qui s'allonge au gré des événements. Mars 1871 : « Pour longtemps encore, nous serons en Angleterre... »

Deux femmes ne sont pas de trop pour le contenir, l'une qui dirige tout malgré ses enflures, ses vomissements, son système nerveux « si impressionnable » ; l'autre qui subit tout depuis trente-cinq ans et dont pas un mot ne trahira, si elles existent, « les ténèbres compliquées des soirs de révolte ». Constance Schneider se borne à trouver son mari « très irritable ».

Le retour en France ne va rien arranger même si, en apparence, le pouvoir se remet en place : dès l'automne 1871, Eugène Schneider est réélu au conseil général avec 90 % des suffrages exprimés. Savoir Dumay en fuite, Assi envoyé Dieu sait où, Rochefort sous les verrous est une sacrée revanche. Cependant l'âge est là et l'âge, curieusement, dans le cas d'Eugène Schneider, c'est son fils. Henri a su naviguer quand le sol était de boue ; être amoureux et vite remarié[1] quand le sol s'est raffermi. Le voici père à nouveau, voyageant, impatient de s'emparer à son tour de ce dernier quart de son siècle. Sollicité par le déshonneur de la défaite, il met tout son génie à fabriquer des armements. L'acier devient le nouveau tour de force de la maison – sa fabrication, grâce au procédé Bessemer[2], est déjà pratiquée dans la Loire et dans l'Est, mais les canons Schneider feront gémir d'envie toute l'armurerie mondiale à l'Exposition dite de la revanche qui se tiendra en 1878 au Champ-de-Mars. Ce triomphe-là, seule la statue d'Eugène Schneider, qui domine le stand, le verra.

La colère, état permanent

La première attaque de Lamartine l'a atteint le 1er mai 1867, c'est pourquoi nous l'avons rencontré à l'Exposition

1. Henri Schneider épouse Eudoxie Asselin, deuxième fille de Mme Asselin, en 1872. Il a trente-deux ans, elle en a dix-neuf. Elle mourra à Juigné-sur-Sarthe en 1942.

2. Sir Henri Bessemer, industriel métallurgiste britannique, est l'inventeur d'un procédé permettant de transformer la fonte en acier (1855).

universelle, poussé dans une petite voiture par Valentine; il renie ce qu'il a le plus aimé. A l'un de ses filleuls qui lui annonce qu'il a remporté un prix de versification au concours général, il fait une scène épouvantable : « Des vers ! Malheureux ! [...] Pas de littérature ! Pas de politique ! [...] Plus tard, fais de l'agriculture ou entre dans la diplomatie, enfin fais quelque chose de sérieux. »

On tue le temps entre Paris et Saint-Point, on ressort inlassablement l'écharpe de député, le châle de Graziella, le crucifix de Julie Charles, les éditions originales de *La Chute d'un ange* ou des *Méditations* – Lamartine les voit-il ou ne les voit-il pas ? Les prêtres l'encadrent, sa foi est indispensable à l'Eglise et il reçoit du pape de « grandes, tendres, particulières et permanentes bénédictions ». « Je suis maintenant comme les chiens qui se taisent et qui se cachent pour mourir », déclare-t-il quand il retrouve ses esprits. Il les retrouve de moins en moins, refuse d'ouvrir la bouche et parfois même les yeux – ses visiteurs l'aperçoivent derrière une vitre, comme une plante – la jeune génération sait-elle même qu'il existe ?

Eugène Schneider, lui, ne veut rien lâcher, mais son fils insiste. La guerre et la Commune sont passées par là, même si Assi et Dumay ont été recrachés dans les ténèbres, ces colonnes d'hommes qui se rendent chaque jour au travail ne sont pas les mêmes qu'avant : elles se sont penchées sur le miroir de l'avenir, elles ont mangé l'herbe épicée de la contestation. En apparence, rien n'est changé. Constance Schneider peut écrire à son fils, à propos de la visite de l'empereur du Brésil et du prince de Joinville au Creusot, en février 1872, où elle fait office de maîtresse de maison, Henri étant à l'étranger en voyage de noces : « La population s'est portée en assez grand nombre sur notre passage [...] On n'a entendu aucun mauvais propos. »

Néanmoins, à l'automne précédent, un entrefilet a paru dans *Le Courrier de Chalon* : « A partir de demain 14 [novembre], la journée des ouvriers qui entrent et sortent à la cloche sera réduite à 10 heures. L'entrée aura lieu à 6 h 30 le matin, la sortie à 11 h, la rentrée à midi et demi et la deuxième sortie à 6 h du soir. Les salaires ne seront pas changés. »

La voici donc cette fameuse réduction du temps de travail qui nous met sur le même pied que les Anglais ! Une heure de moins par jour, c'est bon à prendre ! Merci Dumay, merci Assi, dit-on tout bas. Merci M. Schneider, dit-on tout haut. La machine à remercier est réenclenchée pour longtemps, la cérémonie des vœux de fin d'année devient de plus en plus protocolaire. Fin 1874, quand Eugène Schneider, souffrant, ne peut pas quitter Paris, une délégation se rend rue Boudreau pour lui offrir les vœux des Creusotins ainsi qu'un album en cuir de Russie à son chiffre, à coins d'argent ciselés, signé de sept cents noms.

D'être appelé le fondateur l'irrite ; de ne pas être appelé le fondateur le met hors de lui. « La colère est un état permanent, pour ainsi dire », écrit sa femme qui ne sait plus à quel saint se vouer. « Ce qu'il n'aime pas, par-dessus tout, ajoute-t-elle à l'intention de son fils, c'est que tu fasses les choses comme si tu en avais reçu l'ordre. »

Depuis 1874, la maladie harcèle Eugène Schneider ; les premières escarmouches sont les plus dures. La langue s'embarrasse, les nuits sont un supplice, sous prétexte qu'on vous veut du bien, on vous colle des sangsues à l'anus, on vous administre des bains de pied, des purgations ; après une ou deux attaques, votre jambe et votre bras oscillent à leur gré, on ne tend pas la main, on tend un chiffon.

Eugène Schneider a passé l'été à Bagnères-de-Luchon

d'où il est revenu plus mal : il s'y est beaucoup ennuyé, on l'a mis à un régime frugal qui le laisse sur sa faim. Quand il réclame à manger, on lui donne de la tisane. Février 1875 : il subit une attaque d'apoplexie en bonne et due forme, on croit que c'est la fin, il n'en est rien – il y a encore de l'espace entre la mort et lui.

Bordée de noir, postée le 18 février 1875 de Camden Place, Chislehurst, Royaume-Uni, une lettre arrive rue Boudreau : « Madame, l'Impératrice et le Prince Impérial ont appris par les journaux l'accident arrivé à M. Schneider et quoiqu'on donne à espérer qu'il n'aura pas de conséquences, Sa Majesté et Son Altesse Impériale me chargent de vous demander des nouvelles. » Signé Franceschini-Pietri.

Constance Schneider saute sur sa plus belle plume : « Sa Majesté est encore sous le coup d'une douleur qui est celle de toute la France[1], et elle est vraiment bonne dans de pareilles conditions de songer encore au chagrin des autres. M. Schneider a eu un commencement d'attaque d'apoplexie dont les progrès ont fort heureusement été arrêtés. »

C'est beaucoup dire, main et jambe sont à la traîne. « Tout est encore bien confondu dans sa tête », soupire Constance Schneider. Pourtant le malade ne dételle pas, il veut savoir jusqu'à quelle hauteur va monter le nouveau marteau-pilon destiné, entre autres, à forger les grands arbres des hélices des bateaux – on parle de la hauteur d'un immeuble à Paris, est-ce possible ?

Constance rappelle à son fils « ce que tu dois à ton père comme père, comme fondateur de cette belle affaire dont nous sommes tous fiers, et enfin comme collaborateur, puisque vous êtes associés »; elle l'exhorte à lui

1. Napoléon III est mort le 9 janvier 1873 à Chislehurst.

adresser plus souvent des lettres contenant les détails qui peuvent l'intéresser : « Je te prie instamment, mon cher enfant, d'avoir plus de souplesse dans le caractère [...] C'est avec un réel regret que je t'ai répété la plainte que ton père a formulée plusieurs fois en ma présence, en disant qu'on l'avait tué de toutes pièces, et que si tu avais eu un caractère plus souple qui t'eût permis de travailler tout naturellement en commun avec lui, il n'aurait jamais eu l'attaque dont il souffre depuis des mois. » (Septembre 1874.)

Quand sa femme ne sait plus qu'en faire, elle l'envoie chez Mme Asselin ; il n'y a que la cour à traverser et parfois Eugène Schneider y reste des après-midi entières à ressasser son chagrin. On lui parle de sa dernière petite fille Zélie, qui va avoir trois ans, de M. Bibo qui devient un grand garçon ; il ne pense qu'à cette place que son fils lui prend, à cette autorité qu'on lui vole. « Ainsi aujourd'hui, poursuit Constance Schneider, il est, je puis dire, exaspéré et dit qu'on le tient pour une *foutu* [sic] *bête*, qu'on veut mettre dehors du Creusot[1]. » (Mars 1875.)

Pauvre Henri, peut-être se surprend-il parfois à regretter le temps où il était tout seul au Creusot, malgré son moral si malmené par les événements ! Il a beau envoyer des rapports, des comptes, des secrétaires à son père, rien n'y fait : Eugène Schneider n'est jamais satisfait. Sa malheureuse femme baisse les bras : « Je déclare pour moi ne pas savoir ce que je pourrais faire de plus pour lui complaire et pour le supporter. » (Mai 1875.)

Cet été-là, le dernier de la vie d'Eugène Schneider, ils vont au Tréport : six interminables semaines pendant lesquelles on baigne ses pieds dans l'eau de mer, on lui administre des lavements, et où il se morfond. Le retour à

1. Souligné dans le texte.

Paris est un soulagement – Constance Schneider chavire de fatigue. « Ton père [...] se trouve pourtant assez bien et tout heureux d'être rentré chez lui et de ne plus entendre le bruit de la mer qui lui paraît bête et ennuyeux. »

Lamartine, six ans avant, ne valait guère mieux. Quand on lui passait la main devant les yeux, il ne cillait pas, quand on lui pressait les doigts, il les laissait pendre et il semblait que tous ses poèmes s'en fussent allés par là, par le bout de ses doigts. « La mort, avait-il écrit, n'est que le sentiment de ce qui se quitte. » Assis dans un fauteuil, enveloppé dans une grande couverture de laine, il paraissait ne reconnaître personne. « C'est un vieillard, un centenaire [...] dont on ne tire pas dans la journée dix paroles », écrit de lui son ami Charles Rolland. L'un parle à en perdre haleine, c'est Eugène Schneider – « quand c'est commencé, écrit sa femme, il n'a pas le pouvoir de s'arrêter, il va jusqu'à ce qu'il n'en puisse plus »; l'autre s'est réfugié dans le mutisme.

Lamartine est mort le 22 février 1869, un an avant la chute de l'empire. Valentine a refusé les funérailles nationales que l'empereur désirait offrir au poète et à l'homme politique « en considération des grands services rendus dans des temps difficiles ». Quand il avait sa tête, Lamartine avait dit non. Au fil des ans, il était redevenu légitimiste comme son père, comme ses oncles, comme tous les Lamartine. La révolution de 1848 est le grand soupir qui a fendu son âme en deux : une poignée de Haïtiens vont éberluer la population de Saint-Point en assistant à ses obsèques. Il reste une place dans le tombeau qu'il a fait élever dans le cimetière mitoyen du château. Valentine de Lamartine l'y rejoindra en 1894 – elle aura alors soixante-treize ans. *Speravit anima mea*, dit l'inscription choisie par Lamartine. Son âme a toujours espéré qu'on le dépose là où le mur fait rempart, où monte le bord usé du chemin :

A la vie, au soleil, ce sont là ses adieux.

Il laisse 2 274 838 francs de dettes.

La lutte de la faiblesse contre les choses

Comme le corps du poète, le corps d'Eugène Schneider rejoindra la Saône-et-Loire par le train. Nous sommes en novembre 1875, le temps est froid, le vent frappe au front l'assistance. La fin du malade a été abrutissante pour son entourage. Octobre 1875 : « Il a voulu battre Joseph et François, écrit sa femme à son fils, il a arraché ses cataplasmes et enfin n'a pas voulu prendre sa potion calmante. » Un mois auparavant, Constance Schneider avait essayé un autre moyen de calmer « cette lutte de sa faiblesse contre les choses du passé ». Elle a imaginé de lui inventer des lettres – puisque son fils n'a pas le temps de lui écrire tous les jours, elle se substitue à lui : « Aujourd'hui il attendait avec impatience une lettre de toi. J'ai fait cette lettre et je la lui ai lue. » Même M. Bouillet, son fidèle secrétaire, est ému par cette faiblesse : « Mon cher Monsieur Henri, ce matin Mme votre mère a lu la lettre par laquelle Mme Henri rendait compte très sommairement de la cérémonie d'hier. Les yeux de M. Schneider se sont remplis de grosses larmes et il est devenu très rouge[1]. »

1. Archives privées.

L'église Saint-Laurent, au Creusot, est tendue de draperies noires semées de larmes et frangées d'argent; elle a été construite par Henri Schneider qui en avait fait le vœu le jour de son mariage avec Zélie Asselin.

Seillière fils aîné tient l'un des cordons du poêle, Constance Schneider est comme gelée par le chagrin; juste en retrait, Mme Asselin est voilée de noir elle aussi. L'assistance n'a pas une, mais deux veuves, à qui exprimer ses condoléances. Les Creusotins la regardent sous cape : malgré la froideur d'Eugène Schneider, cette liaison connue de tous n'a jamais passé la rampe. Constance Schneider a dit oui pourtant, elle seule connaît le chemin parcouru par son mari, sa volonté, sa puissance de travail, sa puissance de tyrannie aussi. Pourtant elle l'aime comme au premier jour, quand elle lui écrivait « Mon bon chéri ». Elle ne descendra pas le rejoindre dans le caveau des Schneider quand elle mourra, en 1889, elle sera enterrée dans le cimetière communal, parce qu'elle est protestante. Elle a vraiment été son ange, les mauvais souvenirs de ces derniers temps ne comptent pas; quand il gémissait, quand ses yeux se remplissaient de larmes, elle entourait de ses bras son cou décharné et le berçait.

Tout de suite après l'enterrement se posent des questions : Henri Schneider se présentera-t-il à la députation? Succédera-t-il à son père? Fera-t-il comme lui une carrière politique? A trente ans de distance, Constance Schneider se rappelle les doutes qui assaillaient son mari à la mort d'Adolphe, son frère. A l'époque, il s'agissait d'asseoir son autorité de gérant unique, de se poser vis-à-vis du « père Seillière » et du monde extérieur. Eugène Schneider s'était jeté dans la bagarre avec une femme timide à ses côtés.

Janvier 1876, elle écrit à son fils : « Assurément il semble préférable que le gérant du Creusot reste maître du territoire administratif et politique, surtout lorsqu'il s'agit de fermer la porte à des esprits brouillons qui en ayant des rapports indignés avec les ouvriers ou les autorités administratives pourraient exercer une influence autorisée et entraver la marche régulière de l'usine. »

Il n'est pas loin le turbulent passé... Assi tapant du poing sur la table, les préfets inconsistants... Et le citoyen Sauvage bombardé à bout de bras par la Seconde République dans l'univers si particulier du Creusot... A plusieurs reprises Constance Schneider a cru la toiture emportée ; la gardienne du temple qu'elle est devenue sait que le temple a besoin d'un grand prêtre. Elle s'en est entretenue, dit-elle, avec Mme Asselin et toutes deux sont tombées d'accord : leur crainte est que si Henri accepte la députation, son conseil de surveillance lui adjoigne un cogérant ou décide de transformer les bases de la société. L'important est de ne pas lâcher la proie pour l'ombre. « N'oublie pas qu'au Creusot sont attachés les noms de ton père, le tien et celui de ton fils, et que toute notre fortune est là. Reste donc, mon cher enfant, à ton poste. »

Le Creusot reconnaissant

Pendant ce temps-là, Emile Ollivier, dernier ministre de Napoléon III, a été élu à l'Académie française au fauteuil de Lamartine. Ayant enrobé dans une citation du poète un éloge de l'empereur déchu (nous sommes en 1874), Emile Ollivier ne sera pas autorisé à prononcer son discours en séance publique. Lamartine n'a donc pas eu droit à un éloge sous la Coupole, fait, je crois, unique dans les annales de l'Académie. Il en aurait souri. « Quel vide laisserai-je dans le monde ? écrivait-il dans *Voyage en Orient*. Un vide de quelques jours dans un ou deux cœurs ; ma place au soleil ; mon chien qui me cherchera ; des arbres que j'ai aimés. »

Eugène Schneider, lui, a eu droit à une fête à tout casser. Deux même. En 1879, Ferdinand de Lesseps inaugure sur la grand-place du Creusot la statue du fondateur. Sculptée par Chapu, elle a dominé le stand Schneider à l'Exposition universelle de l'année passée. A. Habaru ne décolère pas : « Eugène Schneider est là, debout, le manteau sur le bras, la canne à la main, dressant haut dans le ciel son orgueilleuse et grave sérénité. A ses pieds, une femme est assise, une femme d'ouvrier. Son bras tendu guide vers le bienfaiteur le regard d'un enfant[1]. »

Cette statue a un mérite : elle dérange. Erigée grâce à une souscription publique, elle trahit la volonté du personnage, sa volonté de puissance, sa bonne conscience ; son coup d'œil sur Le Creusot est celui du maître des lieux. Et du maître des hommes qui ont travaillé avec lui, qui ont écrit cette histoire industrielle si moderne qu'on l'a baptisée révolution. On a déplacé cette statue, on l'a décentrée – depuis 1983, elle n'occupe plus le cœur de la place Schneider.

adieu cette ville et sa vie oblique
ses pavés bien nus son asphalte noir
ses squelettes gras ses os méphitiques
adieu cette ville où meurt ma mémoire[2]

---

1. *Op. cit.*
2. R. Queneau, *Adieu.*

Lors de la célébration du centenaire de sa naissance, en 1905, de vieux ouvriers avaient encore connu le fondateur. J.-B. Dumay mourrait cette année-là. M. Bibo est devenu Eugène II, mon grand-père ; il a trente-sept ans, trois fils qui vont se rendre seuls, tête nue, pour chacun déposer des fleurs au pied de leur arrière-grand-père. « Leur gerbe déposée, ils se reculent et font d'un même élan le salut militaire en regardant la statue[1]. »

Le soir, devant 60 000 personnes, le clou du spectacle pyrotechnique commandé à M. Ruggieri représente un groupe polychrome du monument d'Eugène Schneider, d'une locomotive et d'un navire avec, au-dessous, une inscription : « Le Creusot reconnaissant ». La pièce est de taille : 16 mètres de long sur 14 mètres de hauteur ! Toute la nuit la statue restera éclairée à la lumière électrique. La note de service précise aux employés que « la tenue est celle des Dimanches. Pour les chefs de service, la redingote et le gibus ». Le soir, il y aura des projections cinématographiques.

L'électricité, le cinéma : le XXe siècle est là... Mais, quand, à l'enterrement de Lamartine, quelques personnes ont ramassé une poignée de sa terre natale pour la faire couler sur son cercueil, la fin du XXe siècle aussi était là, avec ses petites bougies allumées, ses turlutaines, sa soif de justice, l'Europe – but, qui n'est pas un si mauvais but pour un pacifiste avéré comme Lamartine.

Tout orage finit par ce pardon, l'azur[2].

---

1. Gaston Bonnefont, *Le Centenaire d'Eugène Schneider, 1805-1905*, Librairie Félix Juren, 1905.

2. V. Hugo, *Talion* (recueil entièrement censuré en 1872, car mettant en parallèle versaillais et communards).

Et puis voilà !

Sicut nubes... quasi naves... velut umbra[1]... La lampe verte éclaire une pile d'ouvrages ; à chaque place, c'est la même silhouette assise, le même festin de livres, la même descente du fleuve Alphée. La salle des Imprimés construite par Labrouste, rue de Richelieu, à Paris, pour la Bibliothèque nationale, ressemble au Creusot : on est au Second Empire (1867), en pleine fonte, en pleine architecture métallique. Le jour tombe de neuf coupoles – quelquefois il fait nuit quand j'arrive et nuit quand je repars.

« L'Artiste est un vivant qui se prend pour un mort », dit Sartre. Nous sommes donc des centaines de faux morts dans la salle Labrouste à essayer de ressusciter de vrais morts, sans savoir si ça leur plaît ou non, à sentir qu'il commence à leur pousser des plumes, à assister à leur tournoi avec la vie, à les gêner.

---

1. Job : « Comme un nuage... comme des vaisseaux... comme l'ombre... », cité par Chateaubriand en tête de l'avant-propos des *Mémoires d'outre-tombe.*

J'ai été quant à moi punie au-delà de mes espérances ! Je pensais me prénommer Elvire en souvenir de Lamartine et il n'en est, paraît-il, rien. C'est à cause du Cid campeador qui eut de Chimène deux filles, doña Elvira et doña Sol[1], que mes parents m'auraient donné ce prénom. Mon hommage à Lamartine n'a donc aucune raison d'être, puisque entre-temps j'ai changé de passeport ! Après des années de travail ! Après avoir lu les vingt-six tomes de l'*Histoire des Girondins* et les deux mille pages de ses œuvres poétiques complètes ! Et découvert Eugène Schneider assis à sa place au conseil général de Saône-et-Loire, lui refusant l'aumône ! Obligée donc de poursuivre celui-ci jusqu'à la frontière de la Sarre ! Et bien sûr au Creusot !

Quelle importance, me direz-vous ? Commencer un livre par une erreur d'attribution de prénom ne présente aucun caractère de gravité, le livre peut vivre, ses pieds remuent, son génome est un peu trouble, c'est tout.

Non, dit Sartre, ce n'est pas tout. « C'est avec les époques mortes qu'on fait l'histoire, car chaque époque, à sa mort, entre dans la relativité et s'aligne le long des siècles avec d'autres morts[2]. » Bigre ! Dix-neuvième et maintenant vingtième siècles sont couchés à côté des Hittites et de Jean-Paul Sartre lui-même ! Dans de pauvres cercueils en bois blanc, comme les communards ! Mais mon but n'était pas de faire l'histoire, mon but était d'approcher « le profil terrestre » de deux hommes qui s'y étaient mis tout entier, l'un à essayer de faire goûter les peuples à la justice, l'autre à fabriquer les temps modernes ; mis jusqu'au cou !

1. L'une épousa le roi de Navarre, l'autre l'infant d'Aragon.
2. Texte publié dans les *Temps modernes* en juin 1948 (*Le Monde*, 16-17 avril 2000).

J'ai saisi leurs deux entreprises singulières et datées ; je les ai vidées par les ouïes. Qu'ai-je vu ? Le foie de l'un était rouge et le cœur de l'autre comme un sirop – je parle de Lamartine ; le sang leur venait comme de la nourriture bien soignée. Chez l'un, tout était ordonné, hiérarchisé et tout disait chez l'autre que l'homme peut être tendre, mais qu'il a besoin de verdure, d'églises et de notre sympathie à tous. Schneider au fond disait la même chose, qu'on ne venait pas assez le voir dans ses montagnes du Morvan, dans son mâchefer, dans ses scories et que ça pétaradait mieux de son temps !

« — Mais vous, Flaubert, lui disait Zola, pourquoi ne faites-vous pas quelque chose sur ce temps (le Second Empire) ?

« — Pourquoi ? Parce qu'il faudrait avoir trouvé la forme et la manière de s'en servir... Et puis, maintenant, je suis une *bedolle* !

« — Une *bedolle*, qu'est-ce que c'est que ça ? interroge Daudet.

« — Non, personne mieux que moi ne sait combien je suis *bedolle*... Oui, une *bedolle*, quoi ? Un vieux *cheik*, enfin[1]... »

1. Goncourt, *Journal*, Bouquins, 1989.

TABLE DES MATIÈRES

PREMIÈRE PARTIE

S'emparer d'un siècle

DEUXIÈME PARTIE

L'ordre de l'événement

TROISIÈME PARTIE

Les empires

Cet ouvrage a été réalisé par

FIRMIN DIDOT
GROUPE CPI

Mesnil-sur-l'Estrée

pour le compte des Éditions Grasset
en juin 2001

Imprimé en France
Dépôt légal : août 2001
N° d'édition : 12022 – N° d'impression : 56010
ISBN : 2-246-61951-3